SADDAM

Les secrets
d'une mise à mort
livrés par son avocat

Khalil Al-Doulaïmi

SADDAM

Les secrets d'une mise à mort livrés par son avocat

Texte rédigé par
Insaf Kalaâgi

SAND

À une patrie à nulle autre pareille.
À un sang sans pareil.
À des martyrs sans précédent.
À une grande stature comme l'Irak.
À un torrent qui irrigue l'édifice de la dignité.
À des combattants qui donnent une nouvelle forme à la vie.
Au martyr du grand pèlerinage… Saddam Husseïn.

Maître Khalil Al Doulaïmi
Président du Comité de soutien pour
la défense du président Saddam Husseïn
et de ses camarades mis aux arrêts.

Traduit par Omar Al Feniki

www.editions-sand.com

ISBN : 978-2-7107-0776-9
Dépôt légal : 1er trimestre 2010

TABLE DES MATIÈRES

AVERTISSEMENT DE L'ÉDITEUR

Le document que vous avez entre les mains est un témoignage de l'avocat irakien le plus proche de Saddam Husseïn. Il est partisan et véhément, exprimant la frustration d'un homme qui voit sa patrie détruite par une invasion étrangère.

L'éditeur tient à préciser qu'il ne partage pas toutes les analyses contenues dans ce livre, mais son rôle est de donner la parole – l'écrit – à ceux qui défendent une cause et qui sont représentatifs d'un courant de pensée.

Or, la position de Doulaïmi reflète le credo d'une grande partie des Arabes sunnites – peut-être la majorité d'entre eux –, du Sénégal à la Syrie en passant par tout le Maghreb, l'Égypte, le Yémen et même la péninsule Arabique.

La publication de ce livre doit permettre de mieux comprendre le ressentiment de nombreux Arabes pour qui Bagdad est une capitale majeure de leur civilisation et la Mésopotamie une région chargée d'histoire glorieuse ou douloureuse qui ne peut laisser indifférent. Un peu comme Rome, Madrid, Paris, ou Londres représentent des cités sacrées de la civilisation occidentale.

George W. Bush a soutenu la théorie du complot selon laquelle l'Irak aurait été complice d'Al-Qaïda, aurait développé des armes de destruction massive, etc. Nous savons aujourd'hui qu'il n'en était rien, que le régime « laïque » de Saddam interdisait toute présence des fous de Dieu en Irak et que les forces irakiennes étaient exsangues.

En réponse à cette théorie du complot, une grande partie du monde arabe sunnite a soutenu à son tour une théorie d'un complot à l'encontre de ses ennemis héréditaires perses et de ses nouveaux ennemis que sont

Israël et leur allié majeur, les États-Unis d'Amérique, en particulier les administrations républicaines qui se sont succédé.

Les Arabes ont une mémoire historique prégnante et, depuis deux siècles, l'Occident ne leur a pas fait de cadeaux.

Si dans l'histoire du monde arabo-musulman, les étrangers et toutes les confessions monothéistes étaient accueillis, à l'inverse, l'Occident chrétien refusait les musulmans sur ses terres, à l'exception du royaume normand d'Italie du Sud, épisode court au regard de l'Histoire.

Saladin chassa les derniers croisés de Terre Sainte, mais protégea les chrétiens d'Orient comme les Juifs du monde arabo-musulman. Puis, l'Empire ottoman, s'emparant de Constantinople en 1453 et s'arrêtant aux portes de Vienne, fit respecter dans les territoires conquis les minorités ethniques et religieuses. Au XIXe siècle, les puissances occidentales entamèrent la colonisation que l'on connaît, affaiblissant l'Empire ottoman jusqu'à son démantèlement au lendemain de la Grande Guerre. Les nationalistes arabes se sentirent trahis par le partage de l'Orient entre la France et la Grande-Bretagne – par les accords « Sykes-Picot » –, à grands traits de crayon sur une carte. Des frontières ignorant les réalités du terrain furent établies et l'Irak actuel fut créé, réunissant un sud à majorité chiite, un centre citadin à majorité sunnite, un nord à majorité kurde sunnite et des déserts aux traditions bédouines.

Ce partage fut contesté dès la fin des années 1920 et les différents courants nationalistes arabes s'organisèrent. En particulier le parti Baas, mouvement citadin actif principalement en Syrie et en Irak, mouvement moderniste et « laïc », fondé par le chrétien Michel Aflak, avec des musulmans de différentes confessions, dans les années 1940.

Pendant la Seconde Guerre mondiale, de nombreuses troupes arabes tombèrent héroïquement en se battant pour les alliés et, à l'issue de cette guerre, les Arabes subirent ce qu'ils appellent la *nakba* – la catastrophe majeure –, la création de l'État d'Israël.

De cette histoire récente, les Arabes se sentent victimes. Pour eux, depuis deux siècles, l'Occident les empêche d'exploiter librement leurs richesses – le pétrole –, crée des zones de néocolonialisme, économiques et politiques, bride les transferts de technologies et étouffe les aspirations au développement.

Dans ce livre, vous lirez de nombreuses accusations sur l'implication de l'Iran, sur la volonté de l'administration Bush de déclencher une guerre civile en Irak afin de rendre indispensable la présence des États-Unis sur le sol irakien. Ces accusations, bien qu'étayées, ne sont pas vérifiées et seuls les historiens pourront faire le tri après que la cendre de la guerre sera retombée.

L'auteur apporte aussi des éléments troublants innocentant Saddam des crimes qui lui furent attribués. Il dénonce le scandale de sa mise à mort orchestrée par les milices confessionnelles chiites.

Al Doulaïmi est en colère et dénonce la mise à sac de son pays. Il rend compte de ses derniers entretiens avec le président qui raconte sa vie, les péripéties de sa capture, mais aussi sa vision de l'avenir de la région. Entre plaidoyer *pro domo* et relation intimiste de la détention de Saddam Husseïn, ce texte offre un portrait de la situation irakienne utile pour comprendre ce que l'on nomme « la rue arabe ».

PRÉFACE

Parfois, en pleine nuit, le téléphone sonne : « Allo Djenevive, c'est Halla, de Bagdad. » Chez elle, il doit être cinq heures du matin. Elle s'est éveillée avant l'aube. Ou n'a pas fermé l'œil de la nuit. Sa belle maison au bord du Tigre a été détruite par un obus américain, dès le début de l'agression de 2003. Elle s'est réfugiée, avec sa famille, dans un autre lieu, que je ne parviens pas à imaginer. « J'écris une pièce de théâtre sur les animaux que nous sommes devenus », me dit-elle en forçant son rire. Je la sens si désespérée, je ne peux lui prodiguer que des paroles stupides : « Il faut de la patience... Un jour, tu pourras sortir et venir en France... » Des bêtises. Je lui mens, comme à un grand malade. À elle qui, la première fois que je me suis rendue en Irak, m'a accueillie chez elle, m'a fait connaître le vieux monsieur érudit et savant qui était son père, m'a confiée à la garde de sa sœur, elle qui m'a servi si souvent de guide dans ce pays que j'ai appris à aimer plus que tous les autres pays arabes.

C'était fin 1969. Le parti Baas avait pris le pouvoir une année plus tôt. L'Irak était un immense désert, avec cette capitale, Bagdad, encore très imprégnée par la présence britannique. La sortie élégante et appréciée des visiteurs étrangers était le Five O'Clock à El Wiyah club, avec ses jardins au gazon impeccable et ses palmiers vert-de-gris.

Halla et sa sœur m'ont fait connaître les joies de vivre des Irakiens : le mezgouf – le poisson grillé – le long du Tigre, le jeudi soir, les promenades dans Rachid Street, les expéditions dans une Babylone dont il ne restait plus, passée la porte d'Ishtar – reproduite par les Allemands qui avaient emporté l'originale pour le Pergamon Museum de Berlin –, que la grande allée des processions en briques crues et le lion de basalte. À la place de l'antique tour, un trou, immense. Et, toute proche, la rive de l'Euphrate bordée de palmiers.

Dans le désert, à une trentaine de kilomètres de Bagdad, elles m'ont fait visiter le château d'Ukheizar – le vert –, un château sassanide qui avait dû être fastueux, dans un écrin de verdure perdu et qui n'était plus habité que par les serpents najas.

Puis nous sommes allées à Ctésiphon, où Alexandre le Grand est mort.

Toutes ces richesses rejoignaient les images de l'Irak rêvé, celui des califes abbassides qui avaient apporté la civilisation au monde. Il ne restait plus, de cette époque fastueuse, que quelques vestiges dans la capitale irakienne elle-même : l'université Mustensiriyah, le souk dont les odeurs d'épices vous montaient à la tête, un caravansérail... Et même dans l'autre capitale abbasside, Samara, ne demeurait que la ziggourat hélicoïdale. Il ne restait que les remparts de briques crues de l'immense ville détruite.

Que s'était-il passé, dans ce pays qui avait donné le premier code civil à l'humanité, celui de Hammourabi ? Ce code avait été rédigé, dans un premier temps, pour réguler la distribution de l'eau du Tigre et de l'Euphrate aux paysans, afin que ceux de l'amont ne confisquent pas la précieuse substance à ceux de l'aval. C'était 1 750 ans avant notre ère. Depuis, le long des deux fleuves, les agriculteurs avaient construit un réseau de canaux qui a perduré jusqu'à la mainmise sur l'Irak par les Ottomans, au XVIe siècle. Ceux-ci ont laissé tomber en désuétude ces réseaux de canalisations. Quant aux Britanniques, comme à leur habitude, ils ont exploité les richesses du pays sans tenir compte du bien-être des populations locales.

Au début des années 1970, j'ai traversé l'Irak vers la Syrie avec le Pr André Parrot, qui avait mis au jour l'antique ville de Mari, sur l'Euphrate. Nous avons parcouru un immense désert dans lequel, parfois, croisant un tell – une colline formée par des ruines – de quelque trois cents mètres de hauteur, il me disait : « Ici est peut-être telle ville dont parle la Bible. Ici telle autre... » C'était fascinant.

Je suis revenue en Irak en 1973. J'aimais atterrir de nuit sur cet aéroport de Bagdad dont les lumières bleues, le long des pistes, faisaient penser aux palais des mille et une nuits. L'air y était tiède et saturé du parfum des eucalyptus.

Mais ce qui était le plus surprenant, c'était le recul du désert, aux portes de la ville, déjà. Des entreprises françaises aidaient l'Irak à reconstruire son réseau de canaux et l'agriculture regagnait des terres devenues arides au cours des siècles. Dans la campagne, les enfants sortaient des écoles, tous vêtus d'un uniforme. En quelques années, le parti au pouvoir avait imposé une alphabétisation forcée et le pays se transformait à vue d'œil. Dès les années 1970, de jeunes Irakiens et de jeunes Irakiennes étaient envoyés dans les universités étrangères. Halla et sa sœur aimaient à me montrer ce que ce parti nationaliste arabe, socialiste et laïc, le Baas, dont le vice-président était un jeune homme nommé Saddam Husseïn, faisait pour le pays. Et pour l'égalité entre les hommes et les femmes. Je me souviens m'être présentée, seule, dans un lieu qui, paraît-il, existe encore, malgré la désorganisation de l'Irak. C'était le long du Tigre. Une vingtaine d'immenses tables de bois supportaient dix échiquiers chacune. Des hommes y jouaient, concentrés, dans le plus grand silence. Je me suis installée devant un échiquier libre. J'étais occidentale, blonde à souhait. Un homme s'est assis en face de moi. Nous avons joué. À la fin de la partie, il m'a remercié en s'inclinant. C'était à Bagdad. Vers les années 75…

Je crois que c'est au cours de ce même voyage que nous sommes descendues, Halla, sa sœur et moi, dans lés marais du sud de l'Irak, pour visiter ce peuple des roseaux qui m'a tellement intéressée. Il vivait comme au temps de la Bible, Ur et sa ziggourat quasiment intacte n'étaient pas loin. Les hommes lançaient leur senne dans l'eau poissonneuse. Leurs maisons étaient construites sur des îles flottantes. Leurs bateaux ressemblaient à ceux des bas-reliefs assyriens.

« Tu ne peux pas aimer cela, me disait Halla. Ils sont pauvres et ne profitent pas encore de la richesse du pays. » L'Irak avait nationalisé son pétrole l'année précédente et la manne financière, enfin toute dédiée au pays, commençait à éradiquer la misère un peu partout.

Au cours des années suivantes, j'ai vu Bagdad se transformer et le pays évoluer à une vitesse extraordinaire. L'architecture d'inspiration abbasside, les arts, la poésie, la littérature, la peinture ont fait de Bagdad une capitale culturelle vivante et attrayante.

Après des années de lutte, les Kurdes venaient d'obtenir l'autonomie de leur province. Le pouvoir, entre les mains de Saddam Husseïn, qui l'avait pris après la démission de Ahmad Hassan Al Bakr, célébrait la fin des hostilités par une visite de journalistes occidentaux à Arbil, la capitale du Kurdistan.

Mais les premiers signes de l'autocratie apparaissaient, avec l'arrestation des francs-maçons, puis des communistes. Si les minorités religieuses comme les chrétiens, ou les Yézidis, ces syncrétistes du pied du Kurdistan, étaient protégés, le pouvoir se méfiait déjà des radicaux chiites. Il avait accueilli l'imam Khomeïni à Khaziman, près de Bagdad, lorsque le shah l'avait expulsé d'Iran. Et le mollah en avait profité pour semer le trouble en Irak. D'où son éviction… vers la France de Valéry Giscard d'Estaing.

Je suis revenue souvent en Irak. Mais, en tant que journaliste, j'avais toujours un « guide » avec moi, qui surveillait mon travail. Malgré tout, je constatais l'envol du pays.

Pourtant, lorsque durant la guerre avec l'Iran, j'ai vu les immenses portraits de Saddam Husseïn dans les rues de Bagdad, je me suis dit que le culte de la personnalité, comme dans d'autres pays arabes moins intéressants, avait pris le dessus. Et j'ai constaté que le président, autrefois laïc, priait, à la télévision. Certes, c'était peut-être pour montrer aux chiites que ce n'était pas contre la religion qu'il se battait, mais contre les mollahs intégristes qui voulaient exporter leur révolution dans les pays voisins.

Quel drame que cette guerre ! Je suis descendue à Bassorah quelques mois avant l'armistice, fin 1987. Le Chott Al Arab et la ville étaient dévastés. Il ne restait pas un mur debout. Je ne sais même plus si « l'arbre d'Adam », dans une île au milieu du fleuve, existait encore. Tous les efforts que le parti Baas avait faits pour sortir l'Irak de la pauvreté et de l'obscurantisme avaient été balayés. Quant au peuple des marais, il avait disparu avec l'assèchement de cette étendue liquide qui, depuis des millénaires, accueillait et cachait tous les réprouvés et tous les fuyards de Mésopotamie.

En remontant par la route vers Bagdad, avec mon équipe de télévision, nous avons longé d'immenses cimetières de chars, d'engins blindés, de matériel écrabouillé dans la bataille. Quand j'ai entendu parler de la quatrième armée du monde, je me suis demandé comment, en si peu de temps – entre 1988 et 1990 –, le gouvernement irakien avait pu remplacer tout le matériel détruit au cours de cette guerre contre l'Iran.

Je ne suis pas retournée en Irak avant l'invasion du Koweït. Et, comme le secrétaire général de la Ligue arabe de l'époque, Chedli Klibi, je ne l'ai pas comprise. Lui a démissionné, car Saddam Husseïn lui avait toujours dit qu'il ne fallait pas revenir sur les frontières tracées par le traité de Versailles. Et là, il contrevenait à l'un de ses principes fondamentaux. Le premier jour de l'attaque de la coalition contre les troupes irakiennes au Koweït, j'ai demandé à l'ambassadeur d'Irak à Paris de venir s'exprimer, dans les « Quatre vérités » de Télématin, dont j'étais alors la rédactrice en chef. Ma direction m'en a empêché : nous étions en guerre, m'a-t-on dit. J'ai répondu que j'étais journaliste et que mon métier était d'informer. Rien n'y a fait. Mais nous avons été contraints de reprendre, pour le journal de vingt heures, la déclaration dudit ambassadeur recueillie dans la journée par la BBC. Alors, durant toute la guerre, j'ai mis à mon poignet une montre que le président Saddam Husseïn m'avait offerte lors d'un de mes séjours à Bagdad.

Depuis, l'Irak est une de mes blessures. Parce que j'y ai des amis. Et parce que ce malheureux peuple a payé de l'intérieur le poids d'un gouvernement qui lui a à la fois donné l'indépendance grâce à la nationalisation du pétrole, tout en le dominant brutalement. Et, de l'extérieur, il a subi avec quelle violence la folie de deux gouvernements américains sans connaissance de la région et dont l'avidité ne fait maintenant aucun doute.

La lecture de ces entretiens de Saddam Husseïn avec son avocat et des minutes de son procès éclaire bien des aspects d'une politique dont les tenants et les aboutissants nous échappaient. Tout est probablement exagéré. Et la mégalomanie de Saddam Husseïn, son aveuglement dans son appréhension de la situation intérieure de son pays et du peuple irakien peuvent choquer. Mais il reste dans son discours des éléments plausibles qui éclairent certaines de ses actions et celles, injustifiables, des Américains et de leurs alliés. Comme l'histoire de cette société américaine qui vient puiser, à la frontière irako-koweïtienne, du pétrole irakien et qui serait l'une des causes de l'envahissement du Koweït. Ou comme la collusion entre les Israéliens radicaux, l'Iran des mollahs et les Américains de la famille Bush pour la destruction de l'Irak et le pillage de ses richesses. Quelles que soient nos réflexions sur les prétentions de Saddam Husseïn quant à la capacité de résistance du peuple irakien et sur le silence des chefs d'États arabes contre cette mainmise étrangère sur un pays frère, ce livre explique la rancœur de la rue arabe à l'égard de l'Occident et pourquoi Saddam Husseïn, depuis son exécution montrée d'une manière indécente sur toutes les télévisions du monde, est devenu un martyr musulman.

En envahissant l'Irak, il est clair que l'Amérique a ouvert une boîte de Pandore que personne, avant longtemps, ne sera capable de refermer. Saddam Husseïn n'a jamais eu aucun lien avec Al Qaïda. Le terrorisme de ce type était contre sa philosophie même. Mais la manière dont on l'a traité peut devenir aujourd'hui le prétexte à un nouvel irrédentisme et alimenter le ressentiment de ceux pour qui l'Occident, tout l'Occident, doit payer le prix du sang.

Geneviève Moll
Journaliste et écrivain

La mise à mort

Le président Saddam Husseïn s'avança vers la potence sans rien perdre de sa superbe, au milieu de ses ennemis chiites qui l'insultaient. Il clama « Vive le peuple, vive la résistance, vive la Nation, vive l'Irak, vive la Palestine arabe et libre ! À bas les Perses, les Américains et leurs agents ! »

Était présent un aréopage d'agents iraniens et de chiites irakiens à la solde de l'Iran, dont, j'en suis sûr, le chef des « brigades de la mort, l'armée du Mehdi » Moktada Sadr.

Aucun sunnite, imam ou pas, pour accompagner Saddam vers l'éternité. Moi-même, son avocat et confident, étais interdit en ce lieu maudit.

Seul au milieu de ces traîtres emplis de haine, il les affrontait du regard, ce qui les rendait hystériques, ils scandaient le nom de leur chef Moktada.

Narquois, il les interpella sur celui qu'il reconnaissait comme son pire ennemi en Irak : « Moktada, oh, quelle bravoure ! »

Faisant face à ses bourreaux masqués, le président refusa qu'on lui mît un sac sur la tête et présenta son cou sans hésiter. Il récita la *chahada*, le credo musulman : « Je témoigne qu'il n'y a de divinité que Dieu et je témoigne que notre seigneur Mahomet est prophète de Dieu ». Il voulut la répéter, mais le bourreau libéra la trappe maudite sous les pieds du héros dont le corps tomba à terre, car la corde avait été sciemment allongée pour qu'il ne meure pas par pendaison : ses ennemis s'acharnèrent sur lui quelques longues secondes, puis ils tirèrent sur la corde pour donner l'illusion de sa pendaison selon la procédure légale.

Les autorités américaines avaient interdit toute caméra ou appareil photographique. Pourtant, deux personnalités présentes filmèrent la scène avec leur téléphone portable. L'un d'eux vendit le film à une chaîne de télévision. Pour intimider les sunnites ? Pour alimenter une guerre civile qui placerait l'Iran en arbitre ? Pour justifier la présence de l'armée américaine et légitimer l'administration Bush ?

Cette mise à mort souleva tant d'indignation que George W. Bush déclara, le 4 janvier 2007, que l'exécution aurait dû se passer de « manière plus digne » et demanda une enquête sur cette pendaison.

Commentaires de Human Rights Watch

Le procès de Saddam Husseïn et de ses sept coaccusés devant le Haut Tribunal irakien pour crimes contre l'humanité a été entaché par tant d'irrégularités, aussi bien sur la forme que sur le fond, que le verdict est contestable, a déclaré Human Rights Watch dans un rapport de 97 pages.

« La conduite du procès dans l'affaire d'Al Doujaïl était foncièrement inéquitable », a déploré Nehal Bhuta du programme Justice internationale de Human Rights Watch et auteur du rapport. « Le tribunal a galvaudé une opportunité majeure de rendre justice au peuple irakien de façon crédible. Et son imposition de la peine capitale suite à un procès inéquitable est indéfendable. »

Le rapport est fondé sur un travail d'observation de dix mois et sur des dizaines d'entretiens avec des juges, des procureurs et des avocats de la défense. Human Rights Watch, qui demandait depuis plus de dix ans que Saddam Husseïn et ses lieutenants soient poursuivis en justice, a été l'une des deux seules organisations à avoir assuré la présence régulière d'un observateur dans la salle d'audience.

Dès le départ, le travail du Haut Tribunal irakien a été miné par les actions du gouvernement irakien menaçant son indépendance et l'impartialité qu'il laissait percevoir. Des parlementaires, voire des ministres, ont régulièrement dénoncé la faiblesse du tribunal. Reproche qui a abouti à la démission du premier juge présidant le procès.

Judging Dujaïl révèle de graves irrégularités procédurales dans le déroulement du procès, notamment :

• La non-présentation à la défense, au préalable, de preuves importantes, notamment de preuves à décharge. Et ce de façon répétée.

• Les violations du droit élémentaire des accusés à une confrontation avec les témoins à charge dans le cadre d'un procès équitable ;

• Des écarts de comportement de la part du judiciaire qui ont mis à mal l'apparente impartialité du président du tribunal.

• Des lacunes importantes au niveau des preuves qui sapent le caractère persuasif des arguments de l'accusation et posent la question de savoir si tous les éléments concernant les crimes imputés ont été établis.

POURQUOI MOI, KHALIL AL DOULAÏMI, AVOCAT DE SADDAM HUSSEÏN, J'ÉCRIS CE LIVRE

Au commencement était la terre de Mésopotamie. La terre du grand Irak. Berceau de civilisations qui a connu de multiples splendeurs, comme les Sumériens et la naissance de l'écriture. Ces civilisations se sont succédé en laissant leurs traces précieuses sur la terre où coulent le Tigre et l'Euphrate. Ces vestiges racontent l'histoire d'un peuple qui a travaillé, peiné et s'est appliqué pour que le monde récolte le fruit des connaissances délivrées par ceux qui se sont établis sur les rives de ces deux fleuves éternels et sacrés.

Portail et gardien de la Nation orientale, l'Irak a subi des invasions successives de toutes parts. Assisté à la chute de bien des monarchies. À la mort de bien des États.

Progrès et croissance considérables dans les domaines économique, humain, culturel, sanitaire et militaire : tels sont les résultats de l'époque moderne, en particulier après la nationalisation de son pétrole, naguère aux mains des étrangers. Le monde a salué alors ses réalisations en matière de santé, de science et de technologie. Considérée comme la quatrième mondiale pour son équipement et ses compétences, son armée est venue à bout de son pire ennemi, l'Iran, dans une guerre sans merci. Marquée par un progrès industriel et une révolution scientifique remarquable, cette période, qui s'étire de 1967 à 2003, fut pourtant la plus difficile de l'histoire contemporaine de l'Irak.

Toutes les minorités ethniques ou religieuses vécurent en harmonie, dans l'unité. Les Kurdes bénéficièrent d'une autonomie et de droits bien supérieurs à ceux accordés aux autres Kurdes vivant dans les États voisins, l'Iran, la Turquie, la Syrie et l'URSS.

Une guerre longue de huit ans ; en 1991, une guerre mondiale et un embargo de plus de treize ans. Puis une guerre américaine, britannique, sioniste et iranienne, aboutissant à l'invasion du pays... Autant d'événements sanglants qui seront relatés par Saddam Husseïn dans ce livre.

En 2005, je proposai au président Saddam Husseïn, alors captif dans un camp américain, de rédiger ses mémoires en vue de les publier. Il en accepta l'idée, m'encourageant à la mettre en œuvre. Mais ses gardiens américains nous défendaient d'échanger quelque document que ce fût jusqu'au printemps 2006. Et il n'était pas sûr que les Américains lui permettraient de rédiger quoi que ce soit. Pourtant, me dit-il, « Il faut que je rédige mes mémoires. Ma vie est entre les mains de Dieu. Je vous raconterai tout ce que ma mémoire me permettra d'évoquer pour que vous en preniez acte ».

Lors de l'une des séances d'interrogatoire menée par le juge Mounir Haddad, le président me remit quelques pages de ses mémoires écrites de sa propre main. Le capitaine Michael McCoy – directeur du bureau de liaison américain – demanda au président de communiquer ces feuilles au juge. Il promettait de me les remettre après lecture et vérification de leur contenu. Mais il n'en fit rien. Lorsque le président m'interrogea sur leur sort, je l'informai de cette censure qui le mit en colère. Après cet incident, nous décidâmes qu'il me dicterait ses mémoires et que je ferais passer en secret les pages écrites et signées de sa main.

Ainsi, je pris la responsabilité que m'avait confiée le président Saddam Husseïn de transmettre la vérité sur ce qui s'était passé dans notre cher pays avant et après l'invasion et l'occupation. Ce récit met, d'une part, en exergue la cruauté de l'occupation, la brutalité des alliés, leur barbarie, leurs crimes, leur haine à l'égard de l'Irak et de son peuple. D'autre part, il évoque la bravoure du peuple irakien, sa fierté, son courage, sa résistance, ses sacrifices et ses actes d'héroïsme dans ses affrontements avec l'occupant.

J'ai pris sur moi d'être fidèle dans la transcription des souvenirs que le président me relatait et qu'il voulait transmettre à son peuple et à sa Nation. J'ai pris sur moi d'être exact quant aux réponses qu'il donnait à mes multiples questions sur les divers aspects de son parcours. « Tout transcrire », a-t-il insisté. Parce qu'il pensait que les Américains allaient à tout moment l'éliminer physiquement. Il me laissa la liberté de présenter ses mémoires à ma manière et de choisir la maison d'édition.

Me voici donc en train de présenter le récit du président Saddam Husseïn, président légitime de la République Irakienne. La marche de l'État pendant près de quatre décennies, les différentes étapes du défi. L'édification et la défense de la patrie avant l'agression de 1991 puis après cette date et pendant l'invasion. L'occupation et la résistance farouche de l'Irak au projet des envahisseurs.

Ces pages constituent un document historique que je présente au peuple irakien, aux fils de la nation arabe et islamique, à l'opinion publique internationale et à l'Histoire afin que tous soient en mesure de juger de la trajectoire de Saddam Husseïn. La trajectoire du chef historique de l'Irak arabo-musulman. Mais aussi celle de l'homme, combattant et croyant, qui a fait le sacrifice de sa vie – dans la sérénité et la dignité – pour sa patrie et pour ses principes.

Tout ce que nous présentons dans ce livre n'est ni fiction, ni conte, ni roman. Il s'agit d'un document. Un témoignage exprimé de la bouche même de l'un des artisans de l'Irak moderne. Un témoignage sur l'injustice dont il a été victime, sur les complots tissés à son encontre, publics ou secrets.

Je suis heureux d'exprimer ici mes remerciements les plus sincères, mon respect et ma gratitude à tous ceux qui ont participé à la publication de ce livre, à tous ceux qui m'ont aidé par leurs idées honnêtes ou leur travail technique de rédaction et de révision en vue de l'édition finale, à tous les volontaires anonymes qui m'ont apporté leur appui dans l'élaboration de ce livre. Je les salue tous et les remercie infiniment. Dieu les aide et nous aide tous pour être au service de notre cher Irak et de notre nation arabe glorieuse.

Maître Khalil Al Doulaïmi
Président du comité de soutien
au président Saddam Husseïn

CHAPITRE PREMIER

QUI EST SADDAM ?

SADDAM, AUTOPORTRAIT

« Je suis un homme d'État ferme et précis. Si j'ai dégainé mon épée, c'était au nom du droit. Juste, zélé, honnête, je n'ai jamais accepté de quiconque, quel que fût son âge ou son lien de parenté, ni duplicité ni tricherie en matière de droit.

Imbu du sens de la justice, je suis plein de compassion et indulgent avec les citoyens. Celui qui fait un effort – aussi infime soit-il – pour retrouver le droit chemin après un faux pas, trouve en moi celui qui l'aide et lui déblaye le terrain.

J'éprouve envers les pauvres un sentiment aussi fraternel que paternel. Il ne tient pas de l'application d'une doctrine : c'est une tendresse naturelle que j'éprouve à leur endroit.

Généreux pour les généreux. Dur avec les ingrats. Je préfère être trompé que tromper autrui ou médire à son sujet. Être l'objet d'une injustice plutôt que d'en être la cause.

Soucieux des deniers publics – même si je les ramassais à la pelle –, je les dépensais avec libéralité pour les besoins de la patrie ou de l'humanité. En vertu de mes prérogatives constitutionnelles.

Craignant davantage l'Histoire que le présent, je ne fais jamais un pas sans l'inscrire dans ma vision de l'avenir.

Je connais la politique internationale. Ses pratiques hypocrites ou directes.

Je ne l'aime pas. Même si j'en ai exercé la partie la moins immonde. Et la plus honnête. »

Extrait des mémoires du président
Saddam Husseïn en captivité

SADDAM HUSSEÏN FACE À L'HISTOIRE, PAR UN DE SES CAMARADES DE CAPTIVITÉ

Au nom de Dieu, le Bienfaiteur, le Miséricordieux.
Celle qui fracasse !
Qu'est-ce que celle qui fracasse ?
C'est la journée où les Hommes seront comme des papillons éparpillés,
Où les monts seront comme des flocons de laine cardée.
Alors celui dont lourdes seront les œuvres
Connaîtra une vie agréable,
Tandis que celui dont légères seront les œuvres,
S'acheminera vers un abîme.
Qu'est-ce qui te fera connaître ce qu'est cet abîme ?
C'est un feu ardent !

Al-Qâri'a (Sourate 101. Traduction Régis Blachère).

Si l'histoire du XXe siècle était écrite de façon équitable et objective, Saddam Husseïn serait cité comme l'un des plus grands dirigeants de cette période. Son nom figurerait aux côtés de ceux des plus grands leaders arabes – aux côtés d'un Gamal Abdennasser, dit Nasser par exemple.

De son vivant et après sa mort, Nasser fut l'objet d'accusations et d'injures indignes. Saddam Husseïn a connu le même sort. Avec, sans doute, davantage de férocité et d'acharnement. Tour à tour taxé de dictateur, de bourreau sanguinaire d'un pays plongé dans plusieurs guerres qui ont entraîné des centaines de milliers de morts dans les camps irakiens, iraniens et autres, il fut également accusé d'avoir dilapidé la richesse de son pays dans ses aventures et dans la construction de palais.

Ne convient-il pas de s'interroger, de remettre en perspective ces accusations avec l'éclairage de leurs provenances ? Après tout, la vérité ne tient-elle pas dans cette maxime énoncée par Abou Attayeb Al Mutanabbi, l'un des plus grands poètes arabes :

Si ma diffamation te vient d'un taré
C'est là la preuve que je suis un homme parfait.

Qui sont donc les vecteurs de cette campagne violente qui a duré plusieurs décennies et qui continue après l'assassinat de Saddam Husseïn ?

Ce sont d'abord les dirigeants d'Israël. Ce sont ensuite leurs propagandistes et leurs alliés étrangers, en particulier aux États-Unis d'Amérique et en Europe. Si vous admettez cette vérité, cette vérité immuable, vous en déduirez la cause. Cela est aussi vrai pour Saddam que pour Nasser.

Nasser et Saddam : chacun représentait, à son époque, un danger majeur pour Israël. Les sionistes en Israël ainsi que leurs alliés et partisans à l'étranger l'ont bien compris.

Il leur fallait détruire ces ennemis.

Nasser était beau comme le jour, grand, élégant. Tout le monde tombait sous son charme. Saddam aussi était beau, élancé, d'une prestance qui en imposait. Du vivant de ces deux grands hommes, la presse a publié deux fois plus de caricatures que de photos. La presse occidentale prosioniste ainsi que les journaux arabes ennemis publiaient en certaines occasions – et bien malgré eux – des photos de ces dirigeants.

Des traits diaboliques, le corps empâté, le regard terrifiant : il n'y avait qu'à contempler. Les caricatures de Nasser et de Saddam projetaient ce que l'on devait voir au plus profond de leurs personnalités, surtout en Occident : ils devaient être marqués par la férocité, la laideur et le mauvais caractère. Deux des plus beaux chefs arabes ont été présentés en hommes hideux.

Outre la haine des sionistes que nous venons d'évoquer à l'égard de Saddam et de Nasser perdure une haine religieuse des Juifs envers l'Irak qui remonte à l'ère de Nabuchodonosor – qui détruisit le Temple de Jérusalem au VIe siècle av. J.-C. – et de Babel. Invraisemblable, exagéré ? Et pourtant. Les temps bibliques sont comme les calendes grecques pour certains. Chez Menahem Begin, il faut croire que la plaie n'était guère refermée. « Babel » : c'est de ce nom que le Premier ministre d'Israël avait choisi de baptiser l'opération israélienne de destruction de la centrale nucléaire irakienne en 1981. Un hommage que les Juifs capturés à Babel aux temps bibliques n'auraient pas manqué d'apprécier.

Chez les Persans, les racines de la haine envers le peuple irakien et, par extension, envers Saddam Husseïn, tiennent dans le contrôle de la Mésopotamie. Pour deux raisons. La première ? La tendance xénophobe et hégémonique des Persans dont l'Irak a souffert à travers l'Histoire et qui a perduré, même après l'avènement de la République dite « islamique ». La seconde raison : la nature même de ce que l'on appelle République islamique iranienne. Pour beaucoup, la haine de l'Iran à l'égard de Saddam Husseïn aurait été la conséquence de la guerre irako-iranienne. Mais alors, pourquoi cette réponse de Khomeïni, réfugié à Paris, à un journaliste étranger qui lui demandait qui étaient ses ennemis : « Mes ennemis sont l'Amérique, le shah et Saddam Husseïn ». C'était avant la révolution. Saddam n'était à l'époque que vice-président. L'Irak n'était pas en guerre avec l'Iran.

La raison de la haine iranienne réside dans la théorie qui a servi de fondation au régime de Khomeïni : je veux bien sûr parler de la théocratie, régime fondé sur l'autorité du jurisconsulte, une sorte de Pape. Le jurisconsulte qui va assumer la direction des fidèles et de l'État, en l'occurrence Khomeïni, représente le substitut de l'imam Mahdi – qui précède le retour de Jésus, le Messie, juste avant le Jugement Dernier. Il est, par voie de conséquence, le guide de tous les musulmans chiites du monde. Mais il subsiste un obstacle de taille à ce mythe théocratique : le jurisconsulte persan ne peut avoir ce statut – même s'il devient maître de l'Iran – tant qu'il n'a pas la mainmise sur les principaux centres du chiisme, à savoir Najaf, Karbala, Al-Kadhimiya et Samara. Quatre villes… d'Irak ! La mission du substitut du mythique imam Mahdi : être le maître et la référence dans ces lieux symboliques fondamentaux. On comprend dès lors l'urgence d'écarter le parti Baas d'Irak, nationaliste et « laïc », afin d'atteindre l'hégémonie sur ces lieux. Un objectif qui éclaire bon nombre de positions politiques actuelles. Parmi elles, l'alliance des deux partis chiites, Ad-da'wa et le Conseil Islamique, avec les deux partis kurdes, le Parti Démocratique kurde et l'Union Nationale du Kurdistan. Les deux partis kurdes étant prêts à passer les rênes du pouvoir aux deux partis chiites dans ces lieux symboliques essentiels, en contrepartie de quoi ceux-ci leur accorderaient ce qu'ils revendiquent en Irak. À savoir, la mainmise – pour le moins contestable – sur les villes de Kirkouk, Ninwa et Diali, tout cela au détriment des Arabes sunnites.

Côté sioniste, à présent : plus de statue à l'effigie de Nabuchodonosor, qui a occupé le Royaume d'Israël et emmené des Juifs en captivité à Babel ; plus de statue célébrant Saddam qui disait à voix haute et jusqu'à son dernier souffle : « Vive la Palestine libre et arabe, du fleuve jusqu'à la mer ». Côté persan : le Guide – substitut de l'imam – doit être le maître indiscutable à Samara, Al-Kadhimiya, Najaf et Karbala. Il existe bien une convergence d'intérêts entre ces deux mouvances, à l'origine de l'alliance occulte entre l'Amérique pro-sioniste de Bush, les Perses et les partisans de Khomeïni parmi les Irakiens.

Près de sept ans se sont écoulés depuis l'occupation de l'Irak et la chute du régime de Saddam Husseïn. Les successeurs de Saddam et du parti Baas prétendent édifier un Irak nouveau, après avoir mis un terme à la dictature et au régime du parti unique. Je ne me prononcerai pas sur cette question. Je me contente de demander à tout observateur un tant soit peu objectif et honnête, non partisan de Saddam et de ses hommes, de dresser un tableau comparatif de la situation au temps de Saddam et du parti Baas, avec celle de cet Irak « nouveau ». En politique comme dans la vie existent de nombreux critères d'évaluation. Mais que l'on soit communiste, progressiste ou réactionnaire, démocrate ou pas, des constantes objectives et irréfutables permettent de juger les régimes.

Abordons la question de la sécurité interne. La sécurité est devenue un droit fondamental que doivent garantir nos sociétés modernes. Dormir sans crainte chez soi, partir le matin pour son travail et revenir sain et sauf le soir. Rendre visite à un ami ou à un proche, voir un film, aller au théâtre ou au café sans encourir de danger.

Pendant plus de trente ans, les Irakiens ont eu ces activités sans craindre la moindre violence. Seule une courte période au début de la guerre avec l'Iran et les années où les États-Unis ont déclenché la guerre ou de larges offensives contre l'Irak ont interrompu cette sécurité. À l'ère de Saddam Husseïn, le quotidien des Irakiens n'a jamais consisté à se réveiller pour trouver des avenues et des décharges publiques jonchées de cadavres, comme c'est le cas aujourd'hui, presque tous les jours.

Dans l'Irak de Saddam, une femme pouvait se promener seule. Voilée ou pas, elle ne courait aucun danger. Le statut de la femme rejoignait, en droit, celui des hommes.

Si elle occupe la première place au rang des préoccupations des citoyens, la sécurité n'est pas le seul indicateur de la dégradation du mode de vie des Irakiens. De nombreuses libertés fondamentales leur ont été enlevées. Mais quand cela a-t-il bien pu arriver ? Même pendant les huit longues années de guerre avec l'Iran, la vie quotidienne était supportable. Sinon, comment le peuple irakien aurait-il résisté pendant cette guerre sanglante ? Il a combattu avec bravoure, obligeant les dirigeants de Téhéran à cesser les hostilités et à oublier un rêve maladif : celui de renverser le régime national pour contrôler l'Irak. Le pays est sorti de cette guerre, non pas détruit, mais rétabli et fort.

La pire souffrance du peuple irakien date de l'embargo total imposé au pays. Instauré après 1991, il est sans égal dans l'histoire des Nations Unies. Si dans le passé, d'autres pays ont fait l'objet de sanctions, l'embargo imposé à l'Irak n'avait qu'un seul but : l'asphyxie du pays. Voire sa destruction. Avec un objectif sous-jacent : faciliter la tâche à ceux qui allaient renverser le régime. Tout le monde en convient.

Après des années d'embargo total, il y eut des changements de position à l'échelle internationale. Alors que les États-Unis et la Grande-Bretagne maintenaient leur politique, la France et la Russie cessèrent progressivement de participer au renversement du régime irakien. Pourtant, plusieurs tentatives d'alléger le poids de l'embargo et de le limiter au paragraphe 22 de la résolution 687 relative aux armes de destruction massive furent obstruées par le droit de veto dont jouissent les États-Unis et la Grande-Bretagne au sein du Conseil de Sécurité. Plus tard, enfin, des changements de position réduisirent sa portée. Pendant ces années d'embargo total, les dirigeants du pays déployèrent des efforts titanesques pour alléger le fardeau du peuple. Une campagne nationale, unique en son genre, fut entreprise pour reconstruire ce que l'agression de 1991 avait démoli.

La guerre de 1991 avait anéanti tous les acquis du pays. Ponts, autoroutes, centrales électriques, stations d'épuration, usines et même centres de production laitière : tout était détruit. Avec une ardeur sans pareille, les Irakiens s'attachèrent à réédifier une grande partie de ce qui avait été anéanti.

A contrario, l'Irak, aujourd'hui, semble incapable de se reconstruire. En 1991, des dizaines de ponts furent détruits entre Bagdad et Bassora. Tous furent réédifiés. Actuellement, on a enregistré la démolition d'un seul pont à Bagdad, par un acte terroriste : le pont Al Irakiya. L'Irak n'est plus sous embargo. La présence américaine est censée aider les Irakiens dans la reconstruction du pays. Pourtant, Al Irakiya est encore fermé aux piétons. À l'heure où les revenus du pétrole augmentent de façon exponentielle, à l'heure où l'Irak peut avoir des échanges avec tous les pays du monde sans entrave ni obstacle, les gouvernements actuels se montrent incapables de fournir aux citoyens l'électricité, l'eau potable ou le téléphone. Les usines sont à l'arrêt, les universités et les centres de recherche scientifique se dégradent, les ingénieurs et les techniciens fuient à l'étranger, quand ils ne sont pas assassinés ou portés disparus. Le gouvernement actuel se dit pourtant démocratique. Élu par le peuple !

Si nous comparons la corruption de l'administration irakienne à l'époque de Saddam Husseïn à celle qui sévit actuellement, on s'aperçoit qu'à l'ère de l'Irak « démocratique », elle a gangrené tous les services de l'État. Le pays jouit désormais du privilège d'être dénoncé par la communauté internationale pour son haut degré de corruption.

Pour prendre la température de l'Irak, autre thermomètre : la carte d'approvisionnement. Préoccupation quotidienne du citoyen en général, du pauvre en particulier, elle est considérée comme un moyen d'évaluation tangible. Après le déclenchement de l'embargo, en 1991, le président Saddam Husseïn décida d'assurer à chaque citoyen une part de denrées alimentaires de première nécessité telles que riz, farine, sucre, thé, lait pour enfants, détergents, etc. Malgré cet embargo total et oppresseur, malgré le tarissement des revenus de l'État, cette carte fut maintenue et permit à tout résident d'Irak, qu'il fût Irakien, Arabe ou étranger nécessiteux, de subvenir à ses besoins alimentaires essentiels. Ainsi, il n'y eut pas de famine en Irak. Au cours des années qui suivirent le programme « pétrole contre nourriture et médicaments », la part d'approvisionnement quotidienne par habitant dépassa les 6 000 calories. À la veille de la dernière guerre en 2003, Saddam Husseïn ordonna de distribuer d'une façon anticipée l'équivalent de trois mois de provisions alimentaires à chaque citoyen, en prévision de l'agression.

Aujourd'hui, dans quelle situation se trouve le pays ?

L'embargo est levé sur l'Irak, le pays est en mesure d'exporter le pétrole et ses dérivés, le soufre et autres produits commercialisables. Il peut aussi acheter tout ce qu'il veut, sans l'intervention ou le contrôle de la commission des sanctions du Conseil de Sécurité. Les prix du pétrole ont augmenté et ont dépassé 100 dollars par baril. Les responsables du « nouveau régime » disent que les revenus du pétrole ont atteint en 2008 60 milliards de dollars, peut-être 100 milliards. En comparaison, avec la crise qui a suivi la révolution islamique en Iran ou avec la suspension de ses exportations de pétrole en 1991, les revenus du pétrole irakien n'ont jamais dépassé 30 milliards de dollars.

Six ans après, dans le cadre de cette conjoncture favorable au gouvernement, la carte d'approvisionnement trébuche. Dans bien des cas, elle n'arrive pas à l'ayant droit. Lorsqu'elle parvient à quelques-uns, la ration n'est jamais complète, les produits sont avariés. Peut-on alors faire la comparaison entre un régime qui s'emploie dans les moments les plus sombres à assurer la sécurité alimentaire de son peuple, et un régime riche, capable d'acheter tout ce qu'il veut, mais qui ne tient pas compte des conditions de vie du peuple et des pauvres, vole les produits alimentaires, et dont les ministres et les hauts fonctionnaires se jouent des contrats pour obtenir leurs parts de bénéfice qui se transforment en comptes à l'étranger, y compris en Iran ?

Autre critère essentiel de comparaison : les méthodes de travail. Pendant ses longs mandats, comme vice-président ou président de l'Irak, Saddam avait visité toutes les régions du pays. Parcouru les rues et les ruelles des villes et des villages. Rencontré les gens ordinaires. Il était entré chez eux et s'était enquis de leurs conditions de vie. Ces visites et ces rencontres avaient débouché sur des décisions et des mesures tendant à résoudre les problèmes et à améliorer le niveau de vie des citoyens. Il établissait des dates fixes pour rencontrer les citoyens qui voulaient le voir. Ces rencontres se comptaient par dizaines et parfois par centaines. En outre, Saddam Husseïn avait astreint ses ministres à établir un calendrier de rencontres avec leurs fonctionnaires ou tout citoyen ayant un litige avec son ministère. Un rapport faisant état de ces rencontres et des mesures prises était exigé de chacun d'entre eux.

Quant aux « preux chevaliers du nouveau régime démocratique », arrivés au pouvoir à la suite « d'élections populaires libres » *(sic)*, ils se terrent depuis plus de six ans dans la « Zone Verte », sous la protection des forces américaines, pour n'en sortir que très rarement. Certains ne se rendent jamais dans leur ministère, gérant les affaires par téléphone, ou rencontrant – s'il le faut – leurs fonctionnaires dans leurs bureaux de la Zone Verte. À mille lieues des citoyens, dont ils ont peur.

En tant que chef des forces armées, et quels que soient les dangers, Saddam Husseïn rendait visite aux unités militaires, même pendant la guerre avec l'Iran, à portée d'obus. Il rencontrait les soldats, les sous-officiers et les officiers, s'enquérant de leurs conditions de vie et de leurs besoins essentiels. Lors du déclenchement de la campagne militaire contre les villes de Bassora et de Al-Moussal, personne n'a vu sur le terrain le chef du gouvernement démocratiquement élu et chef des armées. Posté dans la base britannique de Bassora et la base américaine de Al-Moussal, il n'a jamais rencontré les habitants de ces deux villes, qui l'ont élu lors d'élections « libres ».

L'action de Saddam Husseïn était relayée par chacun de ses ministres. Tous le prenaient en exemple. Sur leur feuille de route, l'obligation, chaque semaine, de quitter leurs bureaux pour visiter les départements de leur ministère et rencontrer les fonctionnaires afin de contrôler *in situ* les projets à leur charge.

Les Irakiens se rappellent que, pendant l'embargo, les services publics se détérioraient. Pour y remédier, Saddam Husseïn prit la décision d'attribuer à chacun de ses ministres la charge d'une province. Une partie du budget de l'État fut alors consacrée à faire face à certains cas d'urgence.

À l'ère démocratique nouvelle, certains ministères, pour ne pas dire la majorité, n'ont même pas dépensé le budget qui leur avait été alloué pour réaliser des projets et améliorer les conditions de vie des citoyens. En revanche, ces braves ministres n'ont raté aucun symposium ni congrès tenu à l'étranger, surtout aux États-Unis et en Europe. Ils ont rendu visite à l'Iran à plusieurs reprises. Pendant les deux guerres du

Golfe, les familles des responsables de l'ancien régime restaient en Irak sous les bombardements aériens, les tirs de canons et de roquettes. Aujourd'hui, la majorité de celles des responsables du nouveau régime – pour ne pas dire toutes – vit à l'étranger, dans des villas et des appartements luxueux, pour ne revenir en Irak que rarement, en « touristes » !

On a parlé des milliards de dollars que Saddam Husseïn aurait expatriés. Six ans après le renversement de son régime nationaliste par la guerre, sa condamnation à la peine capitale et son exécution, les suppôts du nouveau régime et leurs alliés américains, anglais et autres occidentaux n'ont pu trouver un seul dollar au nom de Saddam Husseïn dans une banque étrangère. Et ce n'est pas faute d'avoir cherché !

Les dirigeants du nouveau régime ont récemment déclaré que Saddam Husseïn avait deux palais dans le sud de la France et qu'ils les revendiquaient comme partie intégrante du patrimoine de l'État irakien. Comme si cela était nécessaire ! Ces deux palais, qui ne sont que des villas, sont enregistrés au nom de l'ambassade d'Irak en France, laquelle paye les impôts y afférant depuis les années 1970 jusqu'à aujourd'hui. En outre, personne n'a vu Saddam Husseïn visiter la France en privé et habiter dans ces villas. En réalité, elles avaient été achetées par l'un des organismes d'État – au temps de Saddam – auprès d'un responsable français, en contrepartie de « services spéciaux » rendus à l'Irak.

On a parlé d'un yacht appartenant à Saddam. Il existe bien un yacht, propriété de l'État, réservé au président de l'État irakien. Un yacht que Saddam n'a jamais utilisé, celui-ci ayant été construit après le déclenchement de la guerre avec l'Iran, rendant impossible son acheminement à Bassora. Aussi était-il resté à l'étranger.

Comparer deux villas et un yacht, propriétés de l'État, avec la gabegie et les milliards de dollars de corruption, de captation des richesses irakiennes et les innombrables turpitudes actuelles, voilà qui pourrait prêter à sourire. Sauf que le peuple irakien en est la victime expiatoire.

Ceux qui ont vécu sous les mandats de Saddam Husseïn et du parti Baas se rappellent bien comment ils vivaient. La façon dont Saddam les traitait et dont ses ministres se comportaient. Ces mêmes gens voient aujourd'hui le standing des « parangons » de l'ère nouvelle, ce qu'ils font ou plutôt ne font pas… Ils sont aussi informés de leurs comptes auprès des banques américaines, européennes et iraniennes !

Saddam Husseïn est parti. Il a été assassiné par traîtrise par les occupants américains et leurs valets irakiens. L'Histoire retiendra son parcours glorieux au service de la cause arabe, elle gardera en mémoire la modernisation de l'Irak sous sa houlette. Que Dieu accorde sa miséricorde à

Saddam Husseïn. De son vivant, il était un grand dirigeant. Face à la mort, il fut un homme courageux. Aujourd'hui, Saddam Husseïn est, pour les Arabes, le martyr de ce siècle, érigé en héros de la cause arabe.

SADDAM HUSSEÏN, PAR ALI AS-SARRAF ANCIEN OPPOSANT MAJEUR AU PRÉSIDENT[1]

Le procès d'un homme, sur lequel les avis et les opinions sont partagés, a fini par devenir une autre preuve historique de l'éternelle dichotomie entre le vrai et le faux.

Dans la vie de cet homme, bien des péripéties auraient pu nous donner une idée sur son caractère et sa nature profonde. Mais jamais Saddam Husseïn n'a été aussi clair et limpide que lors de son procès.

Là, seulement, la vérité de l'homme est apparue au grand jour, telle que Dieu l'a pétrie en son âme. Là, seulement, le président s'est défait de l'aura de son poste pour acquérir celle du héros légendaire.

Là est apparu le « dictateur » sous son véritable jour !

Il s'est dressé devant eux en chef orgueilleux et hautain, prenant de haut les chaînes, les barreaux, les menottes. Entré au tribunal dominant les présents de sa grande taille, il en est sorti encore plus grand. Un homme capable de dire à la mort : « Me voici, viens si tu oses me prendre » !

Et la mort ne l'a pas pris.

Un simple mirage sans plus.

Debout, face à la potence, il a fait acte de foi.

On l'a vu s'avancer tête nue, les yeux ouverts, pour mettre une cravate, une cravate quelque peu rugueuse.

On a vu s'écrouler le corps... On a vu le cadavre étendu... Mais son dernier sourire a tout exprimé.

Il savait que ce sourire était la dernière ligne du livre du militant, du compagnon, du président, du père de la Nation... Mais il savait aussi que ce sourire était la première ligne du livre de sa légende.

De la même façon qu'ils nous ont fait croire à sa « dictature », alors qu'il n'était qu'un homme très dur, il nous a leurrés par sa « mort ».

Il n'est pas mort. Il a fait un pas... il a souri et s'en est allé pour un autre monde, comme s'il montait les marches d'un escalier. Comme si la

1. Le professeur Ali As-sarraf est un écrivain et politologue irakien connu. Il fut un opposant de premier plan au président martyr Saddam Husseïn pendant plusieurs décennies. Mais après l'occupation, il a déclaré publiquement, avec courage et grandeur et en prenant fait et cause pour la patrie, le peuple et la conscience, que toutes ses positions contre Saddam Husseïn, toute son action politique dirigée contre le régime nationaliste, était une grande erreur. Il a exprimé clairement et de manière audacieuse cette position dans plusieurs articles importants dont celui-ci.

distance entre la vie et l'éternité n'était que cette marche à gravir.

Son corps s'est écroulé, mais la mort ne l'a pas pris. À cet instant est né l'autre Saddam, Saddam l'éternel. Celui que la mort ne peut nous arracher.

Certes, on a pleuré, mais on a souri ensemble, à l'instant où l'on a découvert le leurre du héros. On l'a porté alors dans notre cœur comme jamais âme d'un militant n'a été couvée. On a remis une partie de lui entre les mains du Seigneur et l'on a gardé la majeure partie de son âme pour la résistance.

On a découvert qu'il avait aussi le sourire d'un homme pénétré de son pouvoir. Mais malgré sa toute-puissance babylonienne, il était magnanime et simple, capable de verser des larmes dans l'adversité et le malheur. Il pouvait être triste, rire ou se mettre en colère comme le commun des mortels. Il avait le cœur tendre, sans se départir de sa prestance ni de sa stature de héros.

Par sa ténacité, il voulait accomplir une mission, atteindre un but. Alors les opinions furent partagées : certains ont vu dans cette prétendue « dictature » des détails presque insensés ; d'autres ont vu ses objectifs, ses réalisations impressionnantes dans les universités, les entreprises et les usines.

Mais la lune est une et indivisible. Quelle que soit la moitié que tu regardes, l'autre moitié existe bel et bien.

Saddam est ainsi fait, pour nous laisser perplexes, inquiets. Peut-être pour grandir l'Irak, pas à pas. Cela exaspéra tous ceux qui nourrissaient de l'animosité envers lui, qui nourrissaient des ambitions inavouables, des rancœurs illégitimes, ou qui, simplement, étaient vils. Ils se sont alors unis contre lui pour le tuer et détruire l'Irak en même temps.

Ils ont pris le pouvoir pour détruire, tuer, torturer et violer. Ils ont transformé l'Irak en abattoir. En une mare de sang.

Tuer Saddam Husseïn, c'était tuer l'aspiration de l'Irak à la puissance, à la prospérité, à la gloire.

Jamais le héros n'a été aussi radieux qu'en prison et au tribunal.

À vouloir l'humilier, le châtiment s'est retourné contre eux.

Ils ont voulu faire le procès de la « dictature ». Il a jugé leur décadence, leur vilenie et leur servitude.

Rares sont les hommes libres à qui le destin a réservé l'honneur de faire face aux envahisseurs avec tant de majesté. Rares sont ceux que l'Histoire élève au rang de symbole…

Au tribunal, le juge ne fut jamais neutre. Son penchant naturel l'inclinait davantage à la polémique. Colères, hurlements, expulsions des prévenus comme de la vulgaire racaille. De leur côté, les commandos du ministère de l'Intérieur et les gardes de l'occupation ne se privèrent pas de frapper les inculpés. De les torturer, face au tribunal, en coulisses ou en prison.

À l'extérieur, les milices ont achevé le travail : intimidations, menaces, persécutions envers les défenseurs. Fait unique dans les anales d'un procès, cinq avocats périrent sous la torture. L'un des cadavres, accroché à un poteau électrique, témoigna non seulement de la barbarie, mais aussi de l'éclatante faillite morale de l'occupation, de son gouvernement, de ses milices et de sa « justice ».

Dans de telles conditions, les avocats de la défense n'ont pas eu la tâche facile. Malgré leur professionnalisme, ils se sont préparés à la mort. Ils ont livré bataille non pas dans le cadre de la loi, constamment bafouée, mais à la recherche de la vérité. Pour que triomphe la justice, dans un contexte de non-droit, avec tout ce que cela implique de bestialité, de sous-développement et de rejet des valeurs humaines. Afin de trouver une voie de salut, une issue à ce nid de vipères.

L'on voulait que ce tribunal fût le « tribunal du siècle ». Ce fut le cas. Il donna lieu à une comédie hideuse et fracassante dont les échos continueront à se répercuter, comme la pire des offenses au droit, aux valeurs de vérité, de justice. Une comédie qui jette le discrédit et le déshonneur sur tous ceux qui s'y sont impliqués.

La mort fut présente à chaque instant. À chacun des actes de cette parodie de « procès ».

Car cette comédie n'avait qu'un seul but : éliminer les « inculpés », en vertu d'une « loi » confectionnée sur mesure, pour que la forêt de couteaux déchire les corps de ces victimes, sans scrupule. Spectacle bouleversant que celui des avocats en mal de stratégie pour leur plaidoyer, quand les tueurs sont maîtres de la situation. Des couteaux dirigés non seulement contre un président déchu, victime d'une force barbare et aveugle et d'un tissu de mensonges et de subterfuges, non seulement contre des avocats exposés aux menaces ou exécutés mais surtout des armes dirigées contre tout un peuple dont les innocents – femmes, enfants ou vieillards – étaient égorgés comme des animaux de boucherie, sous les yeux du monde entier.

Cette même racaille sera convoquée au tribunal de demain, au tribunal de l'Histoire.

Un groupe de héros a décidé de risquer sa vie et de se présenter en tant qu'avocats indépendants, formés dans les meilleures universités, ayant acquis une large expérience dans les meilleures sphères de la justice, pour défendre un héros dont le destin tragique était connu d'avance.

L'action du « Comité de Défense » fut sous-tendue par ce même sens de l'honneur et non par une quête de justice, obstinément absente. Pour ce tribunal, il n'a jamais été question de droit.

Si l'on ne peut l'isoler du contexte d'assassinat autorisé et généralisé en Irak, ce tribunal a bien été la preuve de la mort des vertus. Et de toutes les valeurs humaines.

Bien que la cause défendue par ces avocats semblât « perdue d'avance », leur plaidoyer ne fut pas vain.

Il n'a demandé ni vengeance ni revanche. Du fond de sa prison, le courage de Saddam nous a révélé un héros plus ferme que l'acier. Un homme de bien, tolérant et un patriote unique, qui a su se placer au-dessus de tout pouvoir. Car le « Grand Irak » est resté la tente qui abritait son cœur.

Quand sonna l'heure du départ, il s'avança d'un pas sûr, le sourire aux lèvres.

Si nous avons perdu un chef et un fin stratège, nous avons gagné un héros légendaire et un symbole.

Ses compagnons l'ont imité et il sera imité par tous les adeptes de la liberté. Le Grand Irak, l'Irak de la Vertu, de la Liberté et de la Prospérité est le leur : si l'arbre éternel perd un héros, il en génère un autre

Saddam Husseïn, de Al-Ouja au palais présidentiel

À la fin du XXe siècle et au début de ce troisième millénaire, personne n'a occupé la scène mondiale et intrigué comme le fit Saddam Husseïn. Sa vie n'a été qu'un processus flamboyant marqué par les défis, les dangers, les victoires, les drames… et une fin tragique. Comme tous les grands destins de l'Histoire.

C'est que Saddam est issu de ces trous oubliés, de ces méandres de la vie, qu'il a eue dure et amère. Et que son long périple l'a mené au plus haut de la gloire.

L'enfance de Saddam

À quelque 170 km au nord-ouest de Bagdad, dans une petite masure de Al-Ouja – un village situé dans l'un des districts de Tikrit, ville de naissance de Saladin – un petit orphelin voit le jour, un 28 avril 1937. Son père, Husseïn Al-Majid, ne l'a pas vu naître. Il est mort six mois plus tôt. Sa mère, Sabha Talfah a choisi de l'appeler Saddam

Plongée dans une misère noire, la petite famille vit du pacage et des travaux des champs. Déjà, à cette époque, l'Irak est agité par des mouvements politiques actifs qui secouent la monarchie. Depuis sa naissance, l'histoire de l'Irak est faite de vagues houleuses où les civilisations les plus anciennes s'entrechoquent au rythme d'actes héroïques et d'épopées nationales, depuis les califes orthodoxes jusqu'à l'époque contemporaine en passant par les dynasties omeyyade et abbasside.

Saddam Husseïn naquit au sommet d'une de ces vagues. La Seconde Guerre mondiale grondait déjà. Orphelin, il fut condamné à vivre dans la pauvreté et la misère, avec la patience pour seule arme. Sa mère donna naissance, en seconde noces, à ses autres frères : Barazan, Taban et Sabaaoui. Élevé par sa mère et son beau-père Ibrahim Hassan, l'enfant gardait les moutons, parcourait les campagnes étendues ou vendait les melons dans les stations du train qui s'arrêtait à Tikrit afin de subvenir aux besoins de sa famille et de ses jeunes frères.

Saddam a grandi en portant en lui le germe de l'excellence et du leadership. Pour l'excellence, elle est apparue dès sa tendre enfance, et plus particulièrement au cours de sa scolarité à l'école primaire de la ville de Tikrit. Persévérance, sérieux et application dans les études sont le résultat du dynamisme et de la rigueur campagnarde qui ont pétri son caractère.

Quant au tempérament de chef, c'est au lycée qu'il est devenu le plus évident. Cette époque vit l'effervescence de courants idéologiques et politiques à travers tout le monde arabe. Saddam partit avec son oncle Kheïrallah Talfah à Bagdad pour ses études secondaires à Karakh. Une période décisive pour sa formation politique, intellectuelle et la cristallisation de ses visions patriotiques.

Saddam fut bercé par les idées nationalistes et la lutte du Mouvement nationaliste irakien, opposé à la colonisation britannique qui oppressait le pays. La maison de son oncle Kheïrallah – qui était enseignant – pullulait d'activistes nationalistes et de personnalités importantes de ce mouvement. Sa bibliothèque était riche de livres diffusant la pensée nationaliste arabe, l'histoire, la philosophie et la littérature.

Saddam jeune baassiste

À la fin de ses études secondaires, Saddam Husseïn, essayant d'entrer à l'Académie militaire de Bagdad, fut forcé de renoncer, en raison de la situation politique, de son adhésion au parti Baas arabe socialiste en 1956 et de ses différentes arrestations, dont une de plus de six mois entre 1958 et 1959 Saddam figurait alors parmi les jeunes responsables du parti. Une expérience politique rapidement acquise et un sens fulgurant de l'organisation l'élevèrent en peu de temps au rang des jeunes cadres baasistes les plus remarquables.

Le coup d'État d'Abdelkerim Kacem en Irak en 1958 fut un événement important dans la vie du pays dans la mesure où il apporta un changement profond dans la composition du pouvoir et mit un terme à la monarchie hachémite du roi Faïçal II. Les officiers auteurs du coup d'État contre le roi n'étaient pas les Baasistes irakiens. Le parti Baas était hostile au nouveau pouvoir qui échoua à obtenir la stabilité et à endiguer tensions et troubles politiques internes. Pour ces raisons, le Parti essaya d'entreprendre, avec le concours de ses cadres et officiers, une opération de changement.

La première « cavale » de Saddam

La condamnation à mort prononcée contre un certain nombre d'officiers, parmi lesquels figuraient des officiers baasistes, eut pour conséquence la tentative d'assassinat d'Abdelkerim Kacem par des cadres du parti Baas dont Saddam Husseïn était membre. Malgré les coups de feu tirés sur le cortège du président, l'entreprise avorta. Au cours de cette opération, Saddam Husseïn fut blessé à la jambe. Il parvint cependant à franchir le Tigre à la nage pour se réfugier dans son village de Tikrit. Les agents de sécurité d'Abdelkerim Kacem lancés à sa poursuite ne purent le débusquer. Dès lors, l'étoile de Saddam ne cessa de briller. Au sein du parti Baas comme sur la scène de la vie politique irakienne.

À cette époque, Saddam Husseïn était très influencé par les idées et la pensée nationalistes, en particulier par les écrits de Michel Aflak[1], avec lequel il noua des liens solides. C'était au début des années 1960.

Les opérations de persécution et de recherche menées contre Saddam Husseïn, les mandats d'arrêt émis à son encontre, sa conversion en principale cible des organismes de la sécurité, rendirent sa cavale périlleuse. Voyager ou se déplacer était devenu impossible. Aussi décida-t-il d'abandonner Tikrit et sa terre natale d'Irak.

Au début du mois de décembre 1959, Saddam entama un long voyage parsemé d'embûches à travers steppes, déserts et vallées, tantôt à pied,

1. Michel Aflak, né en 1910 d'une famille chrétienne de Damas, fit ses études à la Sorbonne. Écrivain, poète et homme politique, il fut influencé par le marxisme et l'anticolonialisme. Avec quelques camarades de différentes confessions, il fonda le parti Baas, au début des années 1940, sur un modèle « laïc » et socialiste, défendant une identité panarabe. Le parti Baas dirigea l'Irak jusqu'à la chute de Saddam, alors qu'il est toujours au pouvoir en Syrie.

tantôt sur une monture, jusqu'à la frontière syro-irakienne, la Syrie étant alors un fief des nationalistes et des défenseurs de l'unité arabe.

Lors de son premier exil, il demeura trois mois à Damas, où il eut l'occasion de fréquenter les figures emblématiques de la pensée nationaliste et parfaire sa maturité politique. Trois mois pendant lesquels il resta en contact avec son parti en Irak, à l'affût de ce qui s'y déroulait...

Le Caire fut sa deuxième destination. Arrivé le 21 février 1960, il intégra l'école « Palais du Nil » au Caire afin de terminer ses études secondaires et entamer des études de droit à l'université. Résidant dans un foyer d'étudiants avec des camarades baasistes, à la cité Ad-Daqi du Caire, il progressa dans le travail d'organisation au sein des étudiants et de leur direction politique jusqu'à devenir le premier responsable étudiant du parti en Égypte. À mille lieues du noctambule, il consacrait son temps libre à la lecture et aux échecs.

SADDAM CONDAMNÉ À MORT PAR CONTUMACE

À cette époque, le Haut Tribunal Militaire de Bagdad le condamna à mort par contumace, ainsi qu'un groupe d'amis expatriés à leur tour. Tous étaient accusés de tentative d'assassinat envers Abdelkerim Kacem. Le tribunal qui émit cette sentence en décembre 1960 ouvrit une nouvelle page d'affrontements et de heurts entre le parti Baas et le pouvoir en place.

Après s'être inscrit à la faculté de droit de l'université du Caire en 1961, Saddam Husseïn fut forcé d'interrompre ses études universitaires. Sur ordre du parti, il revint en Irak afin de préparer un coup d'État contre Abdelkerim Kacem. Le 14 juillet 1963, le parti Baas parvint à renverser le régime au pouvoir et à porter Abdessalem Aref à la présidence de la république.

Cette même année, Saddam se maria avec sa cousine Sajida Kheïrallah Talfah. Il fut chargé de l'organisation militaire du parti Baas à la suite du revirement contre les Baasistes d'Abdessalem Aref, en profond désaccord avec le parti. Saddam Husseïn figurait parmi les dirigeants détenus. Mais il parvint à s'évader et dut se confronter de nouveau à la clandestinité et à la persécution. Dans cette épreuve, il fit la démonstration de ses capacités d'organisation et de sa précision en matière de planification, artisan des opérations de camouflage, de déguisement et de mise à couvert des dirigeants et cadres du parti. C'est au cours de cette période qu'il se rapprocha de l'ancien Premier ministre d'Abdessalem, Ahmed Hassan Al-Bakr, avec qui il était apparenté.

Fort de ses expériences et grâce à ses capacités, Saddam Husseïn parvint à fonder une organisation militaire puissante et efficace. Il assura la coordination des actions et des opérations clandestines du parti, ainsi que la sécurité de ses cadres et dirigeants militaires, et celle des cercles qui, au sein de l'armée, lui étaient liées.

Dans la précipitation des événements, Saddam Husseïn dut quitter l'Irak pour se réfugier en Syrie où il rencontra les dirigeants du parti ainsi que son fondateur, Michel Aflak. Il participa aux longues discussions et consultations sur les troubles et l'évolution de la situation irakienne, les divisions entre les différentes ailes du parti en Irak. Au cours de ce voyage, Saddam acquit la confiance d'Aflak, renforça ses liens avec le dirigeant syrien et fit l'admiration de la direction du parti Baas dont il fut élu membre.

Celle-ci insista pour qu'il restât à Damas, craignant pour sa vie, d'autant qu'Abdessalem Aref découvrit que les membres du Parti, ses cadres et ses organisations militaires préparaient un coup d'État. Mais Saddam refusa et revint clandestinement à Bagdad, affrontant tous les dangers.

Première capture de Saddam en 1964

Les organes de sécurité du régime d'Abdessalem Aref réussirent quand même à capturer Saddam le 14 octobre 1964. Il fut détenu dans un camp, enfermé dans un cachot où il subit toutes formes de tortures.

Avertie de sa résistance stoïque à la torture sauvage qu'il subissait en prison, la direction du parti Baas en Syrie et en Irak prit la décision de l'élire secrétaire général… tandis qu'il purgeait encore sa peine.

Saddam s'évade

Lors d'une seconde tentative d'évasion de la prison, il fit preuve d'habileté, de force de caractère et d'une grande capacité d'organisation. Une action bien orchestrée avec l'aide de certains de ses camarades cadres du Parti lui permit de s'évader alors qu'on le conduisait à une séance du Tribunal militaire où il devait être jugé. C'était le 23 juillet 1966. Choqué et ébranlé, le régime au pouvoir du président Abdessalem Aref ordonna l'intensification des opérations de recherche dans tout le pays. Pendant ce temps, Saddam fondait une organisation secrète au sein du Parti, connue sous le nom de « Houneïn ». Outre sa fonction sécuritaire, Houneïn avait pour mission d'encadrer les paysans et les organisations féminines du Parti.

Le coup d'État de 1968

C'est dans ce contexte que le président Abdessalem Aref disparut dans un accident d'hélicoptère et que son frère, Abderrahman Aref, lui succéda. Le Parti déclencha alors la conquête du pouvoir. Le rôle de Saddam dans la planification, le suivi et la supervision du coup d'État mené contre Abderrahman Aref fut prépondérant. La révolution de juillet 1968 renversa le pouvoir en place. À la tête du groupe qui avait donné l'assaut au palais présidentiel, Saddam Husseïn proclama la fin du régime et l'avènement d'une ère nouvelle en Irak.

Saddam vice-président en 1969

Le conseil de direction de la révolution fut constitué et sa présidence confiée au général Ahmed Hassan Al-Bakr. Le 9 novembre 1969, à l'âge de trente-deux ans, Saddam Husseïn fut nommé vice-président, en plus de sa charge de secrétaire général du Parti, et responsable de la sécurité intérieure.

Lors de ses dix années passées à ce poste, Saddam participa de façon active à la construction des structures et des institutions de l'État : la justice, l'éducation, la santé, les routes et services publics, l'Armée, les organes de sécurité. Il entreprit aussi des programmes de développement économique visant à améliorer la vie des Irakiens et à exploiter à bon escient les ressources et le potentiel du pays.

Il s'attacha aussi à établir de nouvelles relations avec le monde arabo-musulman. Il étendit les relations diplomatiques privilégiées à d'autres pays et mit à exécution, en sa qualité de vice-président, de nombreux projets stratégiques majeurs. C'est ainsi qu'il fut à l'origine, en 1972, de la nationalisation de l'industrie du pétrole de l'Irak et d'un immense projet éducatif de lutte contre l'analphabétisme à l'échelle nationale, imposant des sanctions pouvant aller jusqu'à trois ans de prison en cas d'absence aux cours d'alphabétisation. Des centaines de milliers d'Irakiens – hommes, femmes et enfants – purent ainsi apprendre à lire et à écrire.

Le 6 mars 1975, grâce à l'entremise du président algérien Haouari Boumediene, Saddam signa un accord sur le tracé des frontières avec l'Iran à Alger, matérialisé par le partage du Chott Al-Arab avec le régime du shah Reza Pahlevi. En contrepartie, l'Iran devait cesser d'intervenir dans les affaires internes de l'Irak et de saper stabilité et sécurité en appuyant – entre autres – la rébellion kurde au nord du pays.

Au cours des années 1970, Saddam visita la France et conclut un gigantesque projet de développement stratégique en matière d'énergie nucléaire à des fins civiles.

Il conduisit la délégation du gouvernement irakien chargée des négociations avec les chefs de la rébellion kurde et se fit l'artisan de l'accord sur l'autonomie interne concédée à la minorité kurde le 11 mars 1974, sans précédent dans la région (Iran, Turquie et Syrie).

Saddam président en 1979

Le 16 juillet 1979, la radio et la télévision irakiennes interrompirent leurs programmes pour diffuser une importante déclaration. Le président de la République Ahmed Hassan Al-Bakr annonçait sa démission pour raisons de santé. Un événement derrière lequel certains virent la main de Saddam, désireux de se frayer un chemin vers la présidence.

Saddam Husseïn accède alors au pouvoir en Irak. Élu président de la République, Secrétaire général du parti, Chef du Conseil de direction de la révolution, ses premiers pas à la tête de l'État furent marqués par des campagnes de réforme du Parti et de l'État à grande échelle. Une nouvelle page de l'histoire de l'Irak se tournait alors : c'est ce que nous allons découvrir ici.

Saddam raconte son enfance

« Mon père est mort en 1937. J'ai appris par la suite qu'il avait terriblement souffert avant de mourir. Il avait voulu venir en aide à une femme de notre famille, malmenée par un voyou. N'écoutant que son courage, il avait sauté du haut d'un mur de glaise et s'était brisé une côte. Le rein déchiré, les urines remplies de sang, Dieu lui avait d'abord accordé sa miséricorde. Puis, d'après ma mère, sa blessure avait empiré, et il avait fini par s'affaiblir. Inexorablement.

« Ma mère se remaria. C'était la coutume, en Irak. Tout particulièrement dans les campagnes : on remariait les veuves pour leur épargner les aléas de l'existence. Mais ma mère n'eut pas de chance : Hadj Ibrahim Al Hassan (Dieu le garde en sa miséricorde), était très dur avec elle. Sans doute à cause de la mentalité rurale, des difficultés de la vie, de la pauvreté, du sous-développement...

« Je me levais très tôt et partais aussitôt ramasser du bois ; c'était ma tâche quotidienne, hiver comme été, quel que soit le temps. J'aidais aussi ma mère à faire paître les quelques vaches et brebis que nous possédions. J'exécutais scrupuleusement les ordres de Hadj Ibrahim Al Hassan, parce qu'il m'aimait et qu'à ce titre, il ne faisait aucune différence entre moi et ses autres enfants, Sabaaoui, Barazan et Wutban. Il était, en revanche, particulièrement sévère avec son fils Adham, qu'il jugeait dépourvu d'intelligence.

« Quand je voulus m'instruire, on me confia à mon oncle Khayrallah Talfah (Dieu l'ait dans sa miséricorde).

« Comme enfant, d'abord, puis comme adolescent, j'y connus une vie assez rude.

« Puis, quand je suis arrivé au pouvoir, j'ai été avant tout soucieux de servir mon peuple vers qui me guidaient mes souvenirs d'enfant. Il s'agissait pour moi de gagner sa faveur et celle de Dieu. J'ai traité mon peuple sans discrimination, et je n'eus jamais de ressentiment contre qui que ce soit, pas même ceux qui cherchaient à me nuire : je ne les détestais pas, je détestais leur action. Et je me réjouissais à l'idée qu'ils puissent revenir sur leurs erreurs et retrouver le chemin de la vérité. »

Quand le président décida de quitter Bagdad, le 11 avril 2003, il demanda aux membres de sa garde rapprochée de rejoindre leurs familles. Il ne garda près de lui que les quelques soldats en qui il avait une totale confiance, tous jeunes. Se souvenant de sa propre jeunesse, il se souciait de leurs conditions de vie, et demandait à chacun d'eux s'il était marié, combien il avait d'enfants et qui prenait soin d'eux. Le président s'occupait personnellement d'un groupe d'orphelins qui habitaient sous son toit et qui l'appelaient « papa ». Après l'occupation de Bagdad, il se retrouva un jour assis avec son fils Koussaï et trois de ses gardes. Il se retourna vers l'un d'eux pour lui demander :

« S'il le faut, tu emmèneras ma famille pour la protéger. »

Le jeune homme lui répondit :

« Pourquoi partir ? Je ne resterai qu'avec mon père, le président. »

CHAPITRE II

La capture de Saddam Husseïn

« Nous avons connu les ennemis avant les amis. Militant depuis notre jeunesse, avant et après 1959, nous avons accédé au pouvoir grâce à notre militantisme. C'est le peuple qui nous a choisi et hissé au premier rang et non les milieux impérialistes et leurs services de renseignements. Honni soit qui prétend le contraire.

Si c'était l'Amérique ou les sionistes qui nous avaient porté au pouvoir, nous n'aurions pas connu ce sort dont nous sommes fiers. Nous irons devant le Tout-Puissant, le cœur serein, les mains propres, si Dieu le veut.

Et si nous avions accédé au pouvoir avec l'aide de l'Amérique et de ses proches, elle nous aurait dénoncé, dès le premier jour où nous nous sommes opposé à elle. Mais, grâce à Dieu, nous la défions de dire quoi que ce soit, qui puisse ternir notre histoire grandiose. »

Saddam Husseïn en captivité

Le président raconte un épisode de sa « cavale »

Ce qui irritait le plus le président, c'était son arrestation, et la trahison qui l'avait rendue possible. Un jour où il l'évoquait, il commença par s'emporter contre celui qui l'avait trahi et menaça de s'en venger, puis il ajouta :

« Je n'ai pas réussi à identifier celui qui a dénoncé mes enfants. Je pourrais lui pardonner, devant Dieu, et aussi devant le peuple irakien, et même oublier son acte, en considérant qu'il n'est que regrettable... Mais jamais je ne pardonnerai, quel qu'en soit le prix, à celui qui m'a trahi sans raison. »

Et il me raconta ensuite ce qui lui était arrivé en juin 2003.

« Lors d'un déplacement parmi les enfants de mon peuple, je décidai de rejoindre l'un des villages d'Al Mawsel. Je descendis chez l'un des chefs, qui m'était fidèle et dont je tairai le nom par précaution. C'était l'après-midi et le Cheikh était occupé à proximité de sa maison. Je demandai aux gardes chargés de ma sécurité de rapprocher un peu plus la voiture dans laquelle nous étions venus de la maison. Ce jour-là je portais un déguisement et je m'étais légèrement laissé pousser la barbe. L'occupation de Bagdad durait depuis deux mois. Le propriétaire de la maison me confia qu'il espérait cette visite depuis longtemps, mais qu'il craignait qu'elle ne compromette ma sécurité. Je l'invitai à se calmer et lui demandai de me nourrir avec juste un peu de sésame moulu et du pain accompagné de jus de raisin. Je m'étais habitué, au cours de cette période, à manger peu. Mais le Cheikh refusa et demanda à son fils d'égorger un mouton en notre honneur pour le repas du soir. Malheureusement, quelqu'un m'avait vu entrer au domicile de mon hôte, m'avait reconnu, malgré mon déguisement, et avait prévenu un agent des Américains. Peu après, nous entendîmes le vrombissement des avions et vîmes des mouvements inhabituels dans le village. Le Cheikh, sorti s'informer, vit des avions gros porteurs dans le ciel du village. Je demandai à mes gardes de repartir et le Cheikh me prit seul dans sa voiture. Il était inquiet, mais je lui dis que j'avais l'habitude de ce genre de situation. J'ajoutai que j'étais armé de deux pistolets et d'une kalachnikov. Mon hôte m'avertit que les Américains s'étaient positionnés aux carrefours et qu'il nous fallait prendre une route secondaire. C'est ainsi que nous parcourûmes plusieurs dizaines de kilomètres à travers le désert, par monts et par vaux, en pleine nuit et sans lumière, jusqu'à rejoindre l'endroit que je voulais atteindre. Là, je pris un petit pick-up Toyota. Après l'avoir vivement remercié, j'invitai le Cheikh à rentrer chez lui.

Mais il n'accepta de me laisser que lorsque ma voiture s'ébranla. Après plus d'un mois, j'ai envoyé une lettre à ce vénérable vieillard. Je lui ai proposé de s'adresser à l'un de mes parents auprès duquel j'avais laissé de l'argent destiné à financer la résistance. Mais quand il s'est présenté à l'endroit convenu pour lui réclamer la somme, l'homme s'est mis en colère, a déchiré la lettre et nié avoir reçu de moi le moindre sou. Il n'en est pas resté là et a envoyé son fils dénoncer le Cheikh, en violation des usages et des traditions élémentaires de notre société qui stipulent qu'un Irakien ne doit jamais dénoncer son hôte. Mais mon bienfaiteur était un homme avisé : il s'est réfugié chez un autre membre de la tribu qui lui a rappelé aussitôt qu'il n'aurait jamais dû frapper ainsi à la mauvaise porte. »

La version américaine de la capture du président

La mise en scène de l'arrestation du président, telle que diffusée et rediffusée par les chaînes satellitaires, a suscité controverses, débats et interrogations quant à l'authenticité de ces images. Certains, refusant d'y croire, ont avancé : « C'est certainement une traîtrise, ou bien celui qu'on a arrêté est un sosie ». D'autres se sont réjouis, appréciant la mise en scène hollywoodienne de cette parodie. Ce qui est arrivé à l'Irak ne serait-il pas le pur produit d'un scénario de western américain ?

Paul Bremer, à l'époque gouverneur américain de l'Irak a donné l'ordre aux membres du conseil gouvernemental de fermer les bureaux de la chaîne Al Arabia à Bagdad, sanction consécutive à la diffusion, au cours du mois de ramadan 2003, du dernier message du président Saddam Husseïn, avant son arrestation.

La version américaine avance que la mort de Oudaï, Koussaï et Mustapha a été un choc pour Saddam Husseïn. Il n'a pas voulu y croire, il pensait que sa décision de les éloigner de lui allait les épargner. Mais l'homme qui, selon Saddam Husseïn, était censé les protéger, les a trahis. Les trois sont tombés dans une bataille où ils ont démontré une détermination sans pareille.

Premier plan de capture de Saddam

Le plan était directement supervisé par le général Ricardo Sanchez, secondé par le général Ray Audierno, commandant du 4e bataillon d'infanterie. Ce schéma se fondait sur un certain nombre d'hypothèses : Saddam Husseïn va essayer de se réfugier auprès des siens, et précisément dans son village natal de Tikrit, pour se mettre à l'abri, surtout que plusieurs membres de la garde républicaine et de sa garde rapprochée ont commencé à s'éloigner de lui, après la mort de ses deux fils. Ils étaient persuadés de sa détermination à poursuivre la lutte contre les Américains, quel qu'en fût le prix.

Les Américains voulaient élucider l'énigme des cachettes secrètes qu'ils croyaient situées sous les palais présidentiels. Ils consentirent des efforts monumentaux pour les découvrir, en vain. Les soldats américains du 4e bataillon fouillaient ces palais, plus d'une fois par jour, en prévision de l'éventuelle arrivée de Saddam Husseïn. Le nombre de ces palais s'élève à près d'une vingtaine, dont les plus importants sont situés à proximité du Tigre.

Deuxième plan de capture de Saddam

Responsable de ces échecs, Simon Daries, l'un des hauts cadres de la CIA en Irak, élabora un nouveau plan pour arrêter Saddam Husseïn.

Simon Daries mentionne dans son rapport daté du mois d'août 2003 que Saddam Husseïn pouvait se trouver soit dans une famille capable de le protéger, vivant loin de Bagdad et en qui il avait confiance, soit dans une région inhabitée et abandonnée. Il était possible qu'il y fût aménagé un refuge, non loin des siens et de son village. Daries pensait que Saddam Husseïn ne pouvait quitter l'Irak, par fierté, refusant l'idée même de fuite.

Aussi, après l'échec du plan initial de capture, où l'on avait compté sur l'arrestation, l'interrogatoire de ses principaux adjoints et de quelques chefs de clans de Tikrit et d'autres régions, se concentra-t-il sur la garde personnelle et les gardes du corps qui étaient au courant de ses déplacements. La plupart de ceux-ci ne savaient pas où il se trouvait, alors que d'autres considéraient que le dénoncer les déshonorerait et les exposerait à de graves représailles. La nouvelle stratégie prévoyait que la « bonne prise » proviendrait de sa garde personnelle, qui l'avait accompagné après la prise de Bagdad.

Les premiers indices recueillis en août 2003 furent des témoignages affirmant l'avoir vu au nord de Bagdad, tantôt à Tikrit, tantôt dans d'autres régions. Aussi, la nouvelle équipe de la CIA en Irak, sous la direction de Suarez Keven, se focalisa sur la collecte d'informations auprès des personnes pouvant donner des détails sur les déplacements de Saddam Husseïn, sur les circonstances de son repérage et sur ceux qui assuraient sa garde. Les services de renseignements américains avaient amassé plus d'une centaine de photos de ses ex-gardes du corps et de ses parents, qui furent soumises à tous ceux qui déclaraient le connaître ou en être proche, et à qui l'on demandait quand ils avaient vu Saddam. Les questions récurrentes portaient sur sa garde et ses compagnons, sur leurs traits distinctifs et les lieux qu'ils fréquentaient.

La CIA était assistée dans cette recherche par une équipe du Mossad israélien, composée de dix personnes dont le chef de la section des opérations de reconnaissance. Ainsi, après de longues investigations et après avoir soumis les photos des gardes du corps aux détenus, les services de renseignements américains et israéliens conclurent qu'il n'avait gardé auprès de lui que deux de ses hommes.

La description des gardes apportée par les personnes interrogées, concorda avec le repérage du président par des témoins à Tikrit, à Ar-Ramla et à Kirkouk. Les investigations furent ensuite concentrées sur tous les détails de leurs mouvements, afin de les arrêter le plus vite possible.

Les informations réunies par les Américains et les Israéliens, avec la contribution de quelques agents des services de renseignements irakiens, aboutirent, fin août, à l'arrestation de l'un des proches du président. Malgré toutes sortes de tortures subies, il ne dévoila rien pendant plus de deux semaines. Mais après dix-huit jours d'atroces sévices psychiques et physiques, il finit par révéler un important refuge au sud de Bagdad. La découverte de ce lieu constitua un élément capital dans le plan américain, caractérisé par une discrétion absolue.

Une fois ce refuge localisé et inspecté discrètement, et surtout sans rien toucher de ce qu'il contenait, les Américains et les Irakiens surent qu'ils approchaient de Saddam Husseïn. Ils comprirent également que celui-ci se déplaçait intelligemment entre ces refuges abandonnés et qu'il y laissait des marques discrètes pour savoir si quelqu'un y entrait. C'est qu'il savait que les Américains allaient lui tendre un piège dans l'une de ces cachettes. La personne arrêtée affirmait ne connaître que trois refuges, à Ar-Ramla, à Kirkouk et un autre au sud de Bagdad, mais pas celui d'Ad-Dour, près de Tikrit, où plus tard, les Américains prétendirent avoir arrêté Saddam.

Les deux équipes surveillèrent de très près les trois refuges indiqués, mais il ne s'y rendit jamais. Les forces américaines se rendirent compte que ces lieux étaient abandonnés et que les informations fournies par son parent n'étaient pas crédibles.

D'autre part, une théorie penchait pour l'existence d'autres refuges dans diverses régions d'Irak, utilisées faute de pouvoir recourir à ceux des palais présidentiels ou ceux réputés pour leur résistance aux bombes les plus puissantes.

Troisième plan de capture de Saddam

Les services de renseignements israéliens signalèrent la nécessité de chercher ces refuges à Tikrit et dans les régions désertées alentour, particulièrement chez ses proches. Ces cachettes étaient forcément protégées par des gens en qui Saddam Husseïn avait toute confiance.

Le plan de recherches minutieuses mobilisa un effectif pléthorique et des moyens aériens pour faire face à une fuite éventuelle protégée par des fidèles.

D'après les services israéliens, l'endroit où Saddam Husseïn devait se réfugier n'attirerait pas les soupçons et sa garde serait assurée par des intimes.

Interrogatoires «musclés» de sa garde

Les Américains entreprirent alors d'arrêter les membres de sa famille, ses parents par alliance et les gardes qui lui étaient proches. Il était clair que la stratégie américaine allait porter ses fruits. Ce qu'ils firent en capturant cinq d'entre eux (trois membres de sa famille, un garde et un parent par alliance) qui ne résistèrent pas à la torture et finirent par collaborer avec les Américains. L'une de ces personnes avait avec lui un lien de parenté très proche.

À cette époque, l'un des oncles maternels de Saddam avait contracté une maladie très grave. Saddam lui rendit visite à deux reprises, tard le soir. Il était totalement en confiance au point de se faire raccompagner jusqu'à l'un de ses refuges, par son cousin âgé de 35 ans, à qui il offrit cinq mille dollars comme complément aux frais des soins de son père.

Le cousin, arrêté le lendemain, fut atrocement torturé. Il passa aux aveux avant de les conduire à une bâtisse de deux niveaux, déclarant qu'il avait reçu l'argent du président devant cette maison.

Les forces américaines assaillirent la maison et la fouillèrent minutieusement, pendant trois jours, en octobre 2003. Ils finirent par tomber sur une cachette importante, qui aboutissait à une galerie menant à une pièce convenant à une personne. Les hommes du 4e bataillon y découvrirent les restes d'un repas pris récemment, qui révélaient que Saddam Husseïn avait l'habitude de s'y rendre.

Le piège est tendu

Les Américains et les Irakiens ont commencé à y croire. Ils tendirent plusieurs pièges avec, pendant toute une semaine, une surveillance soutenue, mais sans résultat. Cette attente suscita le doute, et l'on conclut que Saddam avait été prévenu par ses hommes, et qu'il ne pouvait revenir à dans un endroit découvert par les Américains.

Le huitième jour, ce fut la surprise : un de ses gardes, un parent à lui, s'approcha de la maison, apparemment en éclaireur. Il entra puis ressortit après avoir inspecté les lieux. C'est alors que deux opinions s'opposèrent au sein du 4e bataillon : ou bien l'arrêter et l'obliger à avouer l'endroit où se trouvait Saddam Husseïn, ou alors le suivre et découvrir cet endroit.

La question fut vite tranchée et l'on arrêta le garde, qui fut sauvagement torturé. Il ne résista pas et avoua que le président allait sans tarder arriver à l'endroit en question. Grâce au matériel de télécommunication sophistiqué placé par le 4e bataillon sur quatre kilomètres alentour, les Américains purent cerner la région. Ce même matériel avait déjà été utilisé, avec succès, en Afghanistan. Il altéra énormément le réseau de communication de la « qaïda » qui fut contrainte de renoncer à tout appel sur téléphone fixe ou mobile.

Saddam pressent les dangers

Une communication internationale fut interceptée : Saddam Husseïn aurait appelé sa femme Samira Chabandar. La communication dura dix minutes. Le président n'était pas loin et aurait pressenti le danger. Il s'éloigna donc discrètement, au moment même où les Américains étaient sur le point de l'arrêter. Le secrétaire américain à la Défense, Donald Rumsfeld, avait auparavant déclaré que rechercher Saddam Husseïn revenait à chercher une aiguille dans une botte de foin. Chaque fois qu'on était sur le point de l'arrêter, il disparaissait comme par enchantement.

Un proche parle sous la torture

À Bagdad, vendredi 12 décembre 2003, les forces américaines notèrent un mouvement inhabituel dans une habitation située dans un quartier douteux d'El Karrada. L'endroit, qui était en fait une maison close, fut envahi et tous ceux qui s'y trouvaient furent arrêtés, sans qu'une seule balle ne soit tirée. On procéda à des interrogatoires après avoir mené tout le monde dans un camp militaire américain. L'une des personnes arrêtées, prénommée Mohammed Ibrahim Al Moussallat et qui se présenta comme colonel dans l'armée, attira l'attention des enquêteurs des renseignements généraux. Après vérification électronique, ils conclurent que ses déclarations étaient conformes à celles de leur banque de données, excepté pour l'adresse de son lieu de travail. En fait, les Américains recherchaient ce colonel pour parvenir à la « bonne prise ». Il fut soumis à un interrogatoire « spécial » durant lequel il affirma que Saddam Husseïn se déplaçait entre deux endroits situés à Qadha Ad-Dour, à 180 km au nord-ouest de Bagdad. On contacta immédiatement le chef de la brigade américaine chargée de la traque. On prit toutes les dispositions en prévision d'une éventuelle opération venant de la résistance. Le colonel fut transféré par avion militaire à Tikrit, où la section des renseignements généraux israélo-américaine, elle aussi, le soumit à un interrogatoire « spécial », qui lui fit révéler toute information utile.

La zone suspecte est encerclée

L'après-midi de ce même vendredi, précisément à 15 heures, plus de cinquante véhicules américains se mirent en route. Ils étaient soutenus par une importante couverture aérienne, des forces spéciales américaines, des marines, des guides et des traducteurs irakiens ainsi que par quelques membres du parti de l'Union nationale kurde de Jallel Talebani, en plus du colonel arrêté à Bagdad. Le quartier fut encerclé et assiégé. Le colonel leur désigna le premier endroit, une maison qu'ils fouillèrent minutieusement sans y trouver Saddam Husseïn. En revanche, ils découvrirent un très vieux taxi jaune et blanc, une moto et un cheval. Le colonel leur montra ensuite une vieille ferme modeste, déclarant que le président s'y trouvait. Immédiatement, on arrêta deux personnes et on procéda à une fouille révélant des restes de repas, de la nourriture en boîte et la somme de 750 000 dollars, d'après les déclarations de l'armée américaine. (D'après d'autres versions, les boîtes de conserves trouvées n'étaient utilisées que par l'armée américaine.)

Le détail qui trahit la cachette

Au moment où ils s'apprêtaient à quitter les lieux, l'un des soldats remarqua qu'un rocher bougeait sous un morceau de tapis. Après l'avoir débarrassé des herbes et de la terre qui le recouvraient, on souleva le rocher en utilisant pelles et pioches. On découvrit l'ouverture du « trou de l'araignée » qui ne pouvait tenir plus d'une personne. Un homme, étendu là, déclara aux soldats en anglais : « Je suis le président Saddam Husseïn. » Les soldats le sortirent, il était armé d'un revolver. Il fut transporté à la base américaine de Tikrit, puis par avion militaire jusqu'au lieu de sa détention, près de l'aéroport international de Bagdad.

Il fut formellement identifié par quelques-uns de ses assistants. On informa immédiatement le secrétaire à la défense, Rumsfeld, le président américain et le général Abizaid, commandant du Centcom (Central command). Certaines sources affirment que le président Bush voulait qu'on le lui amène, sur le champ, à la Maison-Blanche, en compagnie de Bremer. D'après la version américaine, on l'aurait emmené dans le secret le plus absolu, quelque part dans la capitale américaine. Pendant le trajet, on lui aurait injecté des doses d'une drogue de production israélienne.

Bush voulait voir Saddam Husseïn enchaîné. Il désirait également s'adresser au monde, après l'avoir mis dans une cage de fer, dont la porte s'ouvre automatiquement, et annoncer, dès le début de son discours, la surprise : «Voici l'homme qui a intrigué le monde. » La porte s'ouvrirait alors, et Saddam Husseïn apparaîtrait encagé, dans une situation humiliante. Mais Colin Powell et la majorité du Pentagone auraient rejeté cette idée, qui aurait constitué un message de provocation à l'égard de tous les peuples arabes. On a ainsi ramené Saddam Husseïn à l'aéroport de Bagdad, avant d'annoncer la nouvelle de sa capture.

Personne n'a confirmé ni infirmé l'information du transfert du président en Amérique.

LE PRÉSIDENT RELATE LE RÉCIT DE SON ARRESTATION

Après que j'eus terminé ce récit, le président se mit à rire : « Les Américains sont passés maîtres dans le doublage et j'étais persuadé qu'ils allaient déformer la vérité. Ils ont voulu me présenter au monde d'une façon avilissante, pour dire aux Irakiens : “Voici votre président”, et aux Arabes : “Voici le héros de votre nationalisme”. C'est leur style ; un style hollywoodien absurde. Ils sont experts dans le genre. Nous avons vu quand ils ont parachuté leurs forces à Panama, kidnappé le général Noriega et essayé de noircir sa réputation. Leurs méthodes sont connues de tous. Je vais vous relater la vraie histoire, et je rejette catégoriquement la majorité des informations contenues dans le récit américain, en particulier le nom du délateur, car j'ai une grande confiance en cette personne. Les Américains veulent brouiller les cartes et couvrir les vrais traîtres qui m'ont livré aux envahisseurs. »

Le président commença le récit de son arrestation.

« J'allais souvent chez un ami à Qadha Ad-Dour, dans le gouvernorat de Saladin. J'ai choisi ce lieu parce que c'est là que je me suis réfugié en 1959 et que j'ai traversé le Tigre, quand j'ai participé à l'attaque contre le cortège d'Abdelkarim Kacem. Ce lieu se situe sur le Tigre et tout près, sur l'autre rive, se trouve l'un des palais présidentiels.

« Le propriétaire des lieux était un ami qui avait toute ma confiance. Il s'agit de Kaïes An'nameq. Je me contentais de deux gardes du corps qui m'étaient proches, pour ne pas encombrer le maître des lieux et pour ne pas faire de la maison une cible repérable par les troupes américaines. D'autre part, afin de parer à toute éventualité, nous avions prévu, devant la maison sur le Tigre, une moto, un cheval, et une embarcation à moteur, tout équipée, que nous aurions tous utilisée, en cas de besoin si les Américains arrivaient du côté du désert. S'ils passaient par le fleuve ou par la route, nous aurions traversé les plantations à cheval. Et si, enfin, ils attaquaient par ces dernières, nous nous serions dirigés, à moto, vers la route du désert. Nous nous sommes ainsi préparés à chaque éventualité. Pour plus de précaution, nous avions aménagé un abri sous la maison, pour les cas imprévus, qui ressemble à ceux que nous construisions avec les Irakiens, du temps de la guerre irano-irakienne. »

« Je passai beaucoup plus de temps dans cette maison que n'importe où ailleurs. Une fois, j'y suis retourné épuisé, après plusieurs jours passés dans des régions lointaines à inspecter quelques groupes de résistance et des habitations irakiennes. C'était l'après-midi. J'ai lu quelques versets du Coran, jusqu'au coucher du soleil. La femme de cet ami préparait à manger. Quand l'heure de la prière est arrivée, j'ai fermé le Livre saint et j'allais commencer à prier lorsque mon ami accourut répétant : "ils sont arrivés". J'ai demandé de qui il s'agissait, il a répondu : "Les Américains". »

« J'ai immédiatement gagné l'abri, que les Américains ont découvert quelques minutes plus tard. Ils m'ont arrêté sans aucune résistance de ma part. Je n'y ai même pas pensé, pour la simple raison que j'étais un chef, et eux des soldats. Il était insensé de m'engager dans une bataille avec eux et d'en tuer un ou plus, avant de me faire abattre. Cela aurait été une renonciation au commandement. Le peuple nous a donné sa confiance en tant que président et chef et non comme soldat. Mais si Bush avait été avec eux, je me serais engagé dans un combat avec lui jusqu'à le vaincre ou mourir. »

« Avant de me faire arrêter, j'avais remarqué de vagues changements chez mon ami, le maître des lieux[1]. Une semaine avant l'arrestation, il m'avait paru distrait. Son visage n'était plus le même et son comportement était devenu affecté. Parfois, je le sentais effrayé et agité mais j'avais tellement confiance en lui qu'aucun soupçon ne me traversa l'esprit. Hélas, il s'est égaré et a suivi la voie de Satan. Ou peut-être était-ce la tentation du butin promis par les Américains ? Quant à moi, je n'avais pas une grosse somme pour prévenir la traîtrise. Tout ce dont je disposais, c'était 1 280 000 dollars, avec lesquels je gérais quelques opérations de la résistance… Vous devez donc informer les Irakiens que ce sont Kaïes An'nameq et ses frères qui m'ont dénoncé.

« Je rejette, également, de façon catégorique avoir été drogué, comme on l'a prétendu. Cela fait partie du feuilleton à l'américaine. La vérité est que je n'étais pas drogué. Je n'ai ni bu ni mangé pendant les premiers jours de mon arrestation, pas plus les jours suivants. Quant aux interrogations des gens à propos de mon transfert aux États-Unis, j'affirme que je n'ai rien pris qui aurait pu me faire perdre la mémoire ou qui m'aurait endormi. Je n'ai pas changé d'endroit, je suis seulement retourné à la première cellule, tout près de l'horloge de Bagdad, là où j'étais auparavant. Je démens avoir été mené à l'île de Santiago. Le seul lieu où j'ai été transféré est l'hôpital Avicenne où j'ai été opéré cette année, d'une hernie. On ne m'a pas anesthésié pour que je souffre au maximum, mais j'ai tenu le coup. On voulait aussi que je faiblisse, mais, je me suis levé et j'ai commencé à me déplacer de façon normale, défiant ainsi leur cruauté. J'ai dit : “ Est-ce là votre humanisme et votre démocratie … ? ” On m'emmène parfois à l'hôpital, quand mon état de santé le nécessite. Je répète que je suis né en Irak, j'y resterai et j'y mourrai près de mon peuple. Je ne quitterai ma prison que pour aller là où Dieu a choisi de me conduire.

« Pour ce qui est de la date de mon arrestation, ce fut le jour où je suis retourné chez cet ami, le 12 décembre 2003, avant la prière du Maghreb (coucher du soleil). L'image du palmier et des dattes, révélée par les Américains – et rejetée par de nombreuses personnes, car on était en hiver – est, quant à elle, authentique. Cela n'est pas étonnant, l'Irak regorgeant de différentes variétés de dattes dont certaines mûrissent sur le tard. Par ailleurs, il arrive à certains de se passer d'une partie de leur récolte et de laisser les dattes sur le palmier, en guise d'ornement. »

1. Le président Saddam Husseïn relate, dans l'une de ses notes, que ses soupçons concernant Kaïes An'nameq avaient commencé avant son arrestation : il lui avait demandé de mettre des pierres, comme obstacles et entraves, sur la voie menant à la ferme. Il avait vainement réitéré sa demande. Il avait également remarqué qu'An'nameq avait placé, les derniers jours, un projecteur sur le toit de la maison, comme il a découvert, toujours avant son arrestation, la disparition de fonds en liquide enfouis dans la ferme d'An'nameq, soit 1 280 000 dollars destinés aux groupes de la résistance.

(Nous disposons d'un enregistrement authentifié de la voix de Saddam Husseïn, où il cite, lors de l'une des audiences de son procès, les noms des individus qui l'ont dénoncé. De notre côté, nous nous demandons s'il n'existe pas d'autres personnes, que le président ne connaît pas et qui ont été en relation avec ce délateur, en coordination avec les Américains).

L'ARRESTATION, LA TORTURE ET LE PREMIER VISITEUR

« Dès qu'on m'a arrêté, j'ai entendu quelqu'un dire : "Le président Bush vous passe le bonjour." Puis, un interprète américain, à l'accent irakien, a traduit, avant de se mettre à me battre sauvagement, en me lançant injures et obscénités. De leur côté, quelques soldats américains m'ont également frappé avec les crosses de leurs fusils. Ensuite, j'ai été conduit, à bord d'un hélicoptère, à Bagdad, où l'on a continué à me torturer de façon inhumaine. Mes cheveux et ma barbe avaient beaucoup poussé. Quand le médecin fut amené, il commença à m'ausculter. Alors que je lui désignais ma mâchoire que je croyais fracturée à force de coups, il cherchait, dans mon cuir chevelu, des blessures provoquées par la torture. J'étais à bout, la situation était insupportable.

« On m'a coupé les cheveux et l'on m'a rasé, puis, on a amené trois personnes parmi lesquelles j'ai reconnu Adnan Al Bajahji, un homme politique et ex-ministre irakien des Affaires étrangères. Il m'a lancé : "Qu'avez-vous fait de l'Irak, Saddam ?". Je lui ai rétorqué, à mon tour "Que faites-vous avec ces gens-là, vous, l'homme politique qui a son histoire ?"

« On m'a ensuite présenté l'autre personne qui, si je me souviens, n'a prononcé aucun mot. Ils ont dit qu'il s'agissait d'Ahmed Al Jalabi. La troisième personne était Mouaffaq Arrabiï dont j'étais séparé par une barrière en fils barbelés. Il effectuait des va-et-vient tout en proférant des obscénités et en clamant : "Maudit, sois-tu Saddam !", puis, il m'a demandé : "Peux-tu, maintenant, sortir dans la rue ?", je me suis levé pour lui donner une leçon, mais j'ai été retenu par les Américains. Je lui ai alors dit : "Il s'agit de mon peuple, je peux sortir à n'importe quel moment et l'affronter. Je te défie, toi, de sortir dans la rue." Par la suite, et comme vous l'avez noté, j'ai rencontré le juge Al Jouhi. À part ceux-là, les gardes et les officiers américains, je n'ai vu personne.

La convention de Genève bafouée

« J'ai reçu, par ailleurs, à trois reprises, la visite des gens de la Croix Rouge. J'en étais offusqué parce qu'ils n'accomplissaient pas leur tâche et leur devoir tels que définis par la Convention de Genève. Leurs visites étaient sans intérêt et, s'ils continuent ainsi, je ne veux plus les revoir. Ils m'ont cependant remis deux lettres, dont l'une datée d'août 2004. À l'image de la précédente, on en a raturé 70 % !

Quant à votre question concernant une éventuelle rencontre avec l'un de mes compagnons, je vous réponds que je n'ai vu personne et que j'ignore tout de leur état et du lieu de leur détention. Il y a quelque temps, un officier américain m'a appris, et réitéré, que mon cousin, Ali Hassen Al Majid, aurait déclaré que j'avais manqué de courage. Je l'ai complètement ignoré, considérant que par ces propos, il cherchait à provoquer la discorde, ce dont il fallait se méfier, et que cela était une façon de faire déraper l'instruction.

« Au cours des interrogatoires, les Américains me demandaient constamment où se trouvaient les armes de destruction massive. Je leur répondais : " Posez-vous la question à vous-mêmes, vous qui savez pertinemment que si j'avais eu des armes de destruction massive, vous n'auriez jamais osé envahir l'Irak et l'occuper. " Puis, on m'a interrogé à propos du lieu où je cachais mon immense fortune, m'accusant de disposer d'un actif de plus de 36 milliards de dollars. Je leur ai rétorqué : Cherchez dans toutes les banques du monde, creusez la terre sous vos pieds, vous ne trouverez rien, parce que vous savez très bien que Saddam Husseïn n'a pas de comptes réels ou fictifs. Vous connaissez également la situation de ma famille. Que Dieu récompense ceux qui l'ont accueillie et prise en charge.

De nombreuses questions insignifiantes indiquaient qu'ils s'enlisaient dans l'instruction et qu'ils se trouvaient dans un réel pétrin. Aussi cherchaient-ils n'importe quoi pour sauver la face.

La mise en scène américaine

Après que le président eut relaté l'histoire de son arrestation, puis décrit sa descente au refuge ou à la cave, comme il l'appelait parfois, il me sembla qu'il manquait un maillon à la chaîne des événements dont il n'avait pas eu, lui-même, connaissance. C'était ce qui se passa en dehors de la maison. Car entre le moment où il fut informé de l'arrivée des Américains et celui où il regagna l'abri, au moins une dizaine de minutes devaient s'écouler. Quant à sa sortie du refuge, elle ne pouvait se faire sans l'aide de quelqu'un.

« La fosse » montrée par les Américains où le président se serait caché – si on n'en a pas montré une autre –, n'était qu'une petite entrée menant à l'abri. Aussi n'était-ce que dans l'intention de le discréditer qu'on le plaça à l'entrée, et non pas à l'intérieur du refuge.

Aussitôt après, on s'est déchaîné sur lui, le frappant avec sauvagerie et le couvrant d'insultes, ce qui lui fit perdre son équilibre, lui qui approchait de ses 70 ans, et provoqua son évanouissement. On le transporta, ensuite, à la base militaire américaine de Tikrit puis aussitôt à Bagdad en hélicoptère.

Le dernier acte de la pièce s'acheva, ainsi que le monde entier le vit : un médecin auscultant la dentition et le fond de la bouche du président Saddam, pendant que celui-ci lui faisait signe de vérifier l'état de sa mâchoire, à la suite des coups reçus sur le visage ; puis ce même médecin tritura le cuir chevelu du président à la recherche d'ecchymoses.

Quand je demandai au président s'il avait été drogué avant ou après, il répondit par la négative, disant : « J'avais subi des tortures à en perdre la raison… »

La simple allusion au sujet de la délation lui faisait très mal.

J'apprends la capture du président Saddam Husseïn

Je suis resté confus – et je continue de l'être – entre la déclaration de l'ennemi annonçant que le grand objectif n'est plus très loin, et cette musique assourdissante qui vient à mes oreilles de l'un des palais présidentiels où se sont réunis le conseil de guerre, Bremer et l'État-major de l'armée d'occupation américaine… L'atmosphère de l'Irak est pleine d'odeurs : odeurs de poudre, de mort, de missiles de la résistance, de missiles de l'ennemi. Quelle journée ! Longue, interminable. L'hiver approche et le ciel est couvert, à l'heure crépusculaire de Bagdad.

Communiqué de l'armée américaine : l'on vient de mettre la main sur un objectif important. L'attente… Des moments de tension nerveuse s'écoulent lentement. De quel objectif s'agit-il après la chute dramatique de Bagdad ? Une attente brûlante.

Enfin, le coup de théâtre : la capture du président Saddam Husseïn est annoncée. Abasourdis, les gens n'en croient pas leurs oreilles.

Pendant quelques jours, on se demande s'il s'agit du président ou d'un sosie. Tous les regards sont braqués sur les écrans de télévision. La rumeur du sosie s'était répandue dans toutes les provinces irakiennes, d'autant qu'il aurait été aperçu dans la ville d'Al-Fallouja au deuxième jour de sa capture. On tire des coups de feu en signe de joie dans toutes les villes et villages d'Irak : le président n'a pas été capturé ! Je prends part à cette effusion de joie, mais dans mon for intérieur, je ne suis pas convaincu par cette histoire de sosie. Car bientôt, sa fille Raghad met fin à la confusion en annonçant, à la une de tous les journaux télévisés, que les envahisseurs ont capturé le lion pendant qu'il dormait.

Plusieurs questions viennent à l'esprit. Pourquoi les Américains ont-ils montré le président sous cet aspect humiliant ? Va-t-il comparaître devant un tribunal ? Quel juge osera faire le procès de cette icône patriote et nationaliste ?... Les événements se précipitent.

Le Comité de défense du président

« Je vous demande de ne pas vous affliger si le jugement est prononcé, de ne pas être anxieux dans l'attente de sa proclamation, de ne pas vous réjouir de le voir reporté.

Vous n'avez pas perdu la cause.

Les corps peuvent périr, mais la cause reste vivante à jamais. »

Saddam Husseïn en captivité.

Le président Saddam Husseïn est tombé entre les mains de l'ennemi. Que signifie cet état de fait ? Selon le droit international, le droit irakien, le droit coutumier et la morale, Saddam Husseïn est président de la République irakienne et commandant général en chef des forces armées irakiennes. Les Américains eux-mêmes déclarent qu'il est prisonnier de guerre et qu'il sera traité selon la Convention de Genève. Seulement voilà : Saddam Husseïn n'est pas tombé entre les mains d'un ennemi qui respecte les législations et les traités internationaux en vigueur. Car ces mains, ce sont celles d'un groupe politique américain pro-sioniste, qui éprouve autant de haine envers lui qu'envers cette entité historique et cette civilisation qui a joué un rôle prépondérant dans l'histoire de l'humanité, en particulier dans l'histoire arabo-musulmane dans les mouvements de recomposition hégémoniques et d'expansion. Un groupe qui n'a pour projet que de dévorer l'Irak, ses richesses et les autres pays arabes. Les uns après les autres.

Au lendemain de l'arrestation du président Saddam Husseïn, des avocats jordaniens se portèrent volontaires pour le défendre. Quelques semaines plus tard, un comité comprenant – outre les avocats jordaniens – des avocats français et arabes avec, à leur tête, l'avocate Dr Aïcha Gueddafi, fut fondé pour défendre Saddam Husseïn et le professeur Tarek Aziz. Les Américains avaient touché la corde sensible de chaque

Arabe, fier de son identité, en capturant le président et en le montrant dans une posture humiliante : je me suis demandé, plus d'une fois, où étaient les avocats irakiens.

Je me rendis, comme à mon habitude, au tribunal d'Ar-Ramadi. Je choisis de réunir mes collègues afin de leur proposer la constitution d'un comité de défense du président, formé de volontaires. Nous étions investis d'un devoir immense, je mesurai l'impératif de solidarité envers nos frères arabes et jordaniens ainsi que la gravité de la situation des avocats irakiens.

Au cours de cette réunion, nous décidâmes de garder nos noms secrets, et de mettre à la tête de ce comité le bâtonnier de l'ordre des avocats d'Al-Ambar. Mais celui-ci me chargea, en tant que fondateur du comité, de le présider. Le lendemain matin, je me rendis au Conseil de l'ordre des avocats irakiens afin de demander l'autorisation officielle de création du comité que j'obtins, en plus de l'appui de Maître Dhiaâ Assaadi, secrétaire général du Conseil de l'ordre. Un Arabe authentique et un patriote qui n'avait aucune relation – ni de près ni de loin – avec le président Saddam Husseïn.

Le troisième jour, destination Al-Fallouja, où le bâtonnier de l'ordre des avocats refusa d'abord de nous livrer les noms des volontaires, craignant pour eux. Parce qu'il tenait à ce projet, il ne nous fit confiance qu'après discussion, nous donnant finalement son agrément et les noms des volontaires.

Notre étape suivante fut la ville de Haditha ; suivirent toutes les villes de la province d'Al-Ambar. Le nombre d'avocats volontaires se porta bien vite à quatre-vingt-dix ; on baptisa notre groupe « Comité de défense d'Al-Ambar ».

L'étape décisive fut celle de Bagdad. Des dizaines d'avocats, hommes et femmes, se portaient volontaires. Des dizaines, puis des centaines, comprenant des sunnites, des chiites, des chrétiens, des Kurdes et des Turkmènes. Un congrès au sein du conseil de l'ordre des avocats fut tenu, où la majorité des voix se portèrent sur Maître Khalil Al Doulaïmi, moi-même, élu président du Comité de défense d'Irak, Maître Khémaïes Laabidi, vice-président et Dr Majid Saâdoun, porte-parole du comité.

Pendant les premiers jours qui suivirent sa création, j'avais à Bagdad le soutien de mes collègues d'Al-Ambar. Par la suite, tous les avocats furent mis à l'écart, à mon exception près, sur la base d'une lettre de la famille du président Saddam Husseïn envoyée au tribunal après consultation de son assesseur juridique.

J'étais élu président du comité, mais le plus dur ne faisait que commencer. Je dus continuellement me rendre au Conseil de l'ordre des avocats de Bagdad dans la quasi-clandestinité. Personne, au sein de ma famille, n'était au courant de ma mission, à l'exception d'un de mes frères, le plus proche.

PRESSIONS « MUSCLÉES » POUR QUE JE RENONCE

Plusieurs voix s'élevaient çà et là contre mon choix, craignant pour ma vie et celle de mes enfants. D'autres essayaient de me démoraliser : cela ne menait à rien de s'exposer au danger, surtout que le résultat était connu d'avance. Mais je décidai de persévérer dans ma mission. Le président Saddam Husseïn était notre président. À nous, avocats irakiens, de le défendre.

En proie à la peur d'un lendemain inconnu, je commençai cependant à renforcer ma protection, ainsi que celle de ma famille. Mais le 15 mai 2005, vers minuit, les forces américaines prirent d'assaut ma maison, après avoir fait sauter la porte et lancé des bombes sonores effrayantes. Blindés, camions, hélicoptères Apache, ainsi que des dizaines de Marines. Mes enfants et ma mère, terrifiés par les rayons laser, restèrent pétrifiés face aux fusils des envahisseurs braqués sur eux, tandis que les soldats perquisitionnaient la maison avec leurs provocations habituelles. Ils volèrent tout ce qui avait de la valeur : 44 000 dollars américains – prix de vente de ma maison à Ar-Ramadi –, 5 millions de dinars irakiens, les bijoux en or de ma femme, mon arme personnelle, un fusil kalachnikov, des papiers et des documents importants. Ils démolirent les meubles prétendant qu'ils étaient à la recherche d'un terroriste. Ce jour-là, j'étais à Amman avec Maître Ramzi Clarck et Maître Ziad Al-Khassaouna.

Après cet assaut brutal et le vol de tous mes biens, la mission prenait un aspect dangereux. Mes proches, voyant les portes de ma maison défoncées et les vitres des fenêtres éparpillées par terre, commencèrent à s'opposer à moi avec davantage de violence, d'autant plus qu'au cours de cette attaque, l'un des nôtres avait été tué, victime des tirs ennemis, tandis qu'un autre avait été blessé. Le lendemain, il y eut une nouvelle descente, que l'armée américaine nia. Elle présenta ses excuses à ma famille pendant mon absence.

Ma responsabilité devenait encore plus lourde. Malgré l'opposition de nombre de mes proches, l'encouragement bizarre de mon frère, son insistance pour que je n'abandonne pas cette mission, au nom des traditions et des valeurs de la province d'Al-Ambar, de celles de tous les Irakiens de pure souche en général et du clan Al Doulaïmi en particulier m'incitèrent à continuer. Dès lors, je me considérai comme un martyr en puissance, prêt à donner ma vie pour l'Irak et pour le président Saddam Husseïn. Mais la question que je me posais tout au long de ce parcours du combattant était la suivante : pourquoi avais-je été choisi parmi des milliers d'avocats irakiens, pour assumer cette mission difficile s'il en fut ?

Un siège tenu secret

En dehors de quelques habitants et des avocats de la ville, le siège du comité, situé à Ar-Ramadi – dans la province d'Al-Ambar – était tenu secret. Il était défendu par le clan des Nachama dont l'un d'entre eux, arrêté plus d'une fois, n'était autre que le propriétaire de la maison qui l'accueillait en son sein. Notre fréquentation du siège, l'utilisation de moyens de communication interceptés par les Américains tels qu'Internet nous firent repérer des Américains. Le siège fut pris d'assaut à une heure tardive de la nuit. Son gardien fut arrêté à plusieurs reprises. Au cours d'une descente des Américains, il faillit être tué. Ce brave homme assurait ma protection personnelle lors de mes déplacements entre Al-Ambar et Bagdad.

Le siège d'Al-Ambar était au cœur de la bataille juridique. Mais le rôle du comité jordanien fut sans doute plus décisif encore. Force est de reconnaître qu'il était très efficace : sa situation stratégique, hors de l'Irak, la capacité et le professionnalisme sans limites de ses cadres, qu'ils fussent avocats, traducteurs ou employés, l'existence de moyens matériels indispensables d'information, de communication, l'électricité, les moyens de transport, etc. Sans parler de la possibilité de contacter facilement l'unique membre de la famille du président Saddam Husseïn, sa fille Ragdha, mandatée pour être le trait d'union entre les membres du Comité de défense et son père en captivité. Ce petit siège, face aux organes gigantesques d'une grande puissance passée maître dans la falsification de la vérité, la fabrication de mensonges et la violation du droit international, a su faire montre de toute son efficacité.

Dangereux voyages à Amman

Au mois de mai 2004, je pris contact avec Maître Ziad Al-Khassaouna pour coordonner l'action des deux comités, irakien et jordanien. Commencèrent alors mes voyages longs et pénibles par voie terrestre. Les Américains ayant coupé la route principale entre Bagdad et Amman, je dus prendre la très dangereuse route du désert entre Al-Ambar et

Amman et passer des nuits à l'extérieur, les convois américains interdisant à quiconque de les approcher. Je faillis périr à plusieurs reprises : soit pour m'être trop approché de ces convois, soit par la proximité de combats menés par les héros de la résistance, tout près de nous.

En l'espace de quelques jours, nous préparâmes des procurations pénales pour les remettre au Conseil de l'ordre des avocats irakiens, puis au Tribunal Criminel, qui les confia, à son tour, aux forces américaines afin que le président Saddam Husseïn y apposât sa signature personnelle.

L'avocat principal

Une fois ces actes de procédure établis, le tribunal nous demanda de nommer un avocat principal à la tête de ses collègues irakiens, arabes et étrangers : le « dominus litis ». Après l'analyse du « cahier des charges », je fus finalement choisi pour ce rôle, non sans discussions, atermoiements, chausse-trapes.

Nos collègues jordaniens – comme Maître Mohammed Rachdan, président du comité jordanien, Maître Ziad Al-Khassaouna et bien d'autres – furent exposés à des pressions internes et externes qui tentaient de falsifier la réalité et semer la discorde entre avocats afin de créer une atmosphère de suspicion.

Pressions et désinformation

Malgré les difficultés, interventions et atteintes à nos réputations auxquelles nous devions faire face (sans parler de l'assassinat d'un certain nombre d'avocats, victimes de groupes terroristes), le comité irakien poursuivait son action sans relâche.

Certains partis, milices et cercles gouvernementaux, à la solde du tribunal, tentèrent bien de nous fournir de fausses informations, mais nous pûmes obtenir beaucoup de renseignements dans les coulisses du tribunal fournis soit par des patriotes de toujours, soit grâce au « réveil de conscience » chez quelques-uns, soit à la suite de conflits entre les fonctionnaires du tribunal. Nous traitions ces informations avec prudence et discernement.

« On » essaya de me corrompre à plusieurs reprises avec des sommes astronomiques pour me faire renoncer à cette mission ô combien noble. Cela renforça ma détermination.

Face à tant de fermeté, les ennemis perdirent espoir et changèrent de méthodes. Mais toutes leurs tentatives d'enlèvement ou d'assassinat furent vouées à l'échec. À propos de mes collègues, je tiens à dire qu'ils ont été un exemple de loyauté, ce qui leur a valu tout l'amour et le respect du président. Je cite en particulier les avocats arabes tels que Maître Aïcha Gueddafi, Maître Néjib Naïma, Maître Salah Armouti, Maître Amin Dib, ou nos collègues étrangers tels que Maître Ramsay Clarck.

Des moyens financiers limités

À dire vrai, nous n'avions pas d'argent, ni aucun appui financier. Nous avons cessé de travailler et fermé nos cabinets le jour où nous nous sommes engagés à défendre Saddam Husseïn et ses camarades.

Au mois d'août 2005, la situation du comité et l'état de son bureau à Ar-Ramadi étaient arrivés à un tel degré de détérioration qu'il était devenu impossible de travailler convenablement. Lorsque la fille du président l'apprit, elle nous apporta son soutien.

Ayant besoin de gardes pour protéger mes trajets entre Amman et Bagdad et ma famille à Ar-Ramadi, la famille du président paya le salaire de trois gardes ainsi que mes frais de déplacement sur une période de cinq mois (du 1er octobre 2005 au 1er mars 2006). Les frais de logement des avocats en Jordanie et leurs allées et venues à Bagdad étaient couverts par des « Arabes bienveillants ».

Tentatives d'infiltration dans le comité

Il convient de signaler que les États-Unis et les parties liées à son projet colonialiste tentèrent par tous les moyens de s'infiltrer dans le Comité de défense de Saddam Husseïn. Pour savoir ce qui se tramait dans ses coulisses ils passèrent par un officier de la CIA d'origine irakienne qui tenta de s'y infiltrer par tous les moyens, notamment par voie électronique. L'agence incita d'autres personnes à fabriquer de toutes pièces des problèmes au sein du comité pour en éliminer ses membres notoires. Elle encouragea des tentatives, parfois avec succès, visant à marginaliser des avocats compétents auxquels le président Saddam Husseïn faisait confiance.

Étrange et ridicule à la fois, ce cas de l'un des conseillers juridiques de la CIA, changeant de fonction : de coordonnateur auprès du secrétaire général des Nations unies, il devint conseiller juridique du tribunal américano-iranien. Sur requête du président Saddam Husseïn, le Comité de défense demanda publiquement sa mise à l'écart. En vain. Ce conseiller resta à son poste auprès du tribunal dit « irakien », travaillant d'arrache-pied à la mise en œuvre de la condamnation à mort du président. En dépit de nos mises en garde et de notre opposition, il s'est ingéré dans les affaires du comité. Le jour où – sous l'impulsion des Américains, des Israéliens et des Iraniens – la condamnation à mort du président Saddam Husseïn fut prononcée, il connut le summum de l'extase.

Saddam, défenseur principal

Pour l'Histoire et pour rendre justice à mes collègues avocats, je dis que nous nous étions mis d'accord, au sein du comité, depuis 2005, pour que le président ait, au cours du procès, le rôle d'avocat principal. Et non celui d'un simple accusé qui ne tirerait sa force que des plaidoiries des avocats et du soutien du comité. J'exposai cette idée au président. Il y adhéra, laissant les questions de pure technique juridique à notre charge. Nous étions tous convaincus qu'un homme comme Saddam Husseïn, avec son expérience, son orgueil et son courage, n'avait pas besoin d'avocat. D'autant que les Américains et leurs valets essayaient de le montrer sous un jour pathétique. Au cours d'un interrogatoire, le président eut ces mots pour le juge : « Monsieur le juge, même si je suis fier de mes valeureux avocats, je garde le dernier mot. Vous n'avez pas le droit de supprimer mon rôle, parce que l'avocat est un mandataire et non un substitut ». En vérité, il en fut ainsi. C'était notre conviction.

CHAPITRE III

MA PREMIÈRE RENCONTRE AVEC SADDAM HUSSEÏN

Mon fils Khalil,

« Je jure que par les temps qui courent ni les enfants ont soin de leur père, ni le père a soin de ses enfants. Mais ce que vous avez fait pour moi, nul ne le fera. Je demande à Dieu d'être un jour en mesure de vous rendre une partie de vos bienfaits. Quoi que je fasse, je ne vous récompenserai jamais assez pour vos efforts. Je sais le prix que vous risquez de payer pour avoir pris ma défense : votre vie ! Grâce à Dieu, vous avez comblé le vide de mes fils martyrs. »

Saddam Husseïn en captivité

Commença le deuxième parcours du combattant, cette fois contre les forces américaines. J'avais demandé, plus d'une fois, à rencontrer Saddam Husseïn pour l'écouter et recevoir ses directives et – peut-être aussi – afin de satisfaire un immense désir de voir mon président, que je n'avais vu qu'à la télévision. J'ai longtemps attendu sans obtenir de réponse.

Je fus finalement convoqué le 26 novembre 2004 par le bâtonnier de l'ordre des avocats irakiens pour une affaire importante. Au volant de ma voiture, sur la route de Bagdad, le bruit assourdissant des roues des camions militaires américains et le danger qu'il y avait à s'en approcher décuplaient mon anxiété. À peine arrivé au siège de l'ordre des avocats, un représentant du tribunal me souffla à l'oreille que je rencontrerais le président Saddam Husseïn le 8 décembre 2004, et que cela devrait rester secret – compte tenu de la situation – mais aussi pour des raisons de sécurité. Au moment d'abandonner les lieux, il me demanda le numéro d'immatriculation de ma voiture, sa couleur, si je devais être seul ou accompagné, la route que j'allais emprunter... et d'autres renseignements précis sur le véhicule. Beaucoup de questions embarrassantes. Sans en croire mes oreilles, je finis par lui donner tous les détails.

Deux jours plus tard, quand j'étais à Ar-Ramadi, mon portable se mit à sonner. Quelqu'un s'adressa à moi avec un léger accent pour me dire qu'il était traducteur auprès des forces américaines qui détenaient le président Saddam Husseïn. Il me demanda si j'étais bien l'avocat Khalil Al Doulaïmi, m'indiqua à nouveau le jour de la rencontre avec le président – le 8 décembre –, ainsi que le lieu de rendez-vous. Il insista sur la nécessité du secret, la mission étant périlleuse pour ma vie.

Je ne peux décrire ces instants mémorables de ma vie, ni les sentiments contradictoires qui s'agitaient en moi.

Le jour dit, je partis pour Bagdad en voiture. Avant d'arriver à destination, le délégué du tribunal me demanda d'aller au siège de l'ordre des avocats. Croyant qu'il s'agissait d'un piège, je choisis de me garer et de m'y rendre dans une autre voiture, accompagné de mes cousins. À mon arrivée, le délégué m'informa que la date du rendez-vous avec le président était reportée au 16 décembre 2004.

Ce jour-là, pour me rendre à Bagdad, je voulus prendre le même chemin, mais le siège d'Al Fallouja m'obligea à emprunter la route du désert. Malheureusement, avant d'atteindre les environs de la capitale, ma voiture tomba en panne. C'était sa première avarie. Les environs étaient désertiques hormis la tente d'un berger. Je lui confiai ma voiture et montai dans l'une de celles qui m'escortaient. Je découvris plus tard que cette panne était un cadeau du destin : un piège m'avait été tendu, on avait cherché à m'éliminer.

Je suis arrivé au but. Une voiture militaire américaine était mise à l'ombre comme pour camoufler la route que l'on devait prendre pour arriver au lieu de détention du président. En plus, il y avait six Humvees, placées là pour défendre le site.

Un officier américain s'approcha pour me demander mon identité. Il me pria de monter dans la voiture blindée, prétextant qu'il s'agissait là de mesures de sécurité pour mon accompagnateur comme pour moi. Un homme habillé en marines, s'assit à mes côtés. Il me surveilla pendant tout le trajet, me souriant chaque fois que nos regards se croisaient. De mon côté, je n'avais qu'une idée en tête : rencontrer le président. Au bout de cinquante minutes de trajet, le véhicule finit par s'arrêter. Cinq officiers américains me saluèrent et me conduisirent à travers un couloir – destiné à brouiller les pistes. En toile orangée et long de vingt-cinq mètres, il menait à une salle dotée de deux portes, outre la principale. L'une menait à une pièce de douze mètres carrés, prévue pour la rencontre avec le président, l'autre à celle où on l'enfermait.

Dans le salon principal, il y avait un ordinateur, avec quatre officiers autour. Je me rendrai compte plus tard que mes soupçons étaient justifiés : il s'agissait d'un appareil de surveillance pour observer ma rencontre avec le président.

On fouilla mon cartable. Il contenait du papier, un bloc-notes, quelques livres que j'avais apporté au président et un exemplaire du Coran.

Des ordres stricts

« Ne lui donnez pas l'accolade, ne l'embrassez pas ! On a placé deux tables entre vous. Il vous est seulement permis de lui serrer la main à distance. Ne vous levez pas pour l'accueillir à son arrivée. Un militaire sera présent au cours de l'entretien pour vous donner de l'eau. Il ne parle pas arabe et n'est pas agent de renseignement » me dit un officier. Je lui fis observer que le président et moi n'avions pas besoin de quelqu'un pour nous servir. « Eh bien, il sera là pour vous protéger l'un contre l'autre. C'est une mesure indispensable. Il sera chargé de donner à Saddam les livres et les documents. Vous n'avez pas le droit d'échanger quoi que ce soit avec lui, sauf par l'intermédiaire de ce militaire ».

« Ce militaire » était un agent de la CIA et maîtrisait parfaitement la langue arabe. Il comprenait ce que nous disions et était très attentif. Je compris très vite, à travers ces consignes et ces règles à n'en plus finir, qu'ils avaient engagé une guerre psychologique contre le président Saddam et moi.

Les envahisseurs cherchaient à le protéger contre l'un des siens qui voulait lui transmettre cordialement l'attachement du peuple à sa personne, avant d'être avocat !

La discussion dura plus de quarante-cinq minutes. Je tenais à saluer le président chaleureusement, à la manière irakienne. On me précisa que le président était déchu et qu'il était accusé de crimes de guerre. Je leur signifiai que je n'acceptais pas les consignes relatives à la salutation du président, qu'ils devaient enlever la deuxième table et que j'étais prêt à annuler la rencontre si ces consignes avaient pour but d'humilier le président. Je me suis levé pour remettre mes papiers dans mon cartable et j'ai demandé qu'on me ramène chez moi. « Je refuse ce genre de visite où vous avez un pouvoir absolu sur tout ». Après une altercation avec mes interlocuteurs, une femme, officier américaine qui parlait un peu l'arabe, entra et me dit qu'elle acceptait toutes mes requêtes. Cela signifiait bien que j'étais surveillé, qu'elle avait écouté ma querelle avec l'officier à travers l'appareil de contrôle placé dans l'autre salle. Essayant d'être aimable, elle me serra la main en disant : « Vous avez ce que vous voulez, mais ne lui donnez pas l'accolade. »

Ne puis-je donc pas exprimer mon attachement et mon respect à mon président, leader de la nation ?

J'étais sur des charbons ardents, sur le point d'éclater en sanglots d'un moment à l'autre quand on me fit entrer dans la salle consacrée à la rencontre. Je m'installai à l'endroit qui m'était réservé. « Saddam viendra dans cinq minutes », me dit l'officier.

Des minutes... Des heures..

Cinq minutes d'impatience, de douleur, d'anxiété, qui me parurent durer une éternité. Toute mon histoire se résumerait à quelques instants dont j'ignorais tout du déroulement. Je tentais d'apaiser les sentiments houleux qui m'agitaient en fixant mon attention sur les murs de la salle, ses fenêtres très hautes, jusqu'au plafond. Mais je ne parvins à contenir ni mon inquiétude ni ma perplexité. C'était la première fois de ma vie que j'allais rencontrer Saddam Husseïn. Étais-je en train de rêver ou étais-je au contraire dans la réalité la plus pure ? Les questions se bousculaient dans ma tête. Je brûlais d'impatience. Comment l'aborder ? Que pouvais-je lui dire ? J'essayais de me calmer quand soudain, on m'ouvrit la porte. Quatre soldats s'alignèrent le long du mur et Saddam Husseïn fit son entrée, quelques secondes plus tard. Aussi élancé et altier qu'on l'imagine, il avait maigri, portait la barbe et les cheveux longs.

Dès que nos regards se furent croisés, je contournai la table qui nous séparait et le saluai comme l'exige son rang, faisant fi des consignes qui m'étaient données. Je l'embrassai chaleureusement et il me tapota le dos, avec cette tendresse de chef que les Irakiens connaissent bien. Les quatre soldats en restèrent bouche bée. Ils ne comprenaient pas ce qui se passait. N'est-ce pas cet homme, le dictateur dont les Irakiens voulaient se débarrasser ? Puis, ils sortirent, interloqués, après avoir fermé la porte. Ils me laissèrent avec le président et un soldat américain, qui fut relevé à peu près toutes les demi-heures. La durée de la visite était limitée à quatre heures et demie.

Assis face à face, il posa son manteau noir sur la table qui nous séparait. Il portait un pantalon noir, une chemise blanche et une tunique noire rayée, dont il sortit un crayon et un petit carnet à feuilles jaunes qu'il se mit à feuilleter sans un mot. J'étais muet, éberlué. Je le contemplai, perplexe. Était-ce bien le président Saddam Husseïn qui avait beaucoup changé et dont le visage était marqué par la fatigue, ou le sosie dont on parlait ? Ma suspicion augmenta quand il se mit à rire et à plaisanter avec le soldat américain. Je me demandais qui riait de qui : le sosie qui se moquait des Américains puisque le président était encore en liberté – et dans ce cas la capture de ce sosie n'avait pour objet que de saper le moral du peuple irakien et sa résistance héroïque – ou était-ce le sosie qui se moquait de moi ? Mais mon cœur me disait que c'était bien Saddam Husseïn qui feuilletait ce carnet. Soudain, il leva la tête et me dit : « Mon fils, écoute ce poème :

Si tu n'es pas chef, ne sois pas un subalterne. Les subalternes viennent en queue.

Il a poursuivi la lecture du poème dont je n'ai retenu que ce vers, puis il m'a dit : « J'ai écrit ce poème alors que je suis incarcéré. La prison ne peut m'affecter. Elle ne peut ébranler la volonté de l'Arabe militant, croyant et défenseur des droits de sa nation. Celui qui lit l'Histoire apprendra que l'Homme arabe libre ne peut s'abaisser, s'humilier ni se laisser abattre. Il reste la tête haute, même dans les moments d'injustice et de répression, d'omnipotence et de tyrannie de l'occupant ».

Puis il m'a regardé – le président ou son sosie – comme s'il voulait savoir ce qui se passait en dehors de la prison. Je me permis de me présenter à lui. Je lui donnai mon nom, les noms de mon clan, celui de ma province, avant d'ajouter : « Monsieur le président, avant d'être avocat, je suis citoyen irakien. Je vous transmets les salutations des Irakiens et du peuple arabe. Vous êtes le maître, je suis le disciple. Et je suis prêt à suivre vos directives. »

Il laissa alors apparaître des signes de quiétude et de sérénité. Il prit ma main et me dit : « On a consulté Madhlouma et elle s'est opposée fermement ! »[1]. Il a répété cette phrase plusieurs fois, tandis que le soldat américain nous regardait avec étonnement.

(1) C'est un dicton du folklore irakien. Il se réfère à une femme âgée appelée « Madhlouma », qui faisait partie de mon clan au temps de l'occupation ottomane de l'Irak. Lorsque les gendarmes pourchassèrent les aïeux de Saddam, certains clans les abandonnèrent de peur d'une répression. Ils partirent alors se réfugier auprès du clan Al-Bouali Al-Jassem (le mien), fort connu pour son sens de l'honneur, qui osa les protéger. Les aïeux de Saddam se retrouvèrent devant une vieille tente entourée d'une haie en palmes. Son maître, l'un de mes oncles, était décédé. Dans cette tente vivait Madhlouma. C'était une femme « hommasse », connue pour sa force de caractère et ses actions téméraires. Ses enfants lui dirent que les Beyjats – dont fait partie le clan du président Saddam – s'étaient réfugiés chez eux, que les gendarmes voulaient les capturer. Alors Madhlouma a dit : « Si vous les livrez aux gendarmes, je couperai mes seins. Essayez plutôt de les convaincre de rebrousser chemin ». Les enfants ont dit aux gendarmes : « On a consulté Madhlouma et elle s'est opposée fermement. » Madhlouma brûla la haie qui entourait la tente et tira des coups de feu avec son vieux fusil. Les gendarmes renoncèrent. Tous les hommes du clan fredonnèrent avec ses enfants : « On a consulté Madhlouma et elle s'est opposée fermement. »

Après avoir raconté l'histoire de ce dicton, le président me regarda droit dans les yeux et me dit: « Mon fils Khalil, l'histoire est un éternel recommencement. Que Dieu te bénisse ! Que Dieu bénisse ta mère qui t'a mis au monde, ton clan et tous les habitants héroïques d'Al-Ambar ! ». Je lui décrivis le processus de création du Comité de défense irakien, celui du Comité international grâce à des avocats arabes et jordaniens, mais aussi comment on avait fusionné les deux comités en un seul dont le siège était à Amman. Je lui précisai que le comité irakien comprenait au départ 250 avocats et que le comité international comptait de nombreux membres, parmi lesquels quelques-uns des meilleurs juristes arabes et étrangers.

Je l'informai de la nomination de Maître Ziad Al-Khassaouna en tant que président du Comité de défense issu de la fusion et de celle du vice-président, Maître Khalil Al-Doulaïmi, moi-même. Je lui fis aussi savoir que tous les avocats membres du « Comité de défense du président Saddam Husseïn » étaient des volontaires prêts à défendre le président et les membres de la direction.

Saddam prenait des notes. Enfin, levant la tête, il me remercia et me dit : « Transmets mes salutations à tous les membres du comité et surtout à Maître Ziad Al-Khassaouna, à sa famille et à son clan de noble origine et prestigieux, ainsi qu'à Maître Héni Al-Khassaouna. » Il demanda ensuite qu'on rebaptisât le comité en « Comité de soutien pour la défense du président Saddam Husseïn et de tous les prisonniers irakiens et arabes. »

Il s'enquit des conditions de vie du peuple irakien. Je lui fis un long descriptif de la situation sur le terrain, qui lui permit de livrer cette analyse : « Je prévois ça et bien pire encore. L'Amérique est venue en Irak avec un but précis. Elle est venue pour détruire l'État irakien, semer le chaos et induire la discorde entre les enfants de la patrie. Elle est venue pour tuer, dévaster, ravager et voler nos richesses. » Puis il ajouta : « Mes camarades de la direction et moi savions que l'agression était irréversible, que les allégations de Bush Junior et ses acolytes servaient à légitimer leur agression. Indépendamment de cela, leurs intentions étaient claires. » J'affirmai au président que ces allégations étaient toutes mensongères, et que cela appuyait sa position légale. Il me répondit : « Lorsque nous avons dit que nous n'avions pas d'armes de destruction massive, nous étions sincères. C'est pourquoi nous voulions prouver à l'opinion que nous étions prêts à coopérer sans limites, en particulier lorsque certains chefs d'États arabes me l'ont demandé. Malheureusement, l'Amérique a fait fi de la communauté internationale et a déclenché l'agression sans recours à la légitimité ni au droit, et en dehors du cadre du Conseil de sécurité. Pourtant, aucune voix ne s'est levée pour demander de juger l'Amérique pour avoir menti à tout le monde. Et il s'est avéré, comme nous l'avions toujours répété, que la question était liée au pétrole et à Israël. C'est pourquoi je vous demande de réunir toutes les déclarations faites à ce propos par la France, l'Allemagne et par d'autres pays. » J'ai fait part au président de la déclaration du secrétaire général des Nations unies, Kofi Annan, où il affirmait que tout ce qui s'était passé était un outrage à l'Onu, et que l'occupation de l'Irak était illégitime et injustifiée. Le président demanda de retenir ce document aussi et il dit :

« Je pense que le secrétaire général des Nations unies est exaspéré par les positions américaines. Il connaît le fond des choses et sait que l'Amérique le veut comme simple subalterne et non comme décideur. »

J'informai le président du fait que le peuple espagnol avait fait tomber le Premier ministre Aznar au cours des élections, de l'accession au pouvoir des socialistes et de leur décision de retirer le contingent militaire espagnol d'Irak.

Le président montra des signes de satisfaction et s'exclama : « C'est magnifique ! Si Dieu le veut, tous les valets de Bush seront obligés de retirer leurs soldats de la Mésopotamie. Bush se retrouvera seul. Alors, le peuple américain le contraindra à retirer ses forces qui ne persisteront pas longtemps dans l'opiniâtreté. »

L'intérêt pour l'unité populaire

Le président m'interrogea sur les conditions de vie du peuple irakien et sur l'unité nationale. Il me demanda si l'occupation avait rompu cette unité et semé la discorde au sein du pays. Je lui ai répondu que l'Amérique déployait tous ses efforts en ce sens mais qu'elle avait échoué jusqu'à présent. Nous en avons longuement parlé, après quoi Saddam me confia qu'outre les Américains, plusieurs parties voulaient la destruction de l'Irak et la rupture de son unité, lentement établie à travers l'histoire.

« Je suis persuadé que ces forces vont perpétrer des opérations d'assassinat et des attaques à l'explosif. Je suis persuadé qu'elles s'arrangeront pour monter les différentes communautés irakiennes les unes contre les autres pour parvenir à une guerre civile et confessionnelle. Mais je connais le peuple irakien. Je suis convaincu que ces tentatives sont vouées à l'échec et qu'elles vont se retourner contre les occupants, leurs agents et leurs valets. C'est pourquoi mon fils, je te charge de transmettre ces commandements au peuple héroïque irakien :

• Chaque citoyen doit préserver la sécurité de la Patrie, les valeurs supérieures et les considérations sincères et honnêtes.

• Les indécis doivent se rappeler leur allégeance et leur engagement à l'égard de Dieu et de la Patrie.

• Les théologiens musulmans et les hommes de religion en Irak doivent se mettre en contact et communiquer entre eux afin d'assumer leur devoir et unifier les rangs.

• Le leadership ne doit être attribué que sur la base de la détermination, l'audace, le courage et la fermeté dans les positions.

• Il est du devoir de chaque Irakien de se mettre en contact avec les organisations populaires et gouvernementales internationales.

• Ne vous affligez pas alors que vous êtes les plus grands. Soyez solidaires, cherchez refuge auprès de Dieu et ne vous dispersez point. »

L'Iran, ennemi historique

Quand je le mis au courant de l'attitude de l'Iran qui, après avoir brûlé tous les registres civils d'Irak, y avait envoyé des milliers d'Iraniens pour les inscrire sur les registres de recensement de la population et sur les listes électorales en tant qu'Irakiens, grâce à de fausses cartes d'identité et autres documents falsifiés, il me dit :

« Ces Persans sont fidèles à leurs origines et à leurs pratiques. Je me méfie de la traîtrise de l'Iran et de son ingérence manifeste dans les affaires de l'Irak. L'Iran est derrière toutes les discordes, car il veut mettre la main sur le sud du pays et l'annexer à l'État persan. Pire, il veut conquérir tout l'Irak. C'est son rêve et son but, nous l'avons compris très tôt, c'est pourquoi nous avons mis en garde tous les États de la région. Le rêve persan a toujours été de fonder un grand État et de ressusciter son Empire xénophobe et expansionniste au détriment de l'Irak et des États du Golfe. Ce que tu me dis, je le crois sur parole, d'autant que l'Iran a maintenant les mains libres dans notre pays. Ses agents, surtout ceux qu'on appelle les forces de Badr, sont en train de commettre les crimes les plus affreux contre le peuple irakien et son élite nationale qui s'accroche à son arabité en refusant la logique et la méthode de l'hégémonie et de l'occupation.

« Avant la guerre entre l'Irak et Iran, l'ingérence iranienne dans les affaires irakiennes était arrivée à un tel degré qu'il devenait impossible de se taire. Sa visée expansionniste était évidente. Au temps du chah, il était devenu le principal soutien financier des rebelles dans la région du Nord. Cette ingérence en était arrivée au point que les groupes rebelles n'avaient qu'à se servir sur le territoire iranien de ses appareils, ses armes et ses munitions. Nous avons conclu l'accord d'Alger et nous avons fait des concessions pénibles en vue de préserver l'unité du peuple irakien. Parmi les clauses les plus évidentes de cet accord, la non-ingérence dans les affaires internes de chacun des deux pays.

« Quand Khomeïni s'est réfugié en Irak, il a vécu parmi les Irakiens, entouré de respect. Nous avons fermé les yeux sur beaucoup de ses tentatives d'ingérence dans nos affaires internes. Mais lorsqu'il s'est mis à utiliser notre territoire pour promouvoir sa révolution et réaliser ses objectifs, nous lui avons demandé soit de respecter la souveraineté du pays soit de quitter l'Irak. Cela lui a fortement déplu, il s'est mis à adresser des déclarations contre l'Irak, il en est même arrivé à considérer ce pays comme partie intégrante du territoire iranien. Et ce bien avant que les occidentaux le portent au pouvoir. Il s'est mis à menacer les États du Golfe, qu'il considérait comme des provinces iraniennes.

« Comme tout le monde le sait, nous avons essayé d'éviter l'affrontement par tous les moyens. Mais dès son arrivée à Téhéran, ses forces ont été placées sur la frontière irakienne. Il s'est mis à parler publiquement de l'exportation de sa révolution et de l'Irak comme première étape de ce processus. En 1980, l'artillerie lourde et les chars ont commencé les provocations, à bombarder nos villes et nos villages frontaliers. Nous avons demandé aux Iraniens, à travers des dizaines de notes diplomatiques, d'arrêter leurs provocations. Mais ils ont échoué : ils ont été combattus par les chiites irakiens d'abord, par les sunnites ensuite. Plusieurs dirigeants musulmans et africains, comme Ahmed Sékou Touré en Guinée, tentèrent de mettre un terme à la guerre, en vain. En conséquence, nous l'avons combattu et ses plans ont échoué grâce à nos victoires successives. Fao, notre ville frontière du Chott Al-Arab fut la première perdue, et la première libérée par la force. Nous avons proclamé notre victoire sur Khomeïni. Il a dû boire le calice jusqu'à la lie en signant l'ordre de cessez-le-feu à Al-Qadissiya[1] le 8 août 1988.

« Lorsque nous avons été contraints de faire face au vent hostile venant de l'Iran, l'attitude de certains frères arabes nous a réjouis. Pressentant le danger iranien et ses conséquences catastrophiques sur l'avenir de nos enfants, les États arabes nous ont apporté leur soutien pendant les dures épreuves de la guerre. Leur attitude restera gravée à jamais dans notre mémoire.

1. Tout un symbole : la bataolle d'Al-Qadissiya en 636, marque la fin de la domination des Perses, vaincus par les musulmans arabes.

« À la mort de Khomeïni, l'un de mes gardes est venu m'annoncer la nouvelle sur un ton triomphant. Je l'ai blâmé et lui ai dit : nous sommes à Dieu et à lui nous revenons. Dieu lui accorde sa miséricorde. Nous n'avons de haine contre personne.

« Juste après l'occupation et avant mon arrestation, j'ai vu comment les Américains avaient permis aux Iraniens d'entrer dans nos territoires avec leurs équipements et leurs armes pour leur prêter main-forte contre notre peuple et jouer un rôle subversif. Lorsqu'ils ont fait tomber ma statue sur la place Al-Firdaous, je n'étais pas loin de là. Mais ce genre de mises en scène ne m'intéresse pas autant que la situation de l'Irak. »

Le président poursuivit son entretien :

« Les Iraniens ont tué beaucoup de savants et ont participé aux opérations de rafle de l'occupant. Ce au vu et au su de ceux qui se sont érigés en muftis, ces hommes de religion qui s'intéressent plus à l'Iran et à son rôle subversif en Irak, dans les pays du Golfe et dans toute la région, qu'à l'intérêt du Golfe, de l'Irak et de son peuple ou à leur appartenance à cette nation. »

À propos de la guerre contre l'Iran, le président a dit :

« Ceux qui pensaient que notre guerre défensive contre les Persans, que notre méfiance envers leur cupidité et leurs intentions de nuire à l'Irak et à toute la région pendant les années 1980 étaient injustifiées, ceux-là n'ont qu'à réviser ce dossier avec ce nouvel éclairage. Ils comprendront que les Persans n'ont jamais renoncé à leurs objectifs expansionnistes. L'Iran fait jeu commun dans cette guerre indigne menée contre l'Irak, les Arabes, et les musulmans. L'Iran a facilité l'entrée des États-Unis en Irak, les États-Unis ont facilité l'ingérence de l'Iran dans les affaires irakiennes ».

Et d'ajouter :

« Nous avions devancé l'Iran en lui prouvant nos bonnes intentions : à la fin de la guerre, nous sommes revenus aux conditions de l'accord d'Alger et ce malgré son attitude tyrannique. En outre, nous lui avons confié nos avions de guerre pour pouvoir les utiliser lors de la seconde phase de notre bataille avec les États-Unis.

« Nous l'avons fait en toute bonne foi, après que l'Iran nous a promis de nous prouver à son tour ses bonnes intentions, et nous a affirmé qu'il était dans notre camp, c'est-à-dire contre les velléités expansionnistes de Bush dans la région. Et ils ont accueilli favorablement l'idée d'unification du front antiaméricain. Mais comme d'habitude, ils nous ont trahis et n'ont pas respecté leur pacte. C'est la règle chez les Persans. C'est pourquoi je mets en garde tout le monde contre leur perfidie. Aujourd'hui plus que jamais, je crains pour la Syrie. Je crains qu'elle ne soit victime de la traîtrise de l'Iran qui veut l'entraîner dans une guerre contre Israël pour mieux l'abandonner. La Syrie est en danger, comme c'est le cas pour l'Irak et la nation arabe. Cette guerre est une croisade xénophobe qui a pour cible le monde arabe et l'islam sunnite. La haine secrète de nos ennemis, exprimée à travers leur agression de l'Irak, de son peuple et de sa civilisation, traduit, au-delà des opérations de destruction, une envie de revanche. Ils ont conspiré contre notre régime national légitime. S'ils étaient sincères, pourquoi resteraient-ils en Irak jusqu'à maintenant? S'ils s'étaient retirés après avoir installé leurs valets contre le gré des Irakiens, l'image aurait été différente. Mais leurs objectifs dépassent leur conspiration contre Saddam Husseïn et contre le régime. »

L'ARMEMENT DES TROUPES IRAKIENNES

C'est alors que je lui demandai des précisions sur les théories qui voudraient que certains États occidentaux aient vendu des armes à l'Irak pendant la guerre irano-irakienne.

Il me répondit en ces termes :

« Par le passé, la majorité des pays du Tiers-Monde, dont l'Irak, ne comptait pour l'armement de ses troupes que sur une source : l'Union soviétique et certains États du bloc communiste. Mais après les défaites successives des Arabes dans leur conflit avec Israël, et face aux différentes formes d'exactions dont ils étaient victimes, nous avons décidé de diversifier les sources d'armement de nos troupes. C'est un droit légitime pour nous comme pour n'importe qui, d'autant plus légitime que l'Irak partage une frontière sensible et grande avec un voisin hostile et revanchard, ayant des visées expansionnistes et cherchant à semer la discorde dans le pays.

« Avant la guerre irano-irakienne, nous avons en effet établi des contrats avec la France, notamment pour acheter des avions de guerre et consolider nos forces aériennes. Cependant, l'exécution de ces contrats a été reportée de quelques années à cause de la guerre et de l'embargo imposé à l'époque par les États-Unis.

« Depuis 1980, l'Irak a diversifié ses sources d'armement à travers des contrats légaux établis de manière directe avec beaucoup d'États. Nous avons aussi acheté des armes par le biais de quelques intermédiaires et selon les besoins de nos troupes. Où est le mal pour l'Irak à acheter ses armes au Brésil, à la France, à l'Australie, à la Chine, à l'Union soviétique ou aux États d'Europe de l'Est, de la même façon que d'autres pays s'approvisionnent auprès des États-Unis ? Pendant la guerre, notre industrie militaire a pu couvrir une grande partie de nos besoins nationaux, ce qui a irrité l'Amérique. C'est pourquoi elle a focalisé les opérations de destruction sur ce secteur vital, dévoilant ses mauvaises intentions.

« Malgré cela, nous avons maintenu des relations commerciales avec certains États du bloc communiste pour l'achat d'armes et d'équipements militaires. Nos frères arabes nous ont soutenus dans notre guerre défensive contre les Iraniens. Je ne vois rien à redire là-dessus. Ce qui est honteux, c'est l'attitude de ceux qui, prétendant que l'Amérique est le grand Satan, lui achètent à elle – mais aussi à Israël et à la Corée – les armes et les équipements nécessaires à leurs troupes ! Je vise, bien sûr, l'Iran.

« Pourquoi les États-Unis n'étudient-ils pas objectivement cette question ? Pourquoi ne demandent-ils pas des comptes à ces multinationales qui fournissent des armes à l'Iran dans sa guerre contre les Arabes, alors qu'ils savent parfaitement qui a frappé Halabja au moyen d'armes chimiques fabriquées uniquement en Allemagne ? Nous n'avions pas d'armes chimiques, l'Iran les avait achetées en Allemagne. Les services de renseignements américains sont au courant de cette affaire et ont des preuves… Alors pourquoi les États-Unis ne demandent-ils pas des comptes à l'Iran, au lieu de nous accuser ?

« Deux poids deux mesures… Au cours de la bataille de Fao en 1986, les États-Unis ont incité l'Iran à attaquer ce pan essentiel de notre territoire et l'ont aidé à l'occuper. Ils ont voulu que l'Iran se dresse en conquérant face aux États du Golfe et leur dise : me voici à quelques mètres, prêt à vous engloutir ! Elle a voulu leur envoyer ce message : “l'Irak est incapable d'endiguer la menace iranienne.”

Les États-Unis cherchent ainsi à s'approprier les richesses de la région. C'est pourquoi ils ont divulgué des informations précises sur les positions de nos pièces d'artillerie à l'Iran, nous transmettant, dans le même temps, des informations indirectes.

« Quant à nous, nous avons eu des renseignements de la part de nos frères arabes. Mais ces renseignements provenaient peut-être de sources américaines. Beaucoup étaient faux, et allaient dans l'intérêt de l'Iran. Aussi, une bonne partie d'entre eux a entraîné l'occupation de Fao.

« Le monde doit savoir que l'Iran est aujourd'hui en train de tirer les ficelles de Jalal Talabani au Nord et des Américains et des Britanniques au Sud. Il doit savoir que l'Irak s'est toujours dressé contre la cupidité de l'Iran.

L'HISTOIRE DU SOSIE : EXISTE-T-IL PLUS D'UN SADDAM HUSSEÏN ?

Pendant les années 1980 et 1990, les *nokaat* (singulier: *nokta*) – petites histoires drôles ridiculisant les dirigeants politiques – se sont répandues en Irak, surtout celles mettant en scène les dirigeants irakiens. Ces facéties étaient connues de tous et du président Saddam Husseïn en particulier. Ce phénomène existe dans la plupart des sociétés arabes et partout dans le monde. Ces anecdotes inventées à partir de bases réelles et populaires servent de soupape, de défouloir, ces critiques satiriques contre les hommes politiques soulignent les problèmes économiques et sociaux et sont surtout dirigées contre l'État.

Au cours des deux décennies évoquées, une rumeur prétendait l'existence de plusieurs sosies « officiels » du président, servant sa sécurité. De nombreuses blagues se sont propagées à ce sujet.

Après la conquête de l'Irak, l'une d'elles s'échangeant par portable, affirmant que la statue érigée place Al-Firdaous était celle d'un sosie de Saddam Husseïn. L'histoire s'est répandue sans que l'on sache vraiment qui la faisait circuler. Les services de renseignements irakiens pour protéger le président ? Ou les Américains pour une raison inavouable ? Des noms de sosie comme Michel Ramadan ou encore Jassem Al Ali étaient sur toutes les lèvres.

Il arrivait même que certains m'appellent pour me demander : « Comment va Jassem Al Ali, Monsieur Khalil ? » Ils juraient que la personne mise aux arrêts était bien Jassem Al Ali et non Saddam. D'autres soutenaient leur affirmation par l'apparition du président, pendant la période de sa clandestinité, dans des lieux différents, à des heures rapprochées. Ces réactions s'expliquent par l'amour voué au président et l'espoir de démentir la nouvelle de son arrestation.

J'en ai discuté avec le président. Il m'a répondu :

« Je me déplaçais dans différents endroits pour des raisons de sécurité, pour m'assurer de l'état de mon peuple et pour superviser les groupes de résistance. D'autre part, pour échapper à l'ennemi, je ne demeurais pas plus de trois heures au même endroit, hormis là où j'ai été arrêté. À titre d'exemple, j'apparaissais à Al Fallouja à dix heures, et je me rendais à Ar Ramadi une heure après. Deux heures plus tard, je me retrouvais à Saladin. Les gens n'ont pas une idée précise du temps. Et ils ont fini par croire à cette histoire de sosie. »

Il reprend ensuite ironiquement : « Quand j'ai traversé le Tigre, je me suis dit que les gens penseraient que j'étais le sosie de Saddam Husseïn, surtout que des rumeurs ont couru, prétendant que j'étais malade et atteint d'un cancer. »

Puis, le président s'est tourné vers moi et m'a demandé en riant : « Et vous Khalil, qu'en dites-vous? Suis-je Saddam Husseïn ou son sosie? »

Je fus surpris par cette question. Les doutes m'envahirent de nouveau, surtout après avoir posé la question aux collaborateurs du président. Ils ont nié catégoriquement, excepté un de ses gardes qui m'a confié : « oui, il y a un sosie, un seul ». Et comme dit le proverbe : « Raconte à l'homme de raison l'invraisemblable, s'il y croit, c'est qu'il a perdu la raison. »

Le doute, encore...

Lors de ma deuxième visite, j'ai interrogé le président sur un événement bien précis et secret. Il m'en a instruit par le biais d'une lettre écrite de sa main et qu'il a envoyée à une personne très proche de lui. Il y a inscrit la première partie d'une phrase utilisée comme code secret. J'ai remis la missive à un intermédiaire qui devait la donner à cette personne proche. La lettre est revenue portant la seconde moitié de la phrase, complétant le code secret. C'était une preuve décisive qui dissipa mes doutes. L'histoire du sosie n'était qu'un mensonge que les ennemis de la nation colportaient. Un de ses accompagnateurs proches m'a confié que l'équipe de protection du président Saddam Husseïn mettait en place plusieurs cortèges pour protéger les déplacements du président, sans qu'il y ait un quelconque sosie, et ce pour contourner le repérage des satellites espions et celui des ennemis à l'intérieur même de l'Irak.

CHAPITRE IV

ÉVÉNEMENTS ANTÉRIEURS À L'AGRESSION DE 1991

Ô combattant, si tes valeurs et tes principes vacillent à tes yeux, rappelle-toi les vertus inhérentes au noble cœur.

Saddam Husseïn

Pour expliquer les drames récents de la É, on disait volontiers: « Cherchez du côté de l'Amérique. » Pour moi, la question était de savoir si les dirigeants irakiens avaient pêché ou s'ils avaient manqué d'ouverture envers les États-Unis, compromettant les bonnes relations avec ce pays.

Le président me répondit en ces termes :

« Au début des années 1980, nos relations avec les États-Unis ont connu des hauts et des bas en raison de l'instabilité de la situation politique en Irak. Ces relations ont été rétablies en 1984, à ce qu'il me semble.

« Pendant la guerre contre l'Iran, notre ministère des affaires Étrangères a été l'interlocuteur des États-Unis. Nous avons espéré parvenir à une meilleure entente dans l'intérêt de nos deux peuples. Il est arrivé que nous ayons besoin de blé. C'était du temps où Ronald Reagan était président. Un marché fut rapidement conclu avec les États-Unis, et le gouvernement américain accéléra sa mise en application. Mieux encore: il fut proposé aux négociateurs irakiens de ne rien payer aux sociétés américaines. Le gouvernement fédéral payerait à leur place et nous pourrions le rembourser plus tard, à la convenance de nos réserves monétaires.

« C'est un fait, parmi d'autres, que je n'oublierai jamais. Encore sous Reagan, notre ministère de la Défense eut besoin d'hélicoptères. Nous étions à cette époque sous embargo à cause de la guerre contre l'Iran. Et pourtant ! Nous avons obtenu des Américains 70 à 80 appareils.

« Pendant cette même guerre, un cuirassé américain fut coulé par nous, entraînant la mort de trente-sept marins. Il existe une zone d'exclusion hors de nos eaux territoriales, dans le golfe persique. Tout navire de guerre provenant de cette zone et s'approchant de l'Irak est considéré comme une menace et devient une cible pour nos aviateurs. À cette époque, les instruments de contrôle étaient électroniques. Nos aviateurs ont repéré un objectif, lancé leurs missiles et l'ont détruit. Reagan aurait pu donner l'ordre à ses forces armées de bombarder Bagdad, comme Clinton le fit plus tard. De notre côté, nous avons présenté nos excuses et signifié aux Américains qu'ils avaient commis une erreur en venant épier l'Irak ou l'Iran. Nous avons dédommagé les familles des victimes car le gouvernement américain ne s'y est pas opposé, et l'affaire est tombée dans l'oubli.

« Autre phase délicate dans nos relations : l'Irangate[1], en 1986. Cette fois-ci, ce fut à l'administration américaine de présenter des excuses. Nous les acceptâmes à notre tour. On peut donc voir que nos relations avec les États-Unis étaient, à l'époque, plutôt bonnes, bien que je n'aie jamais rencontré le président Reagan.

« En ce qui concerne les renseignements, nous n'en avons jamais reçu de la part des Américains. Nos frères arabes, eux, nous en fournissaient. Nous avons toujours pensé qu'il s'agissait de renseignements américains indirects.

« Que s'est-il donc passé entre le départ de Reagan et l'arrivée de Bush pour qu'il y ait un tel revirement ?

« Après 1990, nous avons essayé d'ouvrir une phase de discussion avec les Américains sur la base d'intérêts communs et légitimes, et pour préserver la sécurité et l'équilibre de la région. Notre pétrole est une richesse légitime de l'Irak. Il était de notre droit de l'utiliser dans l'intérêt de notre pays et des nations arabes. Au nom de la complémentarité à laquelle nous aspirons, il était inconcevable que l'Irakien jouisse de cette richesse et que le Jordanien, l'Égyptien ou le Mauritanien en soient privés. Mais les États-Unis nous ont fermé la porte.

« Certains pays arabes ont tenté d'ouvrir une nouvelle page dans les relations américano-irakiennes. Beaucoup d'efforts furent déployés, surtout de la part du roi Husseïn de Jordanie. Que Dieu accorde sa miséricorde à ce grand roi. Il m'a souvent proposé de transmettre un message aux Américains pour apaiser nos tensions. J'ai toujours eu de l'estime pour ses efforts, mais je ne pouvais accepter que des relations équilibrées. Les efforts du roi étaient voués à l'échec compte tenu de l'entêtement des Américains

1. Affaire relative aux marchés des armes envoyées par les États-Unis et Israël à l'Iran, contrevenant à l'embargo sur les armes décidé par l'Onu.

dans la mise en œuvre de leurs visées colonialistes dans la région.

« Mon fils Khalil, je tiens à te dire que le peuple américain est une chose et que les gouvernements qui se succèdent à leur tête en sont une autre. Certaines administrations – pour ne pas dire toutes – sont complices du sionisme. Aussi, devez-vous alerter les médias – en particulier américains – pour faire la lumière sur certaines vérités. »

Première visite de Primakov

« En 1991, alors que, sous prétexte de nous faire sortir du Koweït, la guerre était déclenchée contre nous, Primakov vint me rencontrer. "Je suis venu avec plusieurs points de négociation et vous devez les approuver. Dans le cas contraire, la Russie se rangera aux côtés des Américains contre vous." Je lui répondis, en souriant : "Ne vous trompez pas comme les États-Unis, vous êtes censés nous connaître mieux. La menace, qu'elle provienne d'un individu ou d'un État, n'est d'aucune utilité." Je lui parlai franchement et lui demandai : "Qu'allez-vous ajouter à la puissance américaine alors que vous entendez le bruit des bombes ?" Nous fûmes d'accord sur certains points. Mais Bush Senior était pressé.

« Je tiens à répéter que le peuple arabe n'en veut pas au peuple américain. C'est après ses gouvernants qu'il s'insurge, en particulier contre George W. Bush, qui, en nous humiliant, attise la haine dans le cœur des Arabes, des musulmans et d'autres populations dans le monde. Je pense qu'aucun pays ne souhaite que les États-Unis sortent aujourd'hui indemne du bourbier irakien. L'Irak défend sa propre cause et la leur en même temps.

« Je ne tiens pas ces propos sous l'emprise de la peur ou dans l'espoir de voir le peuple américain prendre fait et cause pour moi afin qu'on me libère. Je veux simplement dire que le peuple et le gouvernement irakiens n'avaient rien, avant l'invasion, contre les États-Unis. Seulement au -jourd'hui, ce pays est dirigé par une bande de voyous et non par un gouvernement respectable. »

Rencontre avec Jacques Chirac

Au cours d'une conversation sur les chefs d'États du monde, nous en vînmes à parler de la France.

« Je me souviens avoir rencontré Jacques Chirac en 1975. Il était mon ami et avait de bonnes relations avec la majorité des pays arabes. Je lui posai alors cette question : "Pourquoi voulez-vous que l'Irak et les pays Arabes se développent ? Voulez-vous vraiment ces progrès ou n'est-ce qu'un discours politique ?" Il me répondit très clairement que ce qu'il proposait n'était pas contre notre intérêt – et il avait raison. Pour lui, un État ne peut garantir les droits des peuples sous-développés qu'à travers la proposition de programmes technologiques. Nous faisions, à l'époque, partie des pays sous-développés et doutions de tous ceux qui nous proposaient la vente de technologies de pointe.

« Aujourd'hui, je dis que si j'étais à mon ancien poste, je rendrais hommage à Jacques Chirac. Cet homme mérite toute notre estime et notre respect. Je ne peux cependant le faire maintenant, de peur que mes propos soient mal interprétés. »

Le président revint aux Américains :

« Nous avons été clairs avec eux. Nous ne sommes ni belliqueux ni fanatiques, mais très respectueux des principes et valeurs qui nous ont été inculqués depuis les débuts de l'histoire de notre pays. Nous avons demandé à discuter et à négocier de manière juste et légitime avec ceux qui avaient des intérêts dans les ressources de la nation. Mais il semble que cette méthode n'ait pas plu à ceux qui étaient cupides parmi les tyrans et les oppresseurs.

« Les États-Unis ont fermé toutes les portes au nez des Irakiens. Au moment où nous avons conseillé à l'administration américaine de ne pas étouffer l'Irak sur le plan économique et politique, car cela pouvait avoir des répercussions sur le comportement de la population, certains conseillers de parti pris ont cru utile d'inciter au contraire à resserrer l'étau en renforçant l'embargo économique qui pesait sur notre pays. L'Occident s'est rallié à cette manœuvre, détruisant tout ce que nous avions construit pendant de longues années.

« Nous n'avons jamais marchandé ni fait des concessions qui iraient à l'encontre des principes et des droits de la nation. Plutôt mourir. Nous ne nous abaisserons jamais et ne fuirons jamais la réalité que le sort nous a réservée. Telle est la noble conduite apprise de nos aïeux.

« Je le répète encore : nous ne sommes pas les ennemis du peuple américain. Nous n'avons aucune frontière commune créant des différends. Mais les Américains savent que l'Irak est le pilier du nationalisme arabe. Ils comprennent que ce pays ne s'apaisera qu'avec la libération de la Palestine, qui est notre priorité sacrée. Voilà ce qui irrite. L'Amérique a toujours voulu nous imposer ses conditions et exigé que nous les acceptions sans discussion. »

Et sur le Koweït ?

Après la féroce guerre de huit ans, couronnée par une victoire sur l'Iran le 8 août 1988, l'Irak a reconstitué une armée nombreuse, dotée de grands stratèges, bien équipée. Au cours de cette période, l'Irak a connu de grandes réalisations dans tous les domaines. Cela n'a pas plu aux Américains et aux sionistes du monde entier. L'Irak commençait effectivement à peser sur le conflit de Palestine.

Au cours d'un déplacement en Irak, le président Saddam Husseïn s'était adressé à la foule qui l'entourait : « Il ne vous reste plus qu'une petite bataille. » Les sionistes ont saisi le message et ont commencé à réfléchir sérieusement à un plan visant la destruction de cette puissance que personne ne pourrait arrêter le jour où elle marcherait à la conquête de la Palestine. Israël se mit alors à sonder les intentions irakiennes en menaçant la Jordanie de la transformer en champ de bataille. La réponse de l'Irak était prête : « Si Israël veut transformer la Jordanie en champ de bataille, l'Irak fera de même ; si Israël nous attaque à l'arme nucléaire, nous brûlerons la moitié de son territoire à l'arme chimique combinée. » Cette déclaration de Saddam Husseïn est survenue après l'exécution de Farzad Bazoft, un espion britannique d'origine iranienne qui avait des relations avec les bureaux d'espionnage britannique au profit du Mossad.

Grâce à son rôle de leader et à ses convictions nationalistes, l'Irak transforma le conflit arabo-sioniste en conflit irako-sioniste, dans la mesure où il voyait certains gouvernements arabes se dérober et renier leur engagement envers des causes arabes et palestinienne.

L'ÉTAT hébreu commença alors à réfléchir aux moyens de se débarrasser de l'armée irakienne, d'anéantir l'Irak et de dévier le cours du conflit. Il s'était rendu compte que l'Irak – du fait de sa direction et de sa dimension nationaliste – était le principal promoteur et acteur du conflit arabo-sioniste. Aussi, le lobby sioniste aux États-Unis entreprit-il des études stratégiques, élaborant divers plans secrets en vue de porter un coup fatal à l'Irak.

Vers la fin des années 1980 et dans le cadre d'un complot visant l'économie et les frontières irakiennes, une société américaine passa avec le Koweït un contrat de prospection de pétrole. Elle choisit un terrain frontalier à l'Irak et y creusa des puits en biais. De là, elle fut capable de pomper les richesses pétrolières irakiennes.

Elle procéda à la commercialisation du pétrole et à sa vente à des prix modiques à l'Iran. Elle inonda le marché mondial, pratiquant des prix fortement réduits, afin d'anéantir l'économie irakienne. Ces perspectives avaient été étudiées et planifiées méthodiquement.

La situation s'aggrava suite au démantèlement de l'Union soviétique et à l'avènement d'un monde unipolaire, avec les États-Unis à sa tête. Le jeu sioniste contre l'Irak avait commencé.

Je me devais de poser une question qui préoccupait bien des gens, mais étais gêné à l'idée de le faire. Cependant, j'avais juré de lui dire – sans complaisance – tout ce que j'avais en tête et qui intéressait les Irakiens, les Arabes et l'opinion publique. J'avais juré de lui faire poser toutes les questions qui brûlaient les lèvres des gens dans la rue. L'invasion du Koweït avait-elle été une décision précipitée ? Était-ce un piège tendu à l'Irak ?

L'IRAK A DÉFENDU TOUT LE MONDE ARABE

Le président me répondit calmement :

« Mon fils, le sang irakien qui a coulé pendant les huit années de guerre contre l'Iran était destiné à défendre – entre autres États – celui du Koweït. L'Irak a beaucoup enduré au service de la nation arabe. Pourtant, pendant ce temps, le Koweït a pratiqué le dumping et volé le pétrole irakien.

« L'Irak est sorti de la guerre accablé de dettes : 40 milliards de dollars, sans compter les aides apportées par les États arabes, que nous considérons comme des dettes additionnelles. Cela a très sérieusement grevé le budget de l'État. Dans ces circonstances difficiles, le Koweït, au lieu de nous aider, a choisi de nous porter préjudice.

« Nous avons signalé à plusieurs reprises – en particulier lors du sommet extraordinaire de Bagdad du 30 mai 1990 – le rôle néfaste du Koweït et des Émirats arabes unis qui se sont livrés, à la fin de la guerre, au sabotage de l'économie irakienne.

« En 1990, au mois de juillet me semble-t-il, la crise avec le Koweït est arrivée à son paroxysme. Le dialogue était devenu difficile, voire impossible. J'ai alors invité l'ambassadeur des États-Unis, Madame April Glasby[1], pour engager avec elle et en compagnie du camarade Tarek Aziz une revue politique globale sur nos relations bilatérales, sur les tensions avec le Koweït et envoyer une lettre au président Bush. »

1 Voir le texte de l'entretien en annexe 3. L'ambassadeur précise que le conflit frontalier avec le Koweït ne concerne pas les États-Unis d'Amérique.

ATTITUDE DE CERTAINS ÉTATS ARABES À L'ÉGARD DE LA CRISE KOWEÏTIENNE

« L'aide que les États de la région – notamment les pays du Golfe – ont apporté à l'Irak dans sa confrontation avec l'Iran n'avait rien de gratuit. Ils craignaient la contagion de la révolution islamique que l'Iran avait voulu exporter en Irak et dans toute la région. Un prélude au déluge.

« L'Irak s'est opposé à cette marée dévastatrice avec le langage de la force en payant le prix du sang. Outre les raisons que j'ai évoquées plus tôt à propos de l'invasion du Koweït, tu sais bien, mon fils Khalil, que la question de l'honneur est pour nous une ligne rouge que personne ne peut transgresser. Ce qui nous a irrité et nous a fait mal, ce qui nous a incité à prendre la décision hâtive d'envahir le Koweït, ce furent des mots blessants qui portent atteinte à l'honneur de la femme irakienne. Nous avons en effet entendu des propos humiliants proférés par des responsables koweïtiens à l'encontre des dames respectables irakiennes, des propos contraires à nos valeurs authentiques. Le monde entier a entendu leurs obscénités. Ils avaient dépassé les bornes[1].

« Après avoir épuisé toutes les possibilités d'un règlement pacifique de la crise, nous avons pris la décision d'envahir le Koweït et de reprendre nos droits usurpés.

MOUBARAK TENTE UNE « MÉDIATION »

« Nous avons tenté de résoudre nos sempiternels différends avec le Koweït par tous les moyens. Lorsque le président Hosni Moubarak nous a rendu visite, en juillet 1990, il m'a posé une question précise :

– Envisagez-vous une action militaire contre le Koweït ?

– Nous ne pensons pas recourir à la force militaire tant qu'il y a de l'espoir sur la réussite des négociations.

« Je demandai à Hosni Moubarak de ne rien dire aux Koweïtiens, pour qu'ils soient souples durant les pourparlers, qu'ils mettent de côté leur arrogance et le réflexe de recourir à la force étrangère. Car nous les connaissions bien. Il voulut alors savoir si nous cherchions à dissuader les Koweïtiens et à leur faire peur ou si nous préparions une action militaire au vu de la concentration de nos troupes au sud du pays. Je lui affirmai qu'un de nos objectifs était la dissuasion et l'intimidation. J'ai ensuite approuvé toutes les propositions du président Moubarak, et exprimé mon désir sincère de résoudre nos différends dans le cadre arabe.

1. L'Irak de Saddam avait promu un statut modernisé de la femme qui déplaisait aux dévots, la femme irakienne fut qualifiée de « petite vertu ».

« Au cours de cette rencontre, je priai le président Moubarak d'œuvrer pour que les Américains n'interviennent pas dans nos affaires. Malheureusement, à peine eut-il quitté l'Irak qu'il tranquillisa les Koweïtiens alarmés en leur disant que nous n'avions pas l'intention de les attaquer, ce qui les incita à l'intransigeance. De même, il contacta le président Bush et lui fournit tous les détails qu'il réclamait. Ceux qui prétendent que j'avais promis au président Moubarak de ne pas recourir à la force se trompent. En effet, le non recours à la force dépendait de la réussite des négociations. Mais elles n'ont pas abouti.

« Quant au royaume d'Arabie Saoudite, il s'est montré sérieux dans sa recherche d'une solution pacifique à la crise en invitant toutes les parties à engager une discussion dans son pays. Le roi Fahd, ainsi que le prince héritier Abdallah, ont tout tenté. Le royaume était profondément attaché à la paix dans la région. Il tenait à éloigner le spectre de la guerre et à éviter les interventions étrangères. Cependant, la délégation koweïtienne avait reçu des ordres pour faire échouer les négociations. De leur côté, les États-Unis avaient réussi à faire croire au royaume d'Arabie Saoudite et à l'opinion internationale que suite à notre invasion forcée du Koweït[1], l'Irak avait l'intention d'attaquer le royaume.

« Les États-Unis ont réussi à rallier l'opinion internationale – certains États arabes et islamiques compris – contre nous. Ils ont su les induire en erreur, puisqu'ils ont adhéré au camp ennemi afin de protéger les lieux saints d'Arabie Saoudite.

« Nous en voulons beaucoup à nos frères du royaume saoudien et du golfe arabe. Ils auraient pu se rappeler que, sans les sacrifices de l'Irak, Khomeïni et ses forces auraient envahi Riadh, Koweït, Doha, Manama, Mascate. Leur marée aurait pu s'étendre à l'Égypte et au Maghreb.

« Tous les efforts de médiation furent des échecs. Pourtant, nous étions sur le point de résoudre le problème, de nous retirer de façon honorable et de régler les différends de manière pacifique. Mais le président Moubarak a poussé les négociations vers d'autres directions, soit

1. À ce propos, force est de signaler que le major général koweïtien a donné l'ordre à son général de brigade d'entrer en territoire saoudien et de s'y mettre à l'abri. Mais les satellites et les services de renseignement américains ont pris des photos de cette brigade avec ses engins blindés et les ont fait passer pour des chars irakiens ayant l'intention d'attaquer le royaume d'Arabie Saoudite. Ils ont fourni ces photos falsifiées au royaume afin de rallier l'opinion publique internationale contre l'Irak. Ils ont réussi leur stratagème bien que l'Arabie Saoudite ait déployé tous ses efforts afin d'éviter que la région ne sombre dans le chaos. Elle a même fait don de 30 milliards de dollars à l'Irak à condition qu'il se retire du Koweït. Mais tous ces efforts, ainsi que ceux d'autres États arabes, ont été voués à l'échec. Par ailleurs, certains proches du président Saddam Husseïn lui ont prodigué des conseils sans aucun rapport, dans leur majorité, avec la vérité et la réalité. Ce qui a poussé le président à être intransigeant et à refuser le retrait.

par conviction, soit pour se venger de ce qui s'était passé du temps de Sadate. La position de l'Irak était claire et progressiste : nous avions demandé d'exclure le régime de Sadate de la Ligue des États Arabes suite à sa visite en Israël. Il se peut aussi que le président ait poussé dans ce sens pour des intérêts matériels. Cela est d'autant plus plausible que des milliards de dollars se sont déversés sur son régime. Pourtant, l'Irak n'a pas failli à son devoir à l'égard de l'Égypte, et du président Moubarak personnellement. Je ne veux pas entrer dans les détails, il sait tout de la question. Moubarak a mis de l'huile sur le feu, en particulier à l'occasion du sommet et de sa querelle avec le Libyen Kadhafi qui cherchait à résoudre la crise loin des interventions étrangères. Le président Moubarak aurait pu faire beaucoup, fermer le canal de Suez et sortir ainsi de l'impasse.

« Ceux qui accusent le roi Husseïn de Jordanie de nous avoir incités à envahir le Koweït font erreur. Il a déployé tous ses efforts à résoudre la crise. Il s'est toujours méfié de la puissance américaine et de sa capacité de destruction. Ceux qui prétendent que l'Arabie Saoudite ne s'est pas opposée à l'invasion irakienne du Koweït se trompent également : dans cette affaire, la position du roi Fahd a été claire.

« Maître Khalil, deux semaines après l'invasion du Koweït, nous étions donc prêts à nous retirer. Mais nous avions des revendications, et notamment le règlement de tous les problèmes dans la région dans sa globalité, et non sur la base de la sélection et du fractionnement. Mais après le déploiement en Arabie Saoudite des forces américaines et alliées – qui ont traversé bien des océans –, nous avons décidé d'adopter une attitude plus prudente compte tenu de l'affrontement qui allait nous être imposé. L'Amérique a rassemblé des troupes provenant de vingt-huit États et les a entraînés vers le mal, la guerre. Elle a mobilisé tous ses moyens matériels et militaires. Elle a eu recours à sa machine enragée, la désinformation, pour orchestrer une campagne en faveur de la guerre. Elle a pu convaincre le monde et transformer l'Irak en État agresseur, faisant croire que sa mission se limitait à une opération chirurgicale dont le but était de sortir les Irakiens du Koweït. Auparavant, elle avait prétendu qu'elle était venue pour protéger l'Arabie Saoudite de l'invasion irakienne. Malheureusement, une partie du peuple a tenu ce discours pour vrai. Cependant il y a eu un vaste front d'opposition à la guerre.

« Je dis à ceux qui parlent de droit international, de droits de l'homme, de relations internationales et de respect mutuel entre les pays du monde, que l'Amérique et la Grande-Bretagne ont bafoué le droit des peuples. Au moment où nous étions à la recherche d'une solution honorable à la question du Koweït après l'avoir envahi, l'Amérique nous a envoyé directement ou indirectement des lettres de provocation; elle a fait preuve d'une ingérence manifeste dans nos affaires et nous a demandé de quitter le pouvoir et la direction du peuple. Elle a demandé à Barazan, qui était à Genève, de me transmettre le message suivant: "Dites à votre frère qu'il doit savoir que nous sommes des diables blancs, qu'il doit se retirer du Koweït et quitter le pouvoir." Même Bush Junior m'a envoyé une lettre où il m'a dit cyniquement: "Si tu n'abandonnes pas le pouvoir et si tu ne quittes pas l'Irak, je te réduirai à néant ainsi que ta famille."

« Pendant ce temps, les États-Unis ont profité du démantèlement de l'Union soviétique. J'ai parlé avec le roi Husseïn de cette question. Il a exprimé ses craintes vis-à-vis de l'effondrement de l'URSS et l'avènement d'un pôle unique dans le monde, même si la Jordanie avait de bonnes relations avec les États-Unis. Certains frères arabes nous conseillaient d'être souple avec les États-Unis. Nous leur avons répondu que l'Amérique considérait la souplesse comme un marchandage. Or, nous ne marchandons pas avec nos valeurs. L'Amérique est devenue une hyperpuissance, seul et unique pôle au monde. Nous avons dit aux Américains que nous pouvions résoudre la question si les intentions étaient bonnes. Il suffisait de mettre un terme au problème du Proche-Orient, de résoudre la question palestinienne, question principale du monde arabe, de faire de la région un espace de paix durable et d'accorder aux Palestiniens tous leurs droits. Mais les Américains se sont juré d'anéantir l'Irak et ne nous ont laissé d'autre choix que celui de nous soumettre à leurs conditions et à leur agenda ou de les affronter dignement, avec l'aide de Dieu.

Les regrets de Saddam

« Nous n'avons sous-estimé personne, même lorsque nos forces armées avaient envahi le Koweït. Nos confrontations avec des blindés de l'armée koweïtienne nous ont réjoui, car nos frères militaires koweïtiens ont été valeureux et ont opposé une résistance digne de respect, à la hauteur des espoirs que nous avons toujours placés dans les troupes arabes. Le cours des événements nous a imposé la confrontation. Nous aurions dû avoir une approche différente de la question koweïtienne. Malheureusement, ce qui devait arriver est arrivé. Que Dieu pardonne à ceux qui ont été à l'origine de cette guerre [il a répété plusieurs fois ce vœu]. Que Dieu accorde sa miséricorde aux martyrs des deux parties ».

Quand je l'ai interrogé sur l'autre approche qu'il avait évoquée, il s'est contenté de répondre que nous aurions dû avoir une approche différente.

« Lorsque nos forces se sont retirées du Koweït, le général Schwarzkopf a demandé à Bush de continuer à avancer sur Bagdad, mais celui-ci a refusé en disant : "Qui va endosser la responsabilité du chaos qui se produira en Irak si l'on renverse le régime de Bagdad ? D'autres assumeront cette mission."

Je l'ai interrogé sur les négociations qui s'étaient déroulées à Jeddah entre une délégation irakienne conduite par notre vice-président Izzet Ibrahim Ad-Douri et une délégation koweïtienne conduite par le Premier ministre et prince héritier du Koweït. Je lui ai dit que certains milieux affirmaient que Izzet Ibrahim avait été très intransigeant lors de ces négociations.

« Mon frère Abou Ahmed[1] (le vice-président irakien) s'est montré intransigeant parce qu'il s'est conformé à mes directives. Nous avons voulu, à travers cette intransigeance, pousser les Koweïtiens à résoudre le conflit par les moyens pacifiques et à éviter toute escalade. L'intransigeance d'Abou Ahmed lui était dictée. Au fond, il n'était pas partisan de la ligne dure dans cette affaire. Il n'a jamais penché en faveur d'une solution militaire. »

Le rôle de l'Iran dans l'aggravation de la question koweïtienne

« Lors des visites de nos délégations en Iran afin de régler les problèmes restés en suspens, les responsables iraniens au plus haut niveau nous ont encouragés à rester au Koweït et à ne pas nous retirer. Ils ont affirmé leur refus de toute intervention étrangère. Néanmoins, ils ont dit qu'ils n'avaient pas intérêt à s'engager dans une guerre contre l'Amérique côte à côte avec l'Irak. Mais si l'Amérique les provoquait, ils prendraient probablement parti pour nous. Ils dirent aussi que l'Irak devait résister aux Américains et qu'ils étaient prêts à accueillir nos avions de guerre pour les tenir à l'abri de toute frappe préventive lancée contre nous. L'Iran était prêt à nous laisser utiliser ces avions lors de la seconde phase de la résistance. Ils nous ont fait d'autres promesses pour nous montrer leur bonne foi.

1. « Abou Ahmed » dans la péninsule arabique une façon respectueuse et affectueuse de nommer un homme : « père de » suivi du prénom de son fils aîné.

Par la ruse, l'Iran confisque les avions irakiens

« Voilà ce qui s'est passé. Mais il s'agit des Persans et nous ne pouvons jamais leur faire confiance. Au cours de la première guerre du Golfe, en 1991, ils ne se sont pas contentés de s'opposer à nous ; ils ont intercepté les troupes irakiennes pendant leur retrait et les ont attaquées par le biais des “gardiens de la révolution”. Ils ont permis à leurs gangs et à leur racaille d'entrer en Irak et d'incendier ses provinces au sud et au centre du pays. Ces intrus ont participé d'une manière efficace aux opérations de saccage. Et lorsque nous leur avons demandé, pendant l'agression, de nous restituer nos avions pour résister aux Américains, ils ont refusé. Ils les détiennent jusqu'à présent. C'est pourquoi nous avons appelé cette phase “la phase de la traîtrise et la trahison” : la traîtrise de l'Iran et la trahison de ceux qui ont été dupés ».

J'ai demandé au président d'expliquer le sens de l'expression « les perfides ont agi par traîtrise » dans son discours du 17 janvier 1991, date de déclenchement de l'agression contre l'Irak. Il a répondu :

« Malgré la guerre de désinformation terrible déclenchée à cette époque contre nous, l'Amérique nous envoyait des messages verbaux directs ou indirects à travers les intermédiaires qui avaient essayé de résoudre la crise entre l'Irak et les États-Unis avant l'invasion du Koweït, où elle affirmait qu'elle ne s'ingérerait jamais dans les affaires arabes.

« Mais elle nous a trahis, comme elle l'a fait avec bien des peuples. C'est pourquoi nous avons dit dans notre discours susmentionné “les perfides ont agi par traîtrise”.

Le président poursuit son raisonnement :

« Pendant notre guerre défensive contre l'Iran, ce pays était en première ligne d'attaque à la place de l'impérialisme américain. Nous n'avons pas été leurrés par les faux slogans religieux que Khomeïni avait voulu faire avaler aux gens. L'Amérique a toujours cherché à affaiblir, voire anéantir l'Irak. Pour faire durer la guerre, elle a fourni des renseignements aux deux parties. Elle a participé, avec certains services de renseignements occidentaux, à amener Khomeïni au pouvoir. Elle lui a apporté son soutien financier et lui a fourni des armes. Même l'entité sioniste a pris le parti de l'Iran et a mis toutes ses armes et son expertise à son service. »

Je me rappelle ce qu'a écrit Henry Kissinger dans ses mémoires concernant la guerre irano-irakienne : « Nous avons souhaité voir cette guerre perdurer le plus longtemps possible sans qu'à la fin il y ait un vainqueur. »

Le soulèvement palestinien

Au plus fort de ses propos sur a désinformation, l'Amérique et le complot des États-Unis en 1991, le président m'a surpris en s'enquérant du soulèvement palestinien :

« Quelles sont les nouvelles de nos frères palestiniens ? »

Je me suis étendu sur la situation en Palestine et lui ai fait savoir que les Palestiniens continuaient à lutter, mais je ne l'ai pas informé du décès du président Yasser Arafat.

Il dit :

« Je connais bien le peuple palestinien et ne serai pas tranquille tant qu'il n'aura recouvré tous ses droits légitimes. La cause palestinienne est celle de tous les Arabes. Celui qui l'abandonne renonce à sa dignité. On a engagé beaucoup de tractations avec moi, sur cette question. On m'a envoyé des lettres à travers des leaders et des personnalités arabes et internationales.

« On a voulu que je montre ma disposition à reconnaître leur prétendu État, leur hideuse entité : "Israël". Mais j'ai toujours refusé de toutes mes forces, bien qu'on m'ait fait miroiter en contrepartie la fin à l'embargo imposé à l'Irak et le rétablissement des relations normales avec les États-Unis.

« Je suis persuadé que celui qui renonce à sa patrie, à sa nation, sera amené à renoncer à son honneur et à sa dignité. Il n'y aura plus de limite. Oui, "l'intifada" – le soulèvement – va continuer. La clef de la victoire, c'est la rue arabe. L'Amérique sait que si la révolution de la rue arabe se déclenche, personne ne pourra en éteindre la flamme. »

CHAPITRE V

L'APPEL AU PRÉSIDENT AFIN DE RENONCER AU POUVOIR ET L'INITIATIVE DU CHEIKH ZAYED

Notre peuple nous a connu, grâce à Dieu, tels que nous sommes, les mains propres et le cœur sincère.

Et en même temps, notre peuple a trouvé en nous force, ténacité, sens de la justice et compassion.

Saddam Husseïn en captivité

Avant de poser la question au président à propos de l'appel demandant à Saddam de démissionner, lancé au président par le défunt cheikh Zayed Al Nahyan, président de l'État des Émirats arabes unis – appel connu sous le nom de « l'initiative du cheikh Zayed » –, j'ai discuté avec lui de la renonciation au pouvoir. Il me dit alors :

« Oui mon fils Khalil, si Dieu le veut, à l'issue du mandat – en 2009 – que nous avait confié le peuple pour le servir, j'avais déjà décidé de me reposer et de laisser le pouvoir en Irak à nos frères du Commandement. Je suis très fatigué, je veux me reposer et me consacrer à Dieu avec plus de ferveur. Mais quitter le pouvoir que nous a confié le peuple sous la contrainte extérieure est impossible, nous ne cédons pas aux pressions et au chantage. »

L'INITIATIVE DU CHEIKH ZAYED

« Quand Bush faisait rouler ses tambours de guerre, obstiné à agresser l'Irak, le cheikh Zayed, président des Émirats arabes unis, a lancé son initiative pour éviter la guerre, demandant au président de renoncer au pouvoir et de quitter l'Irak.

« Cette initiative était contenue dans une lettre envoyée par le cheikh Zayed au cheikh Hamed Ibn Aïssa Al Khalifa, roi de Bahreïn, qui présidait alors le sommet arabe tenu à Charm El cheikh à la fin du mois de février 2003. Elle comportait les quatre points suivants :

• Renonciation du Commandement irakien au pouvoir. Ses responsables devront quitter le pays, en bénéficiant de tous les avantages conséquents et ce, dans les deux semaines, à partir de l'acceptation de l'initiative arabe.

• Donner des garanties juridiques obligatoires – locales et internationales – d'immunité au pouvoir irakien et lui assurer qu'il ne sera l'objet d'aucune poursuite de quelque nature que ce soit.

• Promulguer une amnistie générale en faveur de tous les Irakiens à l'intérieur et à l'extérieur du pays.

• La Ligue Arabe, avec l'aide du Secrétaire général de l'Onu supervisera la situation en Irak pour une période transitoire pendant laquelle seront prises les décisions adéquates pour un retour à la normale, selon la volonté du peuple irakien.

« Par conséquent, l'initiative signifiait que la seule possibilité donnée à l'Irak pour éviter la guerre était que Saddam Husseïn renonçât au pouvoir ! Mais le sommet arabe refusa l'initiative et la considéra comme un précédent dangereux.

PRIMAKOV : LES AMÉRICAINS ENTRERONT EN IRAK

« Je me rappelle encore la seconde visite de M. Primakov en Irak, avant le déclenchement de la guerre, quand je lui demandai : « "À supposer que nous acceptions cette demande ridicule, la renonciation au pouvoir et le départ d'Irak avec ma famille, est-ce que mon peuple sera à l'abri de leur méchanceté ?" »

Sa réponse fut négative : "Les Américains entreront en Irak, avec ou sans vous..."

« Celui qui aurait une vue étriquée des événements pourrait se demander pourquoi l'Irak et Saddam n'ont pas accepté cette initiative afin d'éviter ce qui est advenu à l'Irak ? Je dis à ceux-là que le cheikh Zayed est un des sages arabes qui sait comment agir. Mais cette initiative n'était pas la sienne. Elle lui a été attribuée à la suite de pressions des uns et des influences des autres, et a été présentée en son nom. Notre ressentiment à son égard était réel car il avait accepté que cette mauvaise initiative portât son nom.

« J'avais alors dit à Abou Ahmed (Izzet Ad Douri), vice-président : nos ennemis se font des illusions encore une fois car ils ne connaissent pas l'idéologie du parti Baas ; ils ne connaissent pas réellement Saddam et ses camarades. Ils croient qu'il leur est possible de battre l'Irak et son régime national par la menace. Et quand les intentions des scélérats gagnent ceux dont les âmes sont malades et qui seraient amenés à obéir, contraints et soumis dans le déshonneur, alors la complaisance à l'égard de qui que ce soit ou le silence face à une volonté de nuisance, n'est plus de mise. Il faut réagir à ce genre d'action avec une voix forte de son bon droit et "jeter les pierres de la vérité à la face du mensonge pour le démasquer."

« J'étais certain qu'Izzet Ad Douri adopterait la position qui s'imposait. Mais son départ précipité en voyage ne m'a pas permis de discuter avec lui de cette situation dangereuse et délicate.

« Même les États qui ont approuvé, souvent sous l'intimidation, ce qu'on appelle l'Initiative, qu'on a attribuée au cheikh Zayed, n'ont pas nui à l'Irak. Seulement – à l'exception des cheikhs du Koweït qui, eux, avaient bien l'intention de nous nuire – ils n'ont pas su décrypter les pièges et la duplicité américano-sioniste.

« Avant que nous refusions ne serait-ce que d'écouter cette prétendue initiative, la majorité de nos frères dirigeants arabes l'avaient rejetée, Arabie Saoudite comprise. Qu'ils aillent au diable s'ils croient que Saddam et ses camarades vont leur livrer l'Irak sur un plateau d'argent. Nous les avons combattus, et nous les combattrons jusqu'à la mort. Nous libérerons notre pays et nous leur infligerons une défaite qui libérera le monde de leur méchanceté.

« Ils espéraient mon consentement et prendre possession de l'Irak sans combat. Et que, si je refusais leurs exigences, l'Irak serait privé du soutien de ses frères arabes, en violation du traité de défense commune. Ainsi, faire d'une pierre deux coups.

Bush et le prix de la renonciation au pouvoir

Les pressions s'exerçaient de toutes parts sur le président. Tout le monde s'imaginait que son renoncement serait bénéfique à l'Irak. Pendant ce temps, Bush recevait le Premier ministre espagnol Aznar dans son ranch de Crawford, au Texas. D'après le journal espagnol *El País* dans son numéro du 26 septembre 2007, cette rencontre eut lieu le 22 février 2003. Pendant cette réunion, Bush assura à son hôte que Saddam était prêt à monnayer son exil contre 1 milliard de dollars. Aznar lui demanda s'il pensait que Saddam partirait vraiment. Bush l'en assura. Il fit cependant mention d'une autre possibilité, qui était de l'assassiner. Bush exerçait des pressions sur les États membres du Conseil de sécurité de l'Onu pour approuver la résolution du recours à la force. D'après *El País*, Bush aurait même déclaré : « Quoi qu'il arrive, nous serons à Bagdad fin mars. »

Bush était optimiste quant à la reconstruction de l'Irak et croyait que le pays « pourrait être réorganisé dans le cadre d'un état fédéral ». Pour lui, « Saddam ne changera pas et il continuera ses petits jeux. Le moment est venu de s'en débarrasser. »

Celui qui connaît Saddam Husseïn sait que tout l'argent du monde ne peut le corrompre ni le forcer à quitter son pays et son peuple.

CHAPITRE VI

Le déclenchement de la Seconde Guerre du Golfe

Si nous devions faire face à un mal venant de l'extérieur, nous n'envisagerions jamais de recourir à une force étrangère. Recourir à cette méthode, surtout lorsqu'il s'agit de se battre les uns contre les autres, est une futilité et une bassesse.

Saddam Husseïn en captivité

L'horrible séisme s'est produit le 9 avril 2003. Les Mongols des temps modernes ont occupé Bagdad.

Tout était effarant : les tanks des Américains circulant dans les avenues, le vol plané de leurs corbeaux noirs couvrant le ciel de Bagdad. Ils semaient la haine et la destruction sur le peuple irakien.

Dans cette atmosphère de cataclysme et de choc imprévu, les occupants ont dissous la valeureuse armée irakienne, les organes de l'État et promulgué une loi pour démanteler le parti Baas arabe socialiste et en arrêter les dirigeants.

Notre douleur fut immense.

Tandis que nous évoquions les conspirations, les complots et l'agression injustifiée contre l'Irak, le président dit :

« Il faut revenir au commencement et analyser les instants qui ont précédé l'agression perpétrée contre l'Irak la nuit du 21 mars. C'était la première phase de la bataille. »

Les prémisses de l'invasion

« Après que nous fûmes sûrs, mes camarades de la direction, le peuple irakien et moi-même, de l'imminence de l'agression américaine, du fait qu'elle viserait la destruction totale de l'Irak, des fondements de son existence, de son présent et son avenir, nous avons esquissé les plans nécessaires à la confrontation. Bien malgré nous, nous convînmes que l'affrontement militaire direct était le seul moyen de repousser et de résister à l'agression démoniaque des Américains. Nous avons préparé notre peuple héroïque et nos forces armées à défendre tout le territoire. Cette préparation a été envisagée dans la perspective d'une bataille qui pourrait durer plusieurs mois. La stratégie de nos forces armées s'est fondée sur les plans de défense fondamentaux du pays, tout en tenant compte de l'éventualité d'une attaque venant de tous côtés.

« Sur cette base, nous avons établi les principaux procédés de direction et de contrôle des opérations ainsi que les plans et les moyens utiles aux différentes manœuvres. Nous avons divisé l'Irak en quatre régions, correspondant aux principaux secteurs d'opérations militaires. Nous avons mis à la tête de chaque secteur l'un des membres de notre direction, flanqué des chefs de nos brigades et corps d'armée.

« Mais l'objectif principal, le plan final, a été la défense de Bagdad. C'est pourquoi nous avons divisé la capitale en divers secteurs dont le commandement a été confié à nos camarades de la direction politique. Bagdad cristallisait tout l'enjeu de la bataille finale, point focal de l'ennemi.

« Avant la survenue de l'agression, j'ai dit à mes camarades que le fusil allait avoir un rôle décisif lors de la bataille finale, en plus des autres armes. J'ai chargé ma garde personnelle de nous préparer des ceintures explosives qui serviraient dans les situations extrêmes, pour infliger les plus grandes pertes à l'ennemi. Nous n'avons jamais envisagé de tomber en captivité. Cependant, après mûre réflexion, je me suis finalement rétracté : qu'allais-je dire à mon peuple et à mes camarades de la direction ? Qu'auraient-ils dit de moi ? Suis-je le commandant, chargé de conduire la bataille, ou un simple combattant ? On aurait pu interpréter ce geste comme une renonciation au commandement. Aussi me suis-je ravisé. »

Première phase de la bataille, l'affrontement brutal

« Lorsque l'agression a eu lieu, dans la nuit du 20 mars 2003, nos forces armées ont pris la responsabilité de repousser les attaques de l'ennemi, de le braver, chacun dans son secteur d'opérations, chacun selon son grade, avec l'appui du valeureux peuple irakien. La bravoure de nos soldats, en particulier ceux de la résistance légendaire à Om Kasr, a ébahi l'ennemi, l'amenant à revoir ses plans et stratégies à plusieurs reprises.

« Lors de la recrudescence des combats et lors de la bataille de l'aéroport (5 avril 2003), j'ai participé personnellement à certaines opérations militaires avec la garde républicaine, les combattants arabes et les fedayins.

« L'ennemi avait pu s'infiltrer avec ses chars et ses blindés dans quelques zones de Bagdad par la voie principale. J'étais sous un pont avec mes camarades, nous avons lancé une attaque contre les blindés de l'ennemi. J'ai pu, grâce à Dieu, incendier un ou deux tanks au moyen d'un RPG. Un chef militaire s'opposa fermement à cette action : "Je vous prie de ne plus vous engager de la sorte. Vous êtes le commandant, vous orientez les opérations. Vous n'êtes pas un soldat pour être au feu de l'action ! Si vous êtes blessé ou si vous mourez, qu'à Dieu ne plaise, cela aura un impact sur le moral des soldats et des officiers, et même sur vos camarades de la direction." Il est parti, et je suis resté avec mes frères combattants et ma garde personnelle. Les combattants arabes – qu'ils soient volontaires ou fedayins – ont joué un rôle héroïque, qui servira de leçon aux générations futures.

« Lors de la bataille de l'aéroport, je suis monté sur un char. Ce fut un moment délicat, puisque je dus conduire cet engin au milieu d'un convoi de blindés qui se dirigeait vers l'aéroport. Les avions et les corbeaux de l'ennemi voltigeaient dans le ciel de la bataille quand, soudain, une tempête de sable s'est levée, l'empêchant de nous bombarder.

Nos forces reprennent l'aéroport

« Ils lancèrent leurs renforts dans la mêlée. À coup de missiles, de lance-roquettes et d'artillerie lourde, nos forces armées sont finalement parvenues à anéantir l'adversaire dans sa quasi-totalité. Cette opération fit plus de 2 000 morts parmi leurs soldats, sans compter les milliers de blessés et les dégâts matériels. Ce fut un énorme choc pour l'ennemi. Nos forces purent reconquérir ce site. L'ennemi est resté muet – et continue à l'être – quant aux pertes enregistrées au cours de cette bataille.

L'ennemi utilise des armes prohibées

« Devant cet échec, l'ennemi perdit la raison. Il massa de nouveau ses troupes puis procéda à des raids aériens et à des attaques par roquettes sans précédent sur Bagdad. Il eut recours à des armes prohibées de façon sauvage contre nos forces abritées à l'aéroport. Le bombardement sauvage de l'aéroport fit perdre à certains commandants le contrôle de leurs blindés, tandis que l'impact des armes nucléaires sur le moral des soldats et des officiers les avait laissés sur la défensive, facilitant l'entrée des engins ennemis à Bagdad qu'ils occupèrent. Nous avions perdu l'élite de nos enfants et de nos combattants.

L'ennemi enregistre des revers

« Je ne voulais pas parler de mon rôle dans ces batailles. Mais ce sont là des vérités qu'il faut évoquer pour que les détracteurs sachent où était Saddam pendant ces batailles. En temps de paix, j'étais avec le peuple ; en temps de guerre, j'étais avec nos combattants.

« Les combattants arabes ainsi que les fedayins ont livré des combats féroces contre les blindés ennemis, surtout lors de la bataille du "Tunnel de la police". J'étais parmi eux, essayant d'empêcher les blindés et les chars ennemis d'avancer en direction de Bagdad. J'en détruisis plusieurs. J'ai demandé à nos valeureux combattants de couvrir les volontaires arabes, puis me suis rendu au quartier Al-Mansour. J'ai pris part au combat que livraient mes frères irakiens et arabes contre les chars ennemis. J'ai pu, avec l'aide de Dieu, en endommager quelques-uns, ce qui a poussé l'ennemi à fuir la bataille sur l'avenue 14 Ramadan. Je me déplaçais d'un bastion à l'autre. J'étais au milieu des combattants pour leur remonter le moral.

Saddam au milieu du peuple

« Le 9 avril 2003, j'eus d'abord droit à un bain de foule spontané au quartier Al-Mansour. Ensuite, je suis allé à la "Porte Orientale", non loin de la place Al Firdaous, théâtre d'une mise en scène jouée par l'ennemi afin de remonter le moral de ses soldats, quelle bravoure, abattre la statue de Saddam ! Enfin, je me suis promené dans la cité Saddam au milieu de la foule. Pas de photographe pour immortaliser la scène.

« Ce jour-là, j'ai rencontré mes camarades de la direction et les chefs d'État-major. De l'autre côté, à Al Aâdhamiya, se jouait une bataille acharnée sur la place Antar. Les combattants arabes se sont battus avec hargne. Mais les forces ennemies ont pu, grâce à leurs valets et aux traîtres, entrer à Bagdad de tous côtés.

« Je me suis ensuite déplacé à Al Aâdhamiya où j'ai déjeuné avec ma garde personnelle. Après avoir fait la prière de l'après-midi à la mosquée Al-Imam Abou Hanifa, des centaines d'habitants de la ville se sont rassemblés. Les combattants arabes et les fedayins à mes côtés, j'ai salué la foule. J'en ai également profité pour exhorter les combattants arabes à résister davantage et à ne pas laisser l'ennemi reprendre son souffle. La vraie bataille venait de commencer. Ils devaient donner une leçon aux envahisseurs et entreprendre des actes héroïques pour que l'ennemi et ses valets ne savourent pas le goût de la victoire.

« L'ennemi a essayé – avec ses méthodes habituelles et ses mensonges – de nous provoquer, de saper notre moral. Aussi a-t-il déclaré que Saddam Husseïn était mort. J'ai demandé à mes camarades de ne pas démentir cette nouvelle.

« Nos camarades, membres de la direction ou chefs de l'État-major, ont fait preuve d'un courage et d'une résistance acharnés malgré les combats forcenés. J'étais en contact avec tous les dirigeants, surtout avec Taha Yacine Ramadan, Tarek Aziz, Koussaï, mon fils cadet, le lieutenant général Sultan et As-Sahaf. Je n'ai pas rencontré Abou Ahmed (Izzet Ed-Douri) parce qu'il dirigeait les opérations du secteur septentrional, loin de Bagdad. En revanche, j'ai circulé à Bagdad, parmi les foules, en voitures de différentes marques. Puis j'ai rencontré certains camarades et nous avons décidé de nous cacher et de passer à la seconde phase de la bataille : la résistance et la lutte clandestine. Le 11 avril 2003, nous quittâmes Bagdad en direction des quartiers généraux alternatifs. »

Où était le président le jour de l'invasion ?

« Dès le premier jour de l'invasion de Bagdad, j'ai commencé à me préparer psychologiquement aux nouvelles circonstances et à revenir à mes premières années de lutte. Pour faire échouer les plans de l'ennemi, j'ai dû changer de lieu de résidence. La nuit où Bush a commencé son agression contre Bagdad, j'étais dans une maison modeste, sise à la Cité de la Législation, non loin du palais présidentiel. L'ennemi a bombardé le palais ainsi que d'autres cibles qu'il s'était fixées.

Le traître est absent

« Au cours de la bataille, j'ai convoqué la direction dans un restaurant à la Cité Al-Mansour. Pour brouiller les pistes, je leur demandai d'entrer par la porte principale et par la porte de derrière. Or, après examen attentif de tous les présents, je me rendis compte qu'un membre important était absent. "Le traître !" pensai-je. Je pris la décision de changer le lieu de réunion. Nous nous sommes rendus dans une maison normale, à la Cité Al-Mansour. Immédiatement après notre départ, le restaurant fut bombardé et réduit en poussières. À la Cité Al-Mansour, au bout de quelques minutes, je demandai à nouveau à mes camarades de sortir. Quelques secondes plus tard, la maison était violemment bombardée. L'ennemi déclara alors que Saddam était mort, à cet endroit même.

Saddam quitte Bagdad

« Après l'invasion totale de Bagdad, je décidai de quitter la capitale et d'aller dans la province d'Al-Ambar, dans la ville de Ramadi. Il y avait une résidence pour les hôtes de passage appartenant à la famille Al-Kharbit, une famille irakienne connue pour son hospitalité, sa loyauté et son patriotisme où j'ai pu réunir mes fils Oudaï et Koussaï, mon demi-frère Barazan et d'autres camarades. Les jeunes communiquaient au moyen d'un appareil facile à intercepter par les satellites. Tandis que je me préparais à dormir un peu, après avoir demandé d'évacuer ma famille hors de Bagdad, les avions américains ont bombardé l'endroit. Plusieurs compagnons, ainsi que plusieurs membres de la famille du propriétaire périrent, que Dieu leur accorde sa miséricorde. À cause de cet incident tragique, je me sens encore terriblement coupable vis-à-vis de la famille Al-Kharbit. Je suis parti immédiatement dans ma voiture avec deux compagnons, et me suis rendu à Kadha-Hayt. J'y ai rencontré le gouverneur de la province, qui m'a échangé sa voiture contre la mienne. Je l'ai quitté et j'ai longé les banlieues de Ramadi, près de ton clan, Maître Khalil. En réalité, je suis parti ailleurs parce que je ne voulais pas déranger le clan. »

Le président s'est tu un moment qui m'a semblé une éternité. Je voulus avoir davantage d'informations au cours de cette séance de quatre heures et demie fixée par les gardes américains. Alors je lui ai demandé : « Pensez-vous Monsieur le président qu'il y a eu des lacunes dans le plan de défense de Bagdad ? »

« Oui, il y a eu quelques lacunes importantes dans ce plan. Le cours des événements et des combats, la supériorité écrasante des moyens de l'ennemi lui ont permis de profiter de ces failles et de faire pencher la bataille à son avantage. »

Deuxième phase de la bataille, la résistance

« Celui qui braque une arme une seule fois sur l'impérialisme ne peut plus la laisser tomber. Et s'il le fait, l'impérialisme creusera sa tombe. »

Raul Castro

Parler avec le président Saddam Husseïn, c'est parler avec l'histoire et pour l'histoire. Il commença à évoquer la deuxième phase de la bataille, cette phase de résistance farouche où le peuple irakien s'est illustré par sa force et sa rapidité. Son visage s'illuminait.

« Mon fils Khalil, la phase de résistance aux envahisseurs a débuté le 11 avril 2003, soit seulement deux jours après l'occupation. Ce jour-là, j'ai rencontré les chefs d'État-major afin qu'ils me fassent leur rapport. Ils ont répondu un par un. Leurs réponses étaient variées. Le dernier a dit : " Excellence, il me reste deux bataillons... ". Je leur ai dit : "Vous pouvez partir. Faites confiance à Dieu et commencez la deuxième phase de votre bataille."

« Ce qui se passe aujourd'hui ne doit rien au hasard, et n'a rien d'un acte spontané. Cette opération a été planifiée avant la survenue de l'agression. Nous avions pris toutes les précautions nécessaires : stockage d'armes, de munitions et de provisions nécessaires à une longue guerre d'usure et à une guérilla que l'ennemi ne maîtrisait pas.

« Le 9 avril 2003, j'ai visité la Cité de la Révolution et me suis enquis de la situation des habitants qui s'étaient amassés autour de moi. Cette visite n'a pas été filmée parce que nous avions emprunté une route différente de celle de l'équipe de photographes, retardée à cause des bombardements. Je me suis rendu après à Al-Aâdhamiya où la foule m'a acclamé. Nous étions à proximité des chars américains. L'un d'eux ouvrit le feu. Je fus blessé au flanc gauche. Mais sans gravité.

« Le 11 avril 2003, après avoir rencontré les chefs d'État-major, je décidai de quitter Bagdad en compagnie de ma garde personnelle. Je n'en ai gardé que quelques-uns et renvoyé les autres à leurs familles. Nous avons emprunté le cours du Tigre dans deux barques, si mes souvenirs sont bons, et sommes sortis de Bagdad. J'avais décidé de basculer dans la clandestinité, avec, en tête, mon expérience de 1959, une année de lutte intensive, où nous avions marché pieds nus et survécu à l'aide des fruits de la chasse ou de nos récoltes dans les champs. J'étais donc rompu à ce genre d'épreuves : à la fatigue, au manque de sommeil, à l'élaboration de plans de survie et d'attaque.

La résistance s'organise

« J'ai suivi d'un œil vigilant, avec mes camarades, l'action des troupes de la résistance. Elles étaient capables de me renseigner sur leur situation, même dans les provinces les plus reculées. Pour ma part, j'évitai de me rendre dans les provinces du Sud car elles étaient gangrenées par l'ennemi et ses services de renseignement, en particulier iranien. En revanche, j'ai poursuivi mes visites à Bagdad, comme dans les provinces de Diali, Ninwa, Mossoul, Attamim, Al Ouja, Saladin et Al Ambar. Ces visites n'ont jamais dépassé trois heures. L'ennemi nous guettant à chaque pas, je ne voulais pas être la cause de pertes humaines parmi mon peuple.

« J'étais en contact avec la résistance. Je la dirigeais de façon directe – en rendant visite à certaines troupes et en prenant part à leur action pour leur remonter le moral – mais aussi indirecte, à travers des discours ou des communiqués écrits. Ils furent cependant plus rares, pour des raisons de sécurité. Habillé en Bédouin ou en berger, je me déplaçais à bord de différents types de véhicules, camions, taxis ou voitures privées, afin de semer les ennemis.

SADDAM AU CHECK POINT AMÉRICAIN

« Un jour que nous étions en taxi, armés de fusils, de pistolets et de grenades, nous nous retrouvâmes accidentellement dans une zone contrôlée par les occupants. Le chauffeur – un de mes gardes de corps – voulut rebrousser chemin. Je lui ordonnai de continuer tout droit. Le peloton de soldats américains nous arrêta. Ils nous regardèrent distraitement, sans scruter nos visages, puis nous firent signe de partir. Nos armes étaient cachées sous nos jambes.

« J'ai connu plusieurs incidents semblables à celui-là. Il m'arriva souvent de frapper aux portes des Irakiens des régions que j'ai évoquées et ils ouvrirent leurs maisons. Je disais souvent à mes compagnons que si je frappais à une porte et qu'elle restait close, cela signifiait un échec quelque part et cet échec, nous pouvions en être la cause.

LA CLANDESTINITÉ

« Au cours de cette période de lutte clandestine, chaque fois que je rendais visite à un citoyen, je prenais la précaution d'arriver tard la nuit et de partir tôt le matin – sans le réveiller –, afin de ne pas le mettre en danger.

« Je me suis également consacré à la résistance en trouvant de l'argent pour qu'elle poursuive son action et l'intensifie. C'est pourquoi la première question que les Américains me posèrent, après mon arrestation, concerna celle-ci, et plus précisément le cas d'Abou Ahmed (Izzet Ad-Douri). Je leur répondis : "Lorsqu'un peuple est agressé, lorsque sa dignité est bafouée et ses richesses pillées, il ne peut y avoir d'autre réponse que la résistance. Quant à Izzet Ad-Douri, je tiens plus à lui qu'à mes yeux".

« Ils me posèrent une infinité de questions sur la résistance. Je leur répondis qu'ils devaient emprisonner tout le peuple irakien, que tout Irakien honnête était un résistant et que ce mouvement s'étendait à tous les hommes libres parmi les panarabistes, les panislamistes, les nationalistes ou les citoyens ordinaires. Quel que soit leur sexe, quel que soit leur âge. Je leur ai dit qu'ils devaient préparer leurs cercueils – comme je leur avais dit avant l'occupation de Bagdad – et qu'ils allaient se suicider contre les remparts de la capitale.

« Je savais ce que je disais. Ces villes situées tout autour de Bagdad avaient surpris l'ennemi par leur héroïsme. Les Américains sont en train de se suicider, de mourir, de fuir le champ de bataille, enregistrant des pertes qu'ils n'avaient jamais envisagées. Je sentais à travers leurs interrogatoires qu'ils étaient dans l'impasse et qu'ils cherchaient des solutions pour sauver la face. »

Il resta quelques instants les yeux dans le vague. Je contemplai alors ce grand homme que le destin avait transformé en dirigeant d'un mouvement de résistance ; un chef agrippé à sa terre, à sa patrie, alors qu'il était le président d'un État puissant. Il reprit le fil de sa pensée :

« J'ai dit aux Américains que Bagdad comptait sept millions d'habitants dont plus de deux millions étaient armés. J'ai toujours pensé qu'une nation sans arme et sans force est une nation humble et servile.

« Quelque temps avant d'être capturé, c'était en 2003, j'ai été contraint de traverser le Tigre. Sur les berges du fleuve, il y avait une petite barque. Le batelier m'a dit que le bateau suffisait à peine pour me transporter avec mes fusils. Je lui ai dit : " Monte à bord avec les fusils, quant à moi je traverserai le fleuve à la nage". Mon fils Khalil : à cœur vaillant, rien d'impossible. Tout soldat qui veut défendre sa patrie et la protéger de l'agresseur doit fouler la terre. La technologie de l'armée passe au second plan quand commence la résistance. »

Comment a-t-on occupé Bagdad ?

C'est une question difficile qui en a abasourdi plus d'un. Comme si la foudre nous avait frappés. Une douleur a saisi tout le monde en voyant Bagdad, la fière, tomber entre les griffes du monstre sans foi ni loi, dont le but était de détruire, piller, se venger et effacer l'histoire d'une civilisation qui a éclairé le monde à une époque où l'Occident sombrait dans l'obscurantisme et l'ignorance. Ils voient, à travers l'histoire contemporaine de l'Irak, des édifices qui s'érigent, un Irak qui s'élève et un peuple fier de ces réalisations bien qu'entouré d'ennemis de toute part. Les gens, ahuris, se demandaient comment Om Kasr a pu résister dix-neuf jours, alors que Bagdad est tombée en quelques jours ?

Bagdad de Haroun Al Rachid. Bagdad des poètes, des savants, des artistes et de tous les créateurs. Bagdad, la vie.

« Monsieur le président, Bagdad est-elle vraiment tombée ? »

Le président réplique, une douleur qu'il tente de dissimuler apparaissant sur son visage :

« Mon fils, Bagdad n'est pas tombée. Bagdad a été occupée et elle sera libérée par nos braves héros. L'occupation diffère de l'effondrement. Et ce n'est pas la première fois qu'on colonise Bagdad. À travers l'histoire, avant l'avènement des Américains, elle a été l'objet de multiples invasions et les ennemis se sont battus pour la conquérir. Les Perses et d'autres se sont rués sur elle de toute part. C'est une chaîne continue. Elle a été colonisée par le Mongol Hulagu, petit-fils de Gengis Khan. Il a brûlé, détruit, massacré et semé la terreur. Les braves l'ont délivrée en chassant Hulagu. Il n'est pas honteux qu'un pays soit occupé. La honte serait qu'il ne résistât pas. L'Irak se libérera ! »

Le président fait une digression, comme s'il attendait ma question, alors que j'écrivais très vite et que j'essayais de tout noter.

« Aujourd'hui, cela se reproduit. Bush a préparé son armée et ses soldats et a traversé les océans, alors que nous n'avons attaqué personne. Eux en revanche, ils nous veulent du mal et cherchent à piller nos richesses et à nous ruiner. Nous n'avons fait qu'essayer d'éviter leurs méfaits. »

Des imprévus

Et le président de se taire un moment avant de reprendre : « Dans le domaine militaire, on ne peut séparer la cause et l'effet. La bataille est une chaîne de maillons reliés pour parvenir à un but. Ainsi en est-il des combats qui se sont succédé depuis 1990, suivis d'un embargo injuste. Je ne peux désormais restreindre mon propos en parlant d'un seul combat. L'Amérique n'a-t-elle pas poursuivi ses bombardements depuis cette date ? L'Amérique n'est-elle pas celle qui a organisé l'embargo et la zone d'exclusion aérienne ?

« Quand les États Unis ont commencé leur agression sur ordre de Bush, les fusées ont plu comme de la grêle sur Bagdad. L'effort militaire de l'ennemi se divisait entre les axes des opérations, la fixation sur Bagdad et les attaques américaines et britanniques contre la moitié d'Om Kasr, l'autre moitié ayant été livrée au Koweït pour élargir sa superficie afin qu'il devienne un vrai pays, au détriment de l'Irak, et un glaive empoisonné planté en son flanc. »

Le président se tait un moment, puis il ajoute :

« Parfois, quand une lutte éclate entre deux pays pour une raison quelconque, chaque partie belligérante prépare ses soldats, son économie et ses entreprises. Chaque rival commence à comparer ses pouvoirs à celui de ses ennemis afin de le dépasser en forces armées aérienne, navale et de fusées. Il en va de même pour les infanteries et les armes blindées, cavalerie et autres. Ensuite, chaque partie s'apprête et se met sur ses gardes pour ne pas laisser l'opportunité à l'ennemi de la surprendre.

« Quand l'Irak défendait ses frontières contre l'avidité de l'Iran, nos forces aériennes ont évolué et ont pris l'avantage sur leurs homologues iraniennes. Si nos pilotes héroïques épuisent leurs munitions, ils s'attaquent à l'avion de l'ennemi au moyen de leur propre avion, en recherchant la collision. C'est là où résident toute la vaillance et le courage. Le meilleur exemple est celui du héros de la guerre, le pilote Abd Allah Laiibi, originaire du sud de l'Irak. En revanche, les Iraniens ont pris l'avantage au sol par leur nombre. C'est ainsi.

« Mais ce qui est arrivé lors de la dernière agression des Américains est tout autre. Elle diffère de leur agression de 1991, des points de vue stratégique et tactique, des moyens utilisés et même pour ce qui est du résultat.

L'Irak affaibli

« Après l'embargo illégitime, la destruction de nos missiles, les restrictions qu'on nous a imposées, les frappes continues sur Bagdad et sur nos batteries anti-aériennes, en plus de ce que nous ont fait subir les espions-inspecteurs de l'Amérique, à qui nous avons ouvert nos portes pour que le monde sache que l'Irak ne disposait pas d'armes de destruction massive, après tout cela, la comparaison ne tenait plus. Personne ne peut, logiquement, rivaliser avec une hyperpuissance arrogante, comme l'Amérique, qui a tous les moyens de destruction, qui peut anéantir le monde plus d'une fois, qui dispose de missiles intelligents, à longue portée et intercontinentaux, d'avions sophistiqués, d'une marine inégalable qui sillonne mers et océans, en plus d'une armée entraînée pour agresser sans risquer de poursuites judiciaires. Face à elle, la réalité de l'Irak : un petit pays dont les moyens et l'économie ont été mis à rude épreuve, après des années d'embargo. L'écart est trop grand entre les deux forces. Que reste-t-il à l'Irakien ?

« Nous avions prévu que l'ennemi avancerait sur deux fronts ou plus. L'un de ces fronts est connu ; il s'agit de la région où est rassemblé le gros des forces américaines, le Koweït, le second, du côté ouest. Nous avions prévu cela.

« Nos directives à nos frères du commandement et aux chefs militaires ont été claires. Il ne fallait déployer aucune force à l'ouest de l'Euphrate, parce qu'elles seraient complètement anéanties.

« En occupant quelques villes de l'Irak, l'ennemi voulait transmettre un message clair qui signifiait que tout était désormais fini, son objectif étant de saper le moral de l'armée et du peuple irakiens. Par ailleurs, il usa d'armes prohibées dans la banlieue de Bagdad, ce qu'il ne fit pas à Om Kasr, contraignant les forces positionnées à Bagdad et aux environs à combattre seules, sans attendre de renforts.

De mauvaises décisions

« L'acharnement de l'ennemi qui a pris pour cible Bagdad et ses environs, les bombardements barbares et continus pendant des centaines d'heures, ont entraîné la destruction d'unités entières et la dispersion d'autres. Elles sont ainsi devenues des cibles faciles pour les avions, et surtout pour les missiles ennemis, d'autant qu'elles étaient privées de couverture aérienne. Même celles qui ont réussi à se retirer ou à se retrancher furent, en majorité, détruites dans leurs positions défensives, ce qui a épuisé toute solution de rechange. En plus, le fait d'avoir intégré des parties de certaines provinces dans l'axe des opérations de Bagdad était une erreur, ou du moins une mauvaise appréciation qui s'est ajoutée à d'autres estimations incompatibles avec les changements substantiels intervenus sur le terrain. Ce grand déploiement sur l'axe de Bagdad a aidé à la dispersion des forces de la Garde républicaine et des unités les soutenant.

Un émissaire arabe

Le président évoque ce qui est arrivé à l'Irak et dit : « Quelques mois avant l'agression, nous avons reçu l'émissaire d'un dirigeant arabe à qui nous vouons tout notre respect. Il était porteur d'une proposition bien déterminée, bien qu'inadmissible, car touchant à la dignité. Nous l'avons écouté jusqu'au bout. Nous avons alors rétorqué : "Si nous acceptons cette proposition, vous sera-t-il possible d'empêcher l'agression ? ". L'émissaire a répondu : "Personne ne peut être sûr des intentions de l'Amérique, mais nous voulons mettre à nu ses desseins et nous œuvrerons à empêcher l'agression." Je lui ai dit : "Mettre à nu les desseins américains ? Saluez X (votre dirigeant) et dites-lui de ma part de contacter l'Amérique et de lui demander ce qu'elle veut exactement. Si c'est l'argent, c'est-à-dire le pétrole, il peut être compensé. Et si elle veut résoudre l'ensemble des questions en suspens dans la région, nous ne nous opposerons pas à ceux qui désirent rendre justice aux peuples. Par contre, si son intention est d'imposer des conditions qui touchent à notre dignité et à celle du peuple de l'Irak, nous ne sommes pas prêts à écouter leurs inepties."

« En mobilisant leurs escadres et leurs flottes, les États-Unis et la Grande-Bretagne ne nous ont pas laissé d'autre choix. C'était soit la reddition, l'humiliation et l'opprobre de l'histoire, soit l'affrontement, avec la foi en Dieu, comme seul soutien.

« C'est ainsi qu'on ne nous a laissé aucun choix pour éviter à notre peuple et à notre pays la destruction. L'armée irakienne n'a pas démérité, elle leur a donné une leçon qu'ils ne sont pas près d'oublier. Nous continuons à les combattre et nous ne renoncerons jamais. Ainsi vont les guerres, il faut qu'il y ait un vainqueur. Mais l'Amérique, malgré sa rapide victoire, connaîtra la pire des défaites et elle subira au décuple ce qu'elle a subi au Vietnam.

« Sans entrer dans les détails, nous affirmons que les principales raisons qui ont permis aux Américains d'occuper Bagdad, la bien-aimée, la capitale de Haroun Al Rachid, sont les suivantes :

1- L'embargo qui a duré plus de treize ans, accompagné d'une guerre continue, avec tous ses chapitres.

2- Les allégations de l'Amérique, sous-tendues par une politique de tromperie et de diversion, qui ont fait que certains de nos amis et de nos frères arabes leur ont accordé du crédit.

3- L'énorme écart entre les deux puissances, notamment au niveau de la force aérienne, indispensable pour trancher dans n'importe quelle bataille, et des missiles longue portée, en plus de l'absence d'une couverture aérienne pour l'armée irakienne.

4- Le repérage précis de toutes les cibles militaires et civiles, à travers les équipes d'inspection et des moyens de détection aérienne, grâce aux avions d'espionnage et aux satellites.

5- Le recours abusif aux raids aériens ininterrompus et sans pareils dans l'histoire des guerres, touchant de nombreux civils.

6- Le recours par l'ennemi à des armes prohibées dont certaines ont été utilisées pour la première fois, surtout lors de la célèbre bataille de l'aéroport de Bagdad, où l'ennemi a laissé des centaines de morts et des dizaines de blindés, ce qui lui a fait perdre la raison. Il a ainsi frappé la garde républicaine et les forces amassées avec elle au moyen d'ogives nucléaires tactiques et autres bombes thermiques qui font fondre le fer et les corps. C'est là une des raisons majeures qui a précipité l'occupation de Bagdad.

7- L'utilisation par l'ennemi de la route du désert, à la lisière des villes, sa supériorité en armes sophistiquées. Tout cela a fait perdre à nos forces la capacité d'agir de jour.

8- Les multiples débarquements ici et là, derrière nos unités sur les artères principales, la panique des habitants et le barrage des routes, en plus du lancement extrêmement rapide par l'ennemi derrière nos lignes.

9- La guerre psychologique, le recours à la propagande et la diffusion de la rumeur que l'ennemi a réussi à propager au sein même de nos forces armées, par l'intermédiaire d'une « cinquième colonne ». Par ailleurs, des espions et des infiltrés ont fourni des renseignements à l'aviation ennemie, ce qui lui a permis de détruire nos postes stratégiques et militaires.

10- La rupture des moyens de communication entre les chefs d'ÉTAT-major et les commandants des différentes unités et leurs subordonnés. La non-transmission des ordres a entraîné la démobilisation de quelques unités qui ont cessé le feu.

11- Lors de la guerre irako-iranienne, les chefs militaires et les décideurs agissaient en fonction des circonstances et de l'évolution de la situation, parce que l'école militaire irakienne qui a enfanté nos officiers, chefs et soldats, les meilleurs et les plus braves, est l'une des plus réputées du monde. Aussi n'avons-nous jamais été contraints de soumettre nos troupes, nos bataillons et leurs chefs aux décisions politiques. À part l'État-major, les commandants et les chefs avaient toute latitude pour agir. Même lorsque nous envoyions sur le front, des décideurs politiques, dont mes fils Oudaï et Koussaï, ils étaient soumis aux ordres des militaires. »

La soumission de l'armée aux dirigeants politiques : une autre erreur

Et là, j'ai interrogé le président sur la soumission des chefs et des commandants militaires aux dirigeants politiques. Il a expliqué les causes et les conditions de cette décision qu'il a qualifiées d'inévitables. Il a toutefois admis avec franchise et courage qu'une telle décision a contribué à l'affaiblissement des moyens de nos troupes dans leur résistance à l'offensive dévastatrice des forces de l'ennemi. Il a dit : « Ce qui est arrivé lors de cette bataille délicate, parce qu'elle était décisive dans tous les sens du terme, nous avons été contraints de soumettre la décision des militaires, qu'il s'agisse des chefs des unités ou des bataillons et en concertation avec eux, aux dirigeants politiques. C'est une arme à double tranchant, car la situation exige parfois de prendre l'initiative et de recourir à l'effet de surprise. Et quand la décision du militaire est soumise à celle de l'homme politique, cela nécessite un certain temps, peut-être des heures, surtout avec la rupture des moyens de communication rapide. Cela entrave les efforts du chef militaire à trouver la solution idoine dans ces situations. Par ailleurs, les décisions ou les ordres des hommes politiques touchent à la susceptibilité des chefs militaires, parce qu'ils émanent de personnes qui manquent d'expérience dans le domaine militaire. Cela a beaucoup facilité l'avancée rapide de l'ennemi sur Bagdad. »

Le président poursuit son énumération.

12- Les offensives menées par l'ennemi de toute part. Certains pays frères ont malheureusement facilité l'incursion des unités de l'ennemi à partir de leurs territoires. D'autres ont autorisé l'ennemi à utiliser leurs bases et leurs terres pour bombarder l'Irak.

13- Le recours de l'ennemi à ses agents subversifs alliés à l'Iran, ainsi qu'à des milices pro-iraniennes prétendant agir au nom de l'Islam.

L'Iran facilite l'invasion

14- La trahison de l'Iran a été l'un des facteurs déterminants favorisant l'entrée des forces américaines et britanniques en Irak[1].

« Tous ces facteurs, ajoutés à la mobilisation frénétique de tous leurs moyens militaires contre Bagdad et l'allusion des Américains, en cas d'échec, de recourir aux armes nucléaires, ont créé une tension psychologique chez les soldats.

« Quand on en arrive à cet état, les commandants ne peuvent plus maîtriser leurs troupes. Cette conjoncture a engendré dans plusieurs de nos unités un climat de confusion tel qu'elles sont devenues incontrôlables. Aussi, les soldats ont-ils abandonné le champ de bataille, les uns après les autres, sans en avoir reçu l'ordre.

« Face au monde entier, c'est le peuple américain qui a perdu toute aura. J'ai dit aux Américains d'ici, où je suis détenu : "Vous n'agresserez plus aucun pays, après l'Irak. Cela profitera à l'humanité tout entière et pas uniquement à l'Irak, car notre pays sera libéré, grâce à Dieu, et l'Amérique et ses sbires seront vaincus."

1. Lors de la clôture du congrès « Le Golfe et les défis de l'avenir », organisé par le Centre émirati des études, à Abou Dhabi, à la mi-janvier 2005, l'ex-vice-président iranien, Mohammed Ali Abat'hi a déclaré que son pays avait beaucoup aidé les Américains dans leurs guerres contre l'Afghanistan et l'Irak. Il a ajouté : « Sans le concours iranien, Kaboul et Bagdad ne seraient pas tombées aussi facilement. » Propos confirmés, quelques mois plus tard, par son président qui a reproché aux États-Unis de ne pas reconnaître à l'Iran ce qu'il a qualifié « d'apport positif » dans les guerres d'Irak et d'Afghanistan.

Y A-T-IL EU TRAHISON DANS LE COMMANDEMENT DE L'ARMÉE ?

J'ai interrogé le président sur les rumeurs insistantes qui se sont répandues, dès les premiers jours de l'occupation, quant à l'existence de traîtres dans le commandement de l'armée. Le président a démenti catégoriquement cela, précisant: « J'ai entendu dire que certains parlaient de trahisons, pendant les batailles. Sachez, mon fils, que notre armée dont les magnifiques exploits ont marqué l'histoire, est réputée pour sa bravoure et son héroïsme. Au plus fort des batailles, toutes les armées du monde peuvent être sujettes aux trahisons. Si jamais cela est arrivé à notre armée, ce fut très limité et à des niveaux inférieurs peu influents, donc sans aucun impact sur l'issue de la bataille. Quant aux rumeurs relatives à des trahisons parmi les officiers généraux, cela relève de la guerre psychologique à laquelle toutes les armées recourent surtout quand l'adversaire est en mauvaise posture.

« Après investigation et surveillance, il s'est hélas révélé que quelques espions et traîtres, envoyés par l'ennemi et infiltrés dans différentes régions de Bagdad, utilisaient des téléphones satellites liés aux postes de commandement américains et israéliens, pour localiser les cibles irakiennes. Cela facilita la destruction de la majorité des objectifs civils et militaires, ainsi que celles des installations stratégiques. Il a été établi, par la suite, que certaines personnes, de faible personnalité, et des traîtres ont infiltré quelques appareils de la sûreté irakienne. »

DES INFORMATIONS QUI NE PARVENAIENT PAS AU PRÉSIDENT

« Nous étions ouverts à toute proposition directement ou indirectement, par ceux qui, par manque de courage ou pour une autre raison, ne pouvaient pas dire ce qu'ils avaient envie de livrer comme vérité. Dans un esprit positif, je demandais à mes frères dans le commandement de me communiquer tout ce qu'ils voulaient. Mais je suis convaincu que nous n'avons pas été informé de tout ce que nous devions entendre pour connaître la vérité. »

C'est ce qu'a exprimé le juge Abdallah Al Amiri lors d'une séance du procès, quand il a dit au président : « Vous n'êtes pas un dictateur, mais c'est ce que votre entourage a fait de vous. »

Un haut responsable arabe m'a déclaré en 2006, quand je l'ai rencontré dans son pays: « Je vous jure que nous fournissions au président Saddam Husseïn toutes les informations qui nous parvenaient, pour prévenir ce qui est arrivé et pour éviter à la région de subir ce qu'elle a subi et pourrait encore subir. Mais nous nous sommes rendu compte que deux personnes haut placées, dont un proche du président, faisaient exprès de taire ces informations, sans que nous en sachions la raison. »

La mort de ses deux fils et de son petit-fils, les armes à la main

Le président rencontra son cadet Koussaï le 11 avril 2003. Il portait encore sa tenue militaire. Ils convinrent, à l'époque, de quitter Bagdad et de se répartir les tâches de la défense. Ils se revirent ensuite, par pure coïncidence, chez une des grandes familles irakiennes du sud-ouest, à Ramadi. Mais après le bombardement de la maison, le groupe s'est dispersé, chacun de son côté. À Tikrit, ville natale du président, des fidèles conseillèrent à Saddam Husseïn de séparer ses deux fils, afin qu'ils ne constituent pas une même cible pour les forces de l'occupation. Parmi ces fidèles, il y avait le lieutenant-colonel Maher Abderrachid qui était un des compagnons les plus proches du président et un des plus critiques à son égard. Il relevait toutes les fautes et avait le courage de dire son opinion. Koussaï était le gendre de ce chef militaire qui s'illustra sur les champs de bataille, gagnant l'admiration et l'estime de tous les Irakiens.

Les deux fils du président prirent la direction d'Al Ouja. Mais pendant que Oudaï passait la nuit chez l'un de ses proches, il entendit des bruits d'explosion dans les chambres avoisinantes. Sentant la délation, les deux frères, accompagnés de Abd Hamoud, le secrétaire particulier du président chargé de les accompagner, décidèrent de quitter la circonscription de Saladin et se dirigèrent vers la frontière syrienne, réussissant à traverser les villages limitrophes, grâce aux chefs des clans fidèles à l'Irak. Le spectre de la guerre menaçait toute la région, l'odeur de poudre et de mort s'infiltrait partout, et les regards de Bush, de Cheney, de Rumsfeld et de Wolfovitz lorgnaient vers la Syrie, grisés par la conquête de Bagdad.

La Syrie essayait, de toutes ses forces et par tous les moyens, de repousser le fléau et d'éviter à son peuple et à la région davantage de gâchis. Quand les autorités syriennes apprirent la nouvelle de l'arrivée des fils de Saddam et de Abd Hamoud, elles souhaitèrent la bienvenue à Koussaï et à Abd Hamoud, mais demandèrent à Oudaï de quitter le territoire syrien. La raison était qu'elles pouvaient se fier à la personnalité de Koussaï qu'elles connaissaient parfaitement, au contraire de Oudaï qui avait beaucoup d'ennemis parmi les Irakiens exilés en Syrie et même parmi ses proches. Qui plus est, la présence d'Oudaï à Damas pouvait attiser les prétentions du « taureau américain » et le faire payer cher au peuple syrien.

Koussaï refusa de se séparer de son frère, et le trio repartit vers l'Irak, plus précisément vers Mossoul. Koussaï y avait beaucoup de relations et d'amitiés fidèles, il était très apprécié des chefs de la garde républicaine et des hauts cadres de l'armée natifs de la ville. Il pouvait, de ce fait, mieux organiser les opérations de la résistance. Après le retour de Abd Hamoud à Bagdad, les deux frères et Mustapha, le fils de Koussaï, qui les avait rejoints optèrent pour le domicile d'une « certaine personne », comme résidence permanente.

Et ce fut la maudite délation !

Le récit de la délation

C'est un témoin oculaire qui raconte. Proche et respecté de Saddam Husseïn et ami de Koussaï, il rapporte la fin tragique de Koussaï, Oudaï et Mustapha :

« Le 5 avril 2003, mon fils et moi-même accompagnions M. Jamal Mustapha, époux de Hala, la benjamine du président Saddam Husseïn, à Kerfane, près de la mosquée Om Toboul. Là, nous rencontrâmes Koussaï escorté de son fils Mustapha, de son secrétaire Ad Douri et de deux officiers. Nous convînmes que je laisserais mon fils à leur côté pour les guider vers l'emplacement que nous avons choisi pour eux, s'ils y consentaient. Saddam Husseïn était tenu informé. Deux mois plus tard, je fus surpris d'apprendre que Koussaï et Oudaï avaient choisi de s'installer ailleurs, chez Nawaf Az Zaïdane avec d'autres.

« ...Nawaf Az Zaïdane et l'un des accompagnateurs d'Oudaï et Koussaï ont été aperçus franchissant le mur de la maison où a eu lieu la tuerie. Le mur avait un mètre cinquante de hauteur, et les deux compères étaient occupés à jeter trois valises pleines d'argent et de bijoux par-dessus le mur, les réserves pour financer la résistance que leur avaient confiées Oudaï et Koussaï. Cela se passait à l'aurore.

« Puis ils partirent dans une voiture qui les attendait. Peu après, le traître principal, Nawaf Az Zaïdane, revint seul à la maison.

Plus tard à deux heures du matin, Nawaf et son frère se rendirent auprès du commandant des forces armées américaines à Mossoul, à l'époque David Petraeus. Ils l'informèrent de la présence de Koussaï et d'Oudaï chez eux. Dans le bureau, était présent un des cheïkhs notables de Mossoul, très proche de Petraeus, dont nous tairons le nom et qui a rapporté cette histoire.

Tous s'empressèrent de se rendre sur les lieux en voitures civiles.

Au bout d'une heure et demie environ, Petraeus revint seul, après s'être excusé auprès de son hôte, le cheïkh de Mossoul – qui sera tué plus tard par des militants de la résistance irakienne.

Puis ce fut le grand départ : une procession de véhicules militaires Humvee, des blindés, précédés par Nawaf. Arrivé à la maison, ce dernier entra pour constater que Koussaï et Oudaï dormaient encore. Il sortit aussitôt pour faire signe aux militaires que « tout était OK », avant de monter, en compagnie de son fils, dans une voiture militaire découverte Humvee, laissant sa maison aux Américains pour qu'ils règlent l'affaire à leur guise. Le témoin oculaire raconte : « Le téléphone a sonné. Un voisin me demandait de venir au secours des trois assiégés (Koussaï, Oudaï et Mustapha). J'ai couru avec un groupe d'hommes. Mais le combat était déjà engagé. Les Américains intimaient l'ordre à Koussaï, Oudaï et Mustapha de se rendre s'ils voulaient avoir la vie sauve. Koussaï répondait de l'une des fenêtres, avec un lance-roquette. De l'autre fenêtre, Oudaï répliquait avec un fusil-mitrailleur. Quant à Mustapha, il tirait du haut de la terrasse. Au sol, la maison était encerclée par une vingtaine de chars et autant de blindés et de Humvee, sans parler de soldats, autant d'armes lourdes et plus de vingt snipers. Il était impossible de les sauver. On nous apprit, plus tard, qu'ils avaient réussi à tuer 13 Américains. Quand la situation empira, les marines firent exploser la maison. »

Je ne voulais pas raviver les blessures, mais celles du président Saddam Husseïn et de l'Irak ne guériront que lorsque le pays sera débarrassé de l'occupant et de ses serfs.

J'étais sûr que le président était plus fort que ses blessures, mais son unique blessure au cœur était l'Irak. Et c'est ce qui m'a encouragé à lui poser la question : comment a-t-il appris la mort de ses deux fils et de son petit-fils ?

Il répondit :

« Un jour de juillet 2003, j'étais l'hôte d'un Irakien qui m'avait fort bien accueilli. Mais je lisais dans son regard trouble et inquiétude.

Il me dit :

– Monsieur, j'hésite à vous informer…

– Faites donc, répondis-je.

– Oudaï est mort et il vous a offert sa vie.

– Une bénédiction, ai-je répondu, en souriant. Dieu soit loué !

Il poursuivit :

– Et Koussaï, de même.
– Deux bénédictions. Dieu soit loué.
– Monsieur, Mustapha aussi.
– Trois bénédictions. Dieu soit loué.

« Grâce au Tout Puissant, qui m'a honoré de ces héros morts pour la patrie et qui ne trahirent ni ne surenchérirent. Dieu soit loué, c'était sa volonté. Ce sont les enfants de l'Irak. Ils rejoignent tous ceux qui ont sacrifié leur vie à la patrie. Ils ont combattu jusqu'à l'instant ultime, ils ont refusé de fuir.

« Pas une seconde, il ne fut dans notre intention de quitter l'Irak et de nous sauver, comme des lâches, à la recherche d'une vie sans valeur. Et vous êtes tous mes enfants et mes frères. Tous les Irakiens sont mes fils et mes frères. Au chef de ne jamais hésiter, et d'envoyer ses enfants au combat avant ceux des autres.

« Pendant la guerre irako-irakienne, Oudaï et Koussaï étaient en première ligne. Ils étaient jeunes à l'époque.

« Les Arabes seront toujours, grâce à Dieu, gagnants. Mais peu d'entre eux risqueraient la vie de tout ou partie de leur famille pour la nation.

Saddam refuse que sa fille quitte l'Irak

« Au plus fort de la guerre, après l'invasion de 2003, et avant l'annonce de l'occupation, une de mes filles me demanda l'autorisation de quitter la famille pour une destination hors de l'Irak, au motif que je pourrais mieux me consacrer à la résistance. J'ai refusé. Elle est revenue à la charge, lorsque les bombardements s'intensifièrent et que l'ennemi se mit à nous pourchasser de maison en maison. J'ai dit non. Vous jouissez du pouvoir ai-je ajouté, depuis trente ans, et vous profitez de ses privilèges. Il vous incombe, aujourd'hui, de vous brûler, à l'instar du peuple, au feu qui dévore votre pays. Et j'ai mis définitivement fin à la question.

« Les propositions pleuvaient, m'incitant à quitter l'Irak. Je répondais : Comment quitter et laisser le peuple irakien affronter son destin irrévocable ? Ceux-là ne connaissent pas Saddam Husseïn et ils ne savent pas que l'Irakien d'honneur, à défaut d'une existence digne, préfère se sacrifier en martyr. Ce sont les traîtres et les collaborateurs qui fuient et cherchent refuge chez l'étranger. »

Là, le moment me parut propice de le prier d'accepter la visite de sa famille, je voulais le faire sortir de son isolement, et satisfaire le vœu des siens auxquels il manquait tant. Je savais qu'ils lui manquaient aussi mais il dit :

« Maître Khalil, je ne vous refuserai aucune demande, vous êtes une personne noble et courageuse. Mais autant pour mon histoire que pour l'honneur de l'Irak, je n'autoriserai pas ma famille à me rendre visite, parce que les Américains n'ont aucune parole, il est impossible de se fier à eux.

Saddam refuse les visites de sa famille

« Et je n'ai pas envie de contacter les miens par téléphone pour des raisons psychologiques. Telle de mes filles pourrait éclater en sanglots, et telle autre pourrait gémir, mais je remercie Dieu, puisque vous m'apportez de leurs nouvelles. Vous êtes mon fils et mon frère. »

Pas un jour je ne l'ai quitté sans faire le vœu de le revoir aussitôt.

Même dans sa détention, il avait du panache. Les grilles de la prison ne le cassèrent jamais, ni l'oppression de l'ennemi, d'ailleurs.

Tout au long de l'histoire, l'Irak a plié devant de multiples invasions barbares, a été exposé à l'anéantissement et à la mort. En dépit de tout cela, il renaissait comme le phénix pour jeter dehors les occupants et pour se reconstruire.

CHAPITRE VII

Les tentatives de l'Amérique pour ternir l'image du président

« Si Dieu le veut, je le jure devant vous, même mes ossements les combattront. »

Saddam Husseïn, en captivité

Les armes de destruction massive ou ADM

Le président Saddam Husseïn, en prison :

« Jimmy Carter a dit que l'occupation de l'Irak n'a pas eu lieu pour les motifs invoqués, mais parce que Saddam a tiré sur Israël 39 missiles.

« À la troisième semaine de l'offensive, l'expert suédois Hans Blix disposait de suffisamment d'indices, selon lesquels cette guerre avait été décidée de longue date et non pas en réaction aux développements de la situation ou à des considérations inhérentes au travail des inspecteurs. À supposer que les armes de destruction massive (ADM) avaient quelque chose à voir dans cette guerre, elles n'arriveraient qu'au quatrième rang de ses causes réelles. Car l'objectif évident était de changer le régime et de piller le pays, que les ADM soient découvertes en Irak ou pas.

« Il en va de même pour le témoignage de l'inspecteur américain David Key, expert en ADM. Key, principal élément de l'équipe d'inspection de triste réputation, avait nié l'existence en Irak d'armes de destruction massive.

« Le responsable du service en charge des ADM au Département d'État américain a réfuté l'allégation selon laquelle l'Irak aurait importé de l'uranium d'un pays d'Afrique. Selon Greg Tillman, l'Administration américaine a manipulé et falsifié le rapport des services de renseignements américains sur l'Irak pour les besoins de ses objectifs en Irak. Mes services ont étudié le rapport en question et constaté que les documents soumis au Département d'État étaient tous des faux, a-t-il ajouté, précisant avoir alerté ses supérieurs au Département d'État afin qu'ils ne soient pas abusés par les faux. »

Tous les moyens sont bons

Après la capture du président Saddam Husseïn, l'Amérique a tenté de dénaturer son image par tous les moyens. Elle a tenté, même après son meurtre, de salir sa réputation qui est devenue encore plus resplendissante du haut de l'échafaud grâce à son courage et à sa superbe. Elle a commencé à adresser à tous les Arabes un message disant ceci : « Voici Saddam qui s'est rendu à nous facilement et sans opposer de résistance ». Ce fut au moment de sa capture, quand il a été présenté dans des images de montage au fond du trou préparé soigneusement par les Américains.

Les tentatives visant à ternir l'image du président se sont poursuivies afin de porter atteinte au moral du peuple irakien et à celui de la résistance, en particulier. Mais c'était compter sans les peuples arabes qui voyaient en Saddam Husseïn le dirigeant combatif qui n'avait pas hésité à tirer 39 missiles sur Israël. Sa position solide lors du procès mascarade et sa capacité à juger ses bourreaux ont montré à ses ennemis que cet homme ne pouvait être ébranlé, que leurs tentatives étaient vouées à l'échec et que son image dans le monde entier avait gagné encore plus en éclat.

Jeff Archer (Malcom Lagauche), journaliste et chroniqueur politique américain, pose des questions qu'on n'entend plus aujourd'hui, mais qui sont indispensables, s'agissant de l'Irak. Il s'interroge sur la question de savoir pourquoi personne n'y répond, alors que le monde se focalise sur une seule chose, à savoir la dictature de Saddam Husseïn et l'affaire de Doujeïl qui fut exagérée, alors que Bush, du temps où il était gouverneur du Texas avait entériné des condamnations à mort bien plus nombreuses que celles mentionnées lors du procès des accusés irakiens. Archer s'interroge :

« Pourquoi n'entendons-nous personne dire que l'Irak avait été déclaré par l'Onu, en 1982, pays débarrassé de l'analphabétisme alors que le taux d'instruction y était inférieur à 40 % en 1973 ?

Pourquoi n'entend-on pas parler de la déclaration de 1984 de l'Onu, selon laquelle le système d'enseignement irakien est le meilleur qu'ait jamais connu le monde pour un pays du tiers-monde ?

Pourquoi n'entend-on pas parler de l'affirmation du *New York Times*, en 1987, selon laquelle Bagdad est le Paris du Moyen-Orient ?

Pourquoi n'entend-on pas parler des visites de Saddam Husseïn aux maisons des Irakiens dans le sud de l'Irak dans les années 1970, pour s'assurer que chaque foyer était équipé d'électricité et d'un climatiseur ?

Pourquoi n'entend-on pas parler des millions d'Arabes qui se rendaient en Irak pour profiter du programme de mise à disposition de terres, lancé par les Baasistes et en vertu duquel chaque individu se voit attribuer un lopin de terre pour la culture des céréales ?

Pourquoi n'entend-on pas parler des savants irakiens et autres praticiens, envoyés dans les pays arabes, afin de les aider à développer leurs programmes ?

Pourquoi n'entend-on pas un éloge des pays arabes à l'Irak pour avoir perdu en grand nombre des soldats lors de la guerre irako-iranienne pour défendre les Arabes qui redoutaient que l'Iran n'exporte vers leurs pays des intégristes fanatiques ?

Pourquoi n'entend-on pas parler des nombreuses initiatives présentées à Saddam dans les années 1990 par les Américains afin qu'il reconnaisse Israël et qu'il autorise les États-Unis à installer des bases militaires en Irak en contrepartie de la levée de l'embargo ?

Pourquoi n'entend-on pas dire que la plupart des membres de l'équipe d'inspection des armes de destruction massive au cours de la période 1991-1998 était un espion et non pas un inspecteur ? »

De basses tentatives

Dans une basse tentative du quotidien *The Sun*, propriété du milliardaire sioniste australien Murdoch, pour flétrir l'image du président Saddam Husseïn, le journal a publié en une des photos de lui en sous-vêtements. Le journal croyait sans doute que la publication de telles images aurait un impact négatif sur la résistance irakienne, d'autant que de telles photos paraissaient triviales et sans précédent pour un dirigeant de n'importe quel pays du monde.

J'ai évoqué cette question avec le président et lui ai demandé de m'autoriser à engager des poursuites contre le journal. Voilà ce qu'il a répondu :

« Qu'aurais-je à perdre, en tant que musulman qui effectue ses prières, à laver mes vêtements de mes propres mains, bien qu'ils aient désigné un préposé pour cette tâche ? Je souhaite que vous n'engagiez pas de poursuites contre ce journal, car la publication de telles photos ne me touche en rien. Nous sommes plus grands que ces futilités. Leur diffusion peut même nous être utile afin que le monde prenne connaissance de la démocratie de l'Occident et de ses violations de l'intimité de l'homme. Quand nous avons une cause importante à défendre, nous ne devons pas disperser l'attention de l'opinion publique en l'occupant avec une affaire de ce genre. Nous devons nous concentrer sur l'essentiel. D'autre part, je refuse d'être à l'origine d'une plainte ou d'une procédure qui aurait un rapport avec l'argent. »

Tous ceux qui ont cherché à nuire à Saddam Husseïn en souillant son image ne connaissent pas cet homme. S'il avait accepté de négocier sa vie sauve, il vivrait aujourd'hui confortablement dans une des capitales du monde. Mais lui était conscient que ses ennemis voulaient s'approprier l'Irak, qu'il soit vivant ou non.

Ils ont cherché à le démoraliser en exhibant les corps de ses fils sur les télévisions du monde. J'ai posé au président une question que beaucoup de gens se posent, celle de savoir pourquoi les Américains ont encerclé pendant plusieurs jours leurs tombes, après l'inhumation de Koussaï, Oudaï et Mustapha ? Il m'a répondu en substance : « Il y a une rumeur selon laquelle ceux qui sont tombés en martyrs le 22 juillet 2003 n'étaient pas mes fils, le but étant de leur dénier la flamme militante. Voilà une autre tentative de diffamation. Les auteurs de cette rumeur avancent comme preuve que les forces américaines ont placé des masques de cire sur les visages et certaines parties des corps des martyrs afin de faire croire aux gens, moi compris, qu'ils sont mes fils et donc afin de porter atteinte à mon moral et à celui de la résistance. Quant à savoir pourquoi ils avaient encerclé la sépulture durant plusieurs jours, je crois que la raison en était qu'ils s'attendaient à ce que je m'y rende pour réciter la Fatiha à la mémoire de mes enfants et donc qu'ils me captureraient.

« Ils avaient déjà tenté auparavant de ternir l'image de nombreux leaders, dont le regretté président Nasser à qui ils ont voulu porter gravement atteinte, mais son image est restée immaculée, tant le peuple arabe est conscient et reconnaît les vrais hommes ».

Les mensonges de l'Amérique

En décembre 2004, les États-Unis ont annoncé qu'ils allaient mettre fin officiellement aux recherches d'armes de destruction massive en Irak. C'est ce qui a fait dire à Scott Ritter, ancien chef de l'équipe d'inspecteurs, que cette annonce met un terme à la pire entreprise internationale de désinformation des temps modernes, estimant que l'occupation de l'Irak « est le pire crime commis jusqu'à présent ».

Dans son article intitulé « De plus en plus, les Irakiens ont le sentiment que Saddam était le meilleur » (25 février 2005), Lagauche réfute les mensonges répandus par l'Amérique et destinés à flétrir l'image du président et à justifier son occupation de l'Irak.

En 2003, écrit-il, l'Amérique a annoncé avoir découvert, dans le sud de l'Irak, un charnier comprenant les restes de 400 000 Irakiens. Tony Blair devait cependant préciser, ultérieurement, qu'il s'agissait en fait de quelque cinq mille corps, dont la plupart étaient des soldats tués par les États-Unis en 1991, lors de l'opération « Tempête du désert ».

Lagauche cite également certaines expressions utilisées à répétition comme l'expression « Saddam a utilisé les gaz mortels contre son peuple ». Il affirme que les Kurdes de Halabja ont été tués par les gaz iraniens, vérité établie par les services de renseignement américains dès 1988 et confirmés en 2004, à savoir que l'Iran avait utilisé les gaz chimiques contre les Kurdes.

La Ligue des droits de l'Homme, ajoute-t-il, a indiqué que les forces irakiennes ont tué, lors de l'opération d'Anfal, en 1988, quelque 180 000 personnes, dont une majorité de Kurdes, mais a reconnu ultérieurement avoir été induite en erreur par les Américains, affirmant en outre n'avoir découvert aucun corps.

Et le feuilleton des mensonges de se poursuivre... L'histoire de la recherche des ADM

Le président relate l'histoire de la recherche des armes de destruction massive et le rôle des inspecteurs dans le complot destiné à éroder l'État irakien et à détruire sa puissance militaire et technologique.

« Après l'agression des "30" contre l'Irak, a-t-il dit, l'Amérique, la Grande-Bretagne et leurs alliés ont mis en place un programme abusif destiné à tuer toute velléité des Irakiens de faire progresser la science et d'édifier un pays libre, fort, indépendant et capable d'aider à maintenir l'équilibre régional et international. Ils ont détruit tous les programmes de l'Irak pour s'assurer, comme ils le prétendaient, qu'il était dépourvu d'armes chimiques et biologiques ou de l'absence de ce qu'ils appellent les armes de destruction massive.

« Malgré nos instructions directes à l'ensemble des secteurs irakiens de faciliter la mission des équipes d'inspection et de leur permettre d'accéder aux sites qu'elles désiraient visiter, en signe de bonne volonté, mais aussi par conviction absolue qu'il n'existait pas d'armement en dehors de ceux autorisés, les inspecteurs se sont avérés des espions, des agents des services de renseignement américains. Ils ont provoqué des crises, multiplié les problèmes, tenté de nous provoquer fréquemment et violé la souveraineté de l'Irak. Tout cela pour offrir à l'Amérique le prétexte d'agresser notre pays. L'un d'eux a rendu justice à l'Irak et dit la vérité, mais ils ont ignoré ses déclarations : Scott Ritter. Si l'Amérique savait que l'Irak possédait des armes de destruction massive, elle n'aurait pas osé l'agresser.

« Les Américains, des gens des services de renseignement, m'ont soumis à des interrogatoires six ou sept mois durant, avant que tu viennes pour me voir pour la première fois. Toutes leurs questions tournaient autour des armes de destruction massive. Où sont-elles ? Les as-tu cachées en Syrie ? Vous savez bien, leur disais-je, que l'Irak ne possède pas ce genre d'armes. Je leur ai rappelé qu'en leur donnant toute latitude de procéder à une inspection intégrale de l'Irak et d'y circuler à leur guise, nous voulions qu'ils s'assurent de notre bonne foi et de notre attachement à respecter nos engagements et nos obligations vis-à-vis de la communauté internationale.

Autres mensonges

« Vous autres Américains, leur dis-je encore, devez savoir que l'Irak est limitrophe d'un ennemi féroce, l'Iran, qui dispose d'un puissant potentiel militaire, humain et matériel. Pendant que vous soumettiez l'Irak à un blocus treize années durant, nous craignions que l'Iran attaquât l'Irak en mettant à profit votre blocus. Vous avez, en outre, créé des zones arbitraires de restriction de vols dans l'espace aérien irakien. Les enquêteurs m'ont ensuite montré une photo d'un char transportant un groupe d'enfants irakiens et m'ont dit : "vous utilisiez ces enfants comme bouclier humain. Cela est contraire au droit." En regardant bien la photo, je me suis rendu compte qu'il s'agissait d'un char britannique et non d'un char irakien. En fait, ils ont manipulé la photo rien que pour ternir mon image devant le monde.

Les missiles tirés sur Israël

« Ils m'ont, également, interrogé sans discontinuer sur le fait de savoir pourquoi j'ai fait tirer 39 missiles sur Israël, état qui, dirent-ils, ne vous menaçait pas. J'ai rétorqué ceci : Israël est une entité factice. C'est vous qui l'avez créé et c'est cette entité qui a amené toutes les catastrophes dans la région. Ils m'ont ensuite interrogé sur le fait de savoir pourquoi je soutenais les Palestiniens et leur fournissais des fonds, mais aussi pourquoi j'offrais, comme ils le prétendaient, à tout terroriste palestinien qui se fait exploser une prime de 25 000 dollars ? J'ai répondu que le potentiel matériel et humain de l'Irak était au service des causes de la nation arabe, en premier lieu la cause de la Palestine. Si nous nous trouvons ici, dans ce camp de détention, c'est pour celle de la Palestine. Les héros qui se font exploser face à l'ennemi sioniste sont des martyrs et non des kamikazes. Ils m'ont ensuite interrogé sur les raisons de l'importance de l'effectif de nos forces armées et de l'armée d'Al-Qods. J'ai répondu que notre sublime religion islamique nous commande de préparer autant de force que possible pour faire face à notre ennemi.

« Nombreuses sont les questions qu'ils m'ont posées des mois durant. Elles prouvent que leur agression contre l'Irak avait des objectifs et des racines historiques en lien avec Israël, mais aussi avec leurs intérêts économiques ».

Tentatives pour leurrer le président

Les Américains ont tenté de leurrer le président en lui témoignant parfois des marques d'attention, par exemple en le faisant bénéficier d'un bon suivi médical et en le protégeant des chiites sur le lieu de détention et parfois au cours du procès. Ils lui permettaient, également, de pratiquer le sport en mettant à sa disposition un vélo fixe. Ils s'occupaient même de la température de sa cellule. Il évoquait ces questions en détail chaque fois que nous nous rencontrions.

Au début de sa détention, les Américains ont tenté de lui faire croire que les gardiens présents autour de lui et portant des tenues de marines étaient réellement des soldats, alors qu'en réalité, ils faisaient partie des services de renseignement américains. Ces agents traitaient le président tantôt sévèrement, tantôt avec souplesse et faisaient parfois précéder son nom de l'expression VIC. Lorsque le président demanda à connaître la signification de cette expression, ils lui ont répondu : Very Important Criminal.

Et le président d'ajouter : « Ils me posaient beaucoup de questions, dont certaines intelligentes. Nous avions des conversations compliquées. Je les traitais avec prudence, sachant que ces questions étaient l'apanage des services de renseignement américains et du FBI. »

Ceux qui connaissent le président savent qu'il a un caractère jovial et qu'il affectionne l'humour, sans compter qu'il respecte les gens, fussent-ils soldats et officiers, voire gardiens. Il disait : « Je respecte leur humanité. Ces gens sont en service commandé et ils doivent obéir aux ordres. »

À propos de son assassinat éventuel dans le camp de détention, le président disait : « Ô mon fils Abou Alaa, si les Américains voulaient me tuer, ils l'auraient fait dès le premier instant, quand ils m'ont arrêté. Au contraire, ils veulent me maintenir en vie, ne serait-ce que pour se servir de moi comme épouvantail face à l'Iran et à ses partisans au sein du gouvernement provisoire. »

TERNIR L'IMAGE DU PRÉSIDENT

Le feuilleton visant à ternir l'image du président se poursuivit. Par exemple, certains médias mercenaires racontaient que le président Saddam Husseïn aurait des liens avec les services de renseignement américains !

Le président en a ri longuement, déclarant ceci :

« Ce sont là des allégations qui ne méritent pas qu'on y réponde. Comme tout le monde sait, j'ai toujours été un militant qui aime agir, quitte à militer dans la clandestinité.

« Lorsque j'ai appliqué la décision du parti et participé à la déposition de Abdelkarim Kacem, j'ai été contraint d'aller au Caire et de rejoindre la faculté de droit locale. Si j'étais en rapport avec l'Amérique ou avec son ambassade, les services de renseignement du pays hôte nous auraient dénoncés et les ennemis auraient utilisé cette carte pour nous abattre au lieu de mobiliser leurs avions et leurs chars et de militariser le monde contre nous. Si nous étions en rapport avec les services de renseignement américains, honni soit celui qui le prétend, ils n'auraient pas laissé traîner en longueur la guerre irako-iranienne et ils ne nous auraient pas attaqués en 1991, en 1998 et en 2003, et nous aurions protégé leurs intérêts illégitimes dans la région.

« Habituellement, lorsqu'ils veulent faire tomber un dirigeant, voire des gens ordinaires, les Américains tentent de les amener à travailler avec leurs services de renseignement et les font ainsi bénéficier, pour un temps, de certains avantages avant de les abattre, non sans les dénoncer au préalable par médias interposés, sans avoir besoin de recourir aux armées et aux avions. »

LE MOSSAD INTERROGE L'AVOCAT DU PRÉSIDENT

Pendant toute la période passée, mais aussi au cours et après les audiences d'instruction, je fus l'unique avocat commis pour défendre le président. La première audience du procès devait avoir lieu le 19 octobre 2005. Le 17 octobre 2005, le capitaine Michael McCoy, responsable de la protection personnelle de Saddam et chef du bureau de liaison américain nous a contactés, vers 14 heures, mes confrères chargés de défendre les autres prisonniers et moi-même, par l'intermédiaire d'une interprète américaine d'origine irakienne. Il m'a demandé de me présenter le jour suivant à un point fixé à l'avance à 8 heures. Leur ayant demandé à rencontrer le président, j'ai cru qu'il était question de cette rencontre.

Peu après minuit, alors que je dormais sur le toit de ma maison avec mes enfants à cause de la chaleur et de l'absence totale d'électricité, donc de climatisation, j'ai entendu un vacarme de chars, d'autres engins et d'hélicoptères Black Hawk et Apache s'approcher. Ils ont encerclé ma maison à une distance d'une cinquantaine de mètres, de même que celles de mes oncles et de mes frères. M'enquérant de ce qui se passait depuis le toit de ma maison, j'ai été surpris par les feux des projecteurs et une voix m'enjoignant par mégaphone de m'éloigner immédiatement faute de quoi je serais abattu et ma maison bombardée. J'ai pressé mes enfants de descendre à l'intérieur de la maison. Quant à moi, je suis resté sur place pour tenter d'en savoir davantage. J'étais préoccupé par mon rendez-vous le jour suivant avec le président et l'interruption de la circulation vers Bagdad, ce qui m'obligerait à conduire 300 km au lieu de 90, et à me faire partir au plus tard à 4 h 30. Mais comment sortir de cette impasse et briser cet encerclement dont les auteurs ne comprennent que la logique de la force aveugle ?

Je n'étais pas visé par cette opération, mais ils s'en prirent à l'un de mes frères et à certains de mes cousins, à la suite d'une dénonciation. Les militaires ont emmené un homme âgé et ses enfants après avoir procédé à un pillage. Ils se sont retirés vers 4 h. Après les avoir observés jusqu'à cet instant, je suis parti sous l'escorte de cousins et de frères, laissant dans la maison un certain nombre de mes gardes habituels, de crainte qu'ils n'aient été eux aussi l'objet de la dénonciation. Je roulais très lentement, car je devais franchir de nombreux barrages et aussi parce que deux véhicules militaires roulaient devant moi au pas pour provoquer les gens. J'ai fait preuve de patience parce que la mission en valait la peine. Subitement, j'ai reçu un appel téléphonique du capitaine, m'informant que le rendez-vous avait été repoussé à 14 h. Dès lors, je ne savais plus si je devais rebrousser chemin après toute la distance que j'avais parcourue ou poursuivre ma route jusqu'à Bagdad où les milices risquaient de nous assassiner, les membres de ma garde et moi. J'ai tempéré quelque peu, puis j'ai décidé d'attendre à Bagdad, dans le quartier d'Al Amirya, près des patrouilles américaines.

Au lieu et à l'heure fixés, ma voiture roulait au milieu de six Humvies américains d'escorte. Nous sommes arrivés à la grande base américaine de l'aéroport. Après la fouille et les formalités d'usage, je fus conduit par des membres des services de renseignement américains dans un autre bureau. À l'intérieur, un interprète et deux autres personnes dont l'une de petite taille et parlant anglais avec un accent proche de l'hébreu. Je pensais immédiatement que j'avais affaire à un Israélien. L'interprète traduisait. Ils posèrent des questions avec une certaine courtoisie, croyant que j'avais peur. En réalité, j'étais un peu sous tension du fait de cette ambiance surprenante. Tout indiquait qu'il y avait une participation d'unités israéliennes sous uniforme américain à la guerre en Irak. Sur le qui-vive, je répondais aux questions de cet Israélien qui ne pouvait qu'appartenir au Mossad, tout comme la plupart des personnes se trouvant dans ce service chargé des interrogatoires. Leurs questions étaient bizarres et portaient même sur des parents très lointains ou sur les 36 milliards de dollars qu'ils croyaient que le président Saddam Husseïn possédait et cachait dans des banques sous de fausses identités.

Je n'en suis reparti que vers 22 heures. La responsable du camp américain a tenu à me reconduire avec sa voiture jusqu'au lieu où m'attendaient mes hommes. J'étais obligé de passer la nuit à Bagdad, mais où dans cette jungle? Nous sommes, finalement, allés chez un ami après avoir fait diversion plusieurs fois. Sa maison se trouvait dans une zone survolée sans interruption par les hélicoptères américains. Je n'ai dormi qu'une petite heure. Au matin, mes hommes m'ont conduit dans la zone verte pour assister à la première audience du procès.

Visites des ministres de l'occupant

Depuis le début 2005, j'ai rendu de fréquentes visites au président. Nos conversations étaient denses et portaient sur l'Irak, le peuple irakien, la résistance et le gouvernement installé par l'occupant. Il revenait fréquemment sur de petits détails intimes. J'étais alors l'unique avocat à lui rendre visite, autant dire son seul lien avec le monde extérieur. Je lui ai demandé s'il avait reçu la visite de quelqu'un d'autre, à part celle de la Croix-Rouge. Il m'a répondu ceci: « Certaines personnes qui se disaient ministres m'ont rendu visite. Je ne les connais pas car je ne sais pas grand-chose de ce qui se passe dehors. La première fois, une personne se disant ministre des Droits de l'Homme est venue me voir. Bien que paraissant vouloir me parler, ses manières étaient inconvenantes. Je lui ai tourné le dos et l'ai complètement ignorée. Ce qui l'a poussé à partir au plus vite. »

Serait-il Bakhtiar Amine, lui demandai-je? Il a acquiescé, précisant que la personne en question s'était présentée ainsi à lui.

« Une semaine après ou plus, pour autant que je me souvienne, deux hommes sont venus. L'un, apparemment Kurde, s'est présenté comme un certain Ibrahim ». J'ai interrompu le président pour tenter de corriger : s'appellerait-il Barham Salah ? « Oui, c'est cela, répondit-il. Mais, je ne sais de quoi il est ministre. L'autre s'est présenté comme étant ministre et de la même famille que le bâtonnier. L'un et l'autre se sont comportés envers moi d'une manière provocante comme si leur visite avait cet objectif. Je ne leur ai accordé aucun intérêt. Je les ai ignorés jusqu'à leur départ. »

« Tous ceux qui sont venus me rendre visite étaient des esprits chagrins. Ils sont venus soit par esprit de vengeance, honnis soient-ils, soit pour me provoquer. Qu'en est-il au juste, Abou Alaa ? ».

J'ai soumis cette question à mes confrères du Conseil de l'ordre à Bagdad. L'un d'eux m'a répondu qu'un ministre parmi ses proches l'avait informé que les occupants et le gouvernement de l'occupation avaient demandé aux ministres de se rendre régulièrement auprès du président pour le provoquer et l'humilier. Quelques-uns ont accepté de remplir cette mission indigne. Quant au ministre en question, il a refusé, arguant que le président était prisonnier !

CHAPITRE VIII

PLANS D'ÉVASION, EFFORTS DIPLOMATIQUES POUR SAUVER LE PRÉSIDENT

Abou Ammar, tes nobles faits perdurent en nos âmes,
Nos peuples et bien d'autres partout se les relatent, [...]
Viens, les âmes des ennemis seront sacrifiées pour toi,
En tout temps, Dieu te garde, Lui, le Vengeur immanent et omnipotent.

Saddam Husseïn en détention.

Un jour, Maître Ziad Khassaouna, avocat jordanien alors chef du comité de soutien, m'appela pour me demander de le rejoindre immédiatement à son bureau . Quelqu'un désirait rencontrer Madame Raghad Saddam Husseïn, fille du président. Sur place, j'eus un entretien en privé avec un homme agé d'un peu plus de cinquante ans qui se présenta comme commandant des forces spéciales, sous un nom d'emprunt. Quand nous en vînmes à parler de sa demande d'entretien avec la femme du président, il me confia que lui et ses hommes avaient l'intention d'attaquer le lieu de détention du président, « afin de le sortir de cette situation humiliante pour lui comme pour nous ». Son accent me disait qu'il était originaire du Sud de l'Irak. Je lui demandai son numéro de portable. Il s'excusa de ne pouvoir l'utiliser. Durant tout l'entretien son discours éveillait mes soupçons. J'apprendrai, après investigations, qu'il avait été envoyé par des groupes de tueurs derrière lesquels se cachait la main de l'Iran. Ils comptaient attaquer la prison où se trouvait le président afin de l'enlever. Ils pensaient et ils avaient fait courir la rumeur queque les États-Unis ne condamneraient pas Saddam et le remettraient même, peut-être, au pouvoir.

Au cours d'une de mes visites au président dans sa prison de Bagdad, mon garde du corps m'informa qu'il comptait constituer un groupe – parmi les forces spéciales et les fedayins – capable d'attaquer la prison et de faire évader le président. C'était un des chefs de la résistance irakienne.

La nouvelle apporta une certaine satisfaction au président :

« Par Dieu, mon fils, je ne veux pas mettre un irakien en danger par ma faute. Cependant, qu'il prépare son groupe et le tienne prêt à agir. Nous prendrons une décision selon le cours des événements. J'espère que les Américains recouvreront leur lucidité et comprendront que leurs efforts pour m'éliminer de la scène sont inutiles. Si je désespère des Américains pour trouver une autre solution, je donnerai mon accord à ce groupe pour attaquer la prison. »

Plus tard, je vins à la rencontre, dans une capitale arabe, d'un dénommé Abou Ammar, à sa demande pressante. Il y avait avec nous l'un des cousins du président.

« Nous sommes un groupe comparable à une brigade, avec des éléments de différentes armées, me dit Abou Ammar. Nous avons un groupe de forces spéciales, créées par le président avant son emprisonnement. S'il pensait que ses chances d'arrestation étaient minimes, il nous avait quand même assignés la mission d'attaquer la prison où il serait détenu. Nous avons un code pour communiquer entre nous. »

Je lui demandai de me le communiquer. « Nous sommes prêts à attaquer le lieu de détention du président et à l'en faire sortir pour diriger la résistance. Nous avons préparé plus de quarante cachettes ; les chances de réussite sont évaluées à près de 90 %. » Il exigea alors un accord écrit de la main du président pour se couvrir en cas d'échec, ou si l'on venait à lui reprocher son initiative.

Je fis un compte rendu complet au président, du code y compris, et il déclara : « Grâce soit rendue à Dieu, quand je les ai laissés, c'était encore un bataillon, maintenant c'est une compagnie entière, peut-être plus. Il s'agit de la crème des hommes d'honneur irakiens. Dis-leur de repérer les lieux avec précision, puis donne-leur des précisions sur les positions de l'ennemi, les armes à utiliser, les forces d'attaque et de soutien. Il me demanda de lui rendre des visites personnelles fréquentes. Informé des directives, le groupe procéda aux repérages et au transfert des armes et des forces à proximité de la cible. « Dis au président que nous sommes prêts, et que le temps travaille pour nous. »

Le président requérait le secret le plus total pour cette opération. Il me demanda des vêtements qu'il mettrait après sa libération. Il me fixa un jour de rendez-vous où il me ferait part de sa décision définitive et la date.

Le 17 juillet 2006, je vins lui rendre visite : « Dis à Abou Ammar qu'il a le feu vert et de s'en remettre à Dieu. » Le code secret est contenu dans les vers suivants :

Abou Ammar, tes nobles faits perdurent en nos âmes,
Nos peuples et bien d'autres, partout, se les relatent,
Rappelle-toi les oiseaux quand ils ont peur et les gazelles
Tu sais que le moyen pour protéger toute action
Seul Dieu le Clément et Miséricordieux le connaît, et celui qui sait observer
Ce dont j'ai peur ce sont les attaques de nos ennemis
Et non ceux qui complotent en son sein
Viens, les âmes des ennemis seront sacrifiées pour toi,
En tout temps, Dieu te garde, Lui, le Vengeur immanent et omnipotent.

Puis il ajouta : « Qu'ils viennent et que chacun d'entre eux soit accompagné d'un combattant de réserve. »

Quelques jours avant le commencement de l'opération, une personne résidant hors d'Irak me contacta d'une cabine téléphonique : « Abou Ala, demande au président s'il a reçu la lettre. Je demandai des précisions, mais il s'avéra que cette personne n'avait aucune relation avec l'opération, et qu'il n'était au courant de rien. Que cela fût son but ou non, son acte et sa tentative confuse compliquèrent nos plans.

Quand je me rendis auprès du président, je le trouvai très las d'avoir veillé. Son visage et ses yeux trahissaient sa fatigue. Il dit :

LES AMÉRICAINS DURCISSENT LA GARDE

« Mon fils, il y a quatre jours, j'ai entendu la détonation de deux fusils, probablement des kalachnikovs. Les tirs ont atteint l'enceinte extérieure de la prison. Les Américains se sont empressés, portant des appareils de soudure et de découpage du fer, et des verrous énormes que je n'ai jamais vus de ma vie auparavant. Et depuis trois jours, ils travaillent nuit et jour à souder ces verrous aux quatre portes ; à cause de ce vacarme, je n'ai pas dormi une seule heure. Je ne sais pas qui m'a causé ces tracasseries, alors demande à Abou Ammar et à ses hommes de temporiser jusqu'à ce que les choses se tassent. »

Il voulut que je dise au groupe de bien se préparer, de se tenir prêts à nouveau, et d'être sûrs les uns des autres. Et il me donna un plan détaillé de l'attaque. Quand je lui demandai de me laisser participer, il répondit : Abou Ala, tu as fait tous les efforts qui étaient en ton pouvoir. Tiens-toi loin de cette affaire ; j'aurai besoin de toi pour d'autres occasions. »

Nous savions que les Américains avaient placé des micros à l'un des endroits de la grande table de la pièce où nous nous rencontrions. C'est pourquoi nous nous éloignions et nous nous tenions sous l'un des climatiseurs, que le président mettait au maximum, afin de parasiter la conversation. Ce n'était pas la première fois que nous utilisions ce stratagème pour éviter que nos entretiens soient entendus.

J'étais confiant pour l'opération qui devait se dérouler sous la conduite des hommes les plus fidèles du président. Certains d'entre eux sont venus le défendre au tribunal dont quelques-uns ne connaissaient le président qu'à travers leur écran de télévision. D'autres étaient des membres honorables de sa famille qui avaient été écartés de lui. Ce sont les hommes d'honneur qui apparaissent dans les moments difficiles, poussés par le courage et un patriotisme ancré dans leurs cœurs.

L'ATTAQUE RETARDÉE

L'opération avait été reportée en raison des tirs de kalachnikovs sur l'enceinte métallique de la prison et ce qui s'en était suivi. Le président fut obligé de décider d'une autre date précédant le prononcé du jugement, afin de donner aux Américains une dernière chance de négociation, une action diplomatique dont il m'avait chargé. Il avait donné ses ordres au chef du groupe en conséquence. Les préparatifs du nouveau plan d'évasion furent parfaits. À part moi, seuls trois des officiers du groupe d'exécution étaient dans la confidence.

Ils se rendirent sur les lieux de l'opération. J'avais déjà préparé les cachettes où le président devait se rendre pour prendre le commandement de la résistance, ainsi que d'autres cachettes de rechange. On allait retirer aux Américains la carte maîtresse de leur petit jeu.

Le président ordonna au groupe de se tenir prêt; il ne restait qu'à fixer la date et s'en remettre à Dieu…

Le commandant en chef du groupe avait exigé un ordre écrit avec le code convenu avec le président. Il le fit en ces vers:

Dieu nous a gratifiés du meilleur des cadeaux.
Son cadeau, c'est notre ami Rahman,
Abd Rabbou, aigle de notre peuple,
Le diable est toujours vaincu quand il arrive,
Leurs bienfaits illuminent tous les recoins,
Avec eux, il auréole leurs bienfaits sous différents aspects,
Viens, que ton action soit bénie et sanctifiée,
La volonté est volonté et la bassesse mépris.

Le 26 août 2006, le bureau de liaison des Américains me contacta afin de rencontrer le président le 28 août. Je m'étais mis d'accord avec le président pour cette visite qu'il appelait de ses vœux, car elle serait décisive quant à sa détention. Il avait planifié la visite, et m'avait conseillé d'amener avec moi un de mes confrères pour ne pas être accusé d'avoir participé à l'attaque de la prison. Comme d'habitude, ces visites n'ont lieu qu'après accord de certaines autorités, qui sont informées au préalable. Après cet incident, les Américains renforcèrent la surveillance autour du président. Les agents de surveillance furent remplacés, comme souvent. Sauf qu'il s'agissait cette fois-ci d'une force que le président qualifiait de la plus dure qui soit... L'occasion de sauver le président fut perdue à ce moment.

Un mandat d'arrêt à mon encontre

Le 5 novembre 2006, l'injuste condamnation à mort américano-iranienne du président Saddam Husseïn fut prononcée. Mes confrères et moi le rencontrâmes deux jours plus tard au siège du tribunal. Lors de cette réunion, le président me fit cette recommandation :

« Maître Khalil, vous avez la liberté totale d'agir selon votre analyse et vos options, à condition de ne pas vouloir préserver ma vie à tout prix lors de vos entretiens avec les dirigeants arabes ou les autres dirigeants. Vous devez seulement clarifier la situation en général, ainsi que la position du peuple irakien. Quant à moi, j'ai Dieu, les meilleurs des enfants de mon peuple irakien et arabe, et les meilleures personnes de l'humanité entière avec moi. »

Quelques jours après, j'ai envoyé une demande à l'intention du bureau de liaison américain, visant à rencontrer le président, et demandant une protection pour moi-même, pour le trajet de l'aéroport à Bagdad. On me répondit qu'il faudrait attendre. Une semaine plus tard, je transmis une autre demande. On me répondit qu'il y avait un mandat d'arrestation à mon encontre, à la demande du « gouvernement irakien ». J'ai alors écrit au ministère de l'Intérieur du gouvernement d'occupation et au président du tribunal, pour leur demander des explications ; ils ont nié l'existence d'un quelconque mandat. Par la suite, Monsieur Jaafar Moussaoui, procureur de ce tribunal, me confirma l'information. Je compris alors que cette manœuvre visait à priver le président d'un maillon essentiel de la chaîne qui lui permettait de communiquer avec le monde extérieur. Je lui transmis une lettre écrite par l'intermédiaire de l'un des avocats, qui me répondit qu'il me fallait contacter une partie arabe ayant d'excellentes relations avec les Américains pour faciliter ma visite. J'essayai de contacter l'Ambassadeur américain à Amman, par courrier électronique, mais il m'apparut qu'il y avait un secret et des complots je dévoilerai sans doute que plus tard.

Le plan d'évasion

Le président Saddam Husseïn avait préparé un plan d'attaque complet pour que les hommes de la résistance attaquent la prison, si les efforts politiques échouaient et qu'il doive rester isolé sans possibilité de négociation:

« Premièrement: dis à nos hommes que les forces de l'ennemi n'atteignent pas une section, dont une partie est répartie sur les quatre tours métalliques, qu'on peut aisément occuper et lui infliger des pertes. Quant aux forces restantes, elles sont à l'extérieur de la petite maison, au premier étage (le président était détenu au rez-de-chaussée). Les gardiens ont des armes légères et moyennes, des grenades manuelles et des pistolets. Les gardes sont des lâches. Il y a parmi eux beaucoup de jeunes gens que n'importe qui pourrait désarmer à mains nues.

« Deuxièmement: il faut préparer trois camions lourds blindés. Il faut renforcer le blindage, spécialement l'habitacle du chauffeur, et prévoir deux ouvertures à droite et à gauche de ce dernier, pour y installer deux mitrailleuses.

« L'un des blindés devra ouvrir une brèche dans l'enceinte principale. Avant ça, il faudra noyer la zone verte sous une pluie d'obus, à l'aide de fusées, missiles Katiouchas et canons Hawn afin de faire diversion. Une autre force sera chargée d'attaquer le quartier général des marines à l'aéroport. Une autre section fermera les accès des routes qu'empruntera le président après sa libération. Une section entière de soutien se chargera de la défense anti-aérienne; elle devra être équipée de missiles et RPG7, d'armes anti-aériennes et de fusils moyens. Il devra y avoir une section sur la route menant de Bagdad à Saladin, une autre sur la route de Bagdad à Al Anbar. Enfin, une des sections s'attaquera au siège de la prison, après avoir ouvert une brèche dans l'enceinte. Elle foncera sur le but avec des RPG7 et devra bénéficier d'une couverture de tirs. »

Hélas, les vents furent contraires et l'attaque de la prison de Saddam n'eut jamais lieu : les Américains avaient renforcé la garde et l'attaque mettait en danger la vie du président.

Saddam devient encombrant

Paul Bremer, le commandant américain en Irak, demanda aux membres du conseil de commandement à sa botte d'apposer leur signature sur les documents contenant ses exigences et ses conditions. Comme certains hésitaient, il se mit à les menacer : « Si vous ne signez pas, Saddam est là, tout prêt, et nous le remettrons au pouvoir. » Ils s'empressèrent alors de signer.

Par la suite, de nombreux articles, déclarations ou rapports parlèrent de l'inexistence en Irak d'armes de destruction massives et de l'inexistence d'une relation entre l'Irak et Al Qaïda. Ils dirent aussi que l'Irak, avec Saddam Husseïn, vivait beaucoup mieux que maintenant, et que les États-Unis, sur les conseils de ses politiques, de modérés dans le monde et de la demande intérieure irakienne auraient de nouveau recours à lui.

Les protestations contre ces déclarations se multiplièrent. L'Iran fut le premier, suivi par Moktada Sadr puis par les dirigeants des partis kurdes. Des doutes sérieux commencèrent à voir le jour à propos du tribunal, du procès et de son issue, et ce à cause de la volonté américaine de ne pas condamner le président Saddam Husseïn à mort. On parla de la possibilité de son retour au pouvoir sous certaines conditions, et de ce qui pourrait advenir d'événements dangereux au cas où il serait tué, aussi bien à l'intérieur qu'à l'extérieur de l'Irak.

Tout le monde appréhendait les réactions en cas d'exécution, Américains compris. Face à cela, les groupes et partis arrivés dans le sillage des tanks américains entreprirent des consultations avec leurs dirigeants – en Iran en particulier – et préparèrent plusieurs scénarios pour se débarrasser de Saddam Husseïn, ou pour le faire taire. Ils étaient décidés à ne tenir compte ni du tribunal ni de l'issue du procès. Ils pensaient imposer leurs conditions au président, ne connaissant rien de son intransigeance, de sa force de caractère et de son refus de tout chantage.

TRACTATIONS DIGNES D'UN ROMAN D'ESPIONNAGE : POUR LIBÉRER LE PRÉSIDENT OU POUR L'ÉLIMINER ?

Au début de 2006, un personnage important sur la scène politique de l'Irak occupé, a mandaté un intermédiaire pour contacter l'avocat Maître Ziad Al Khassaouna et lui proposer la libération du président Saddam Husseïn.

Cette partie s'engageait à faire sortir le président Saddam Husseïn de sa prison d'une manière déterminée, à nous le remettre, soit à la personne de notre choix soit à sa famille, sans aucune contrepartie. Cette partie préférait s'entretenir avec l'avocat Maître Khalil Al Doulaïmi, moi-même.

Maître Ziad Al Khassaouna me contacta, et me demanda de le rejoindre à son bureau qui était ouvert à tous les volontaires désireux de défendre Saddam Husseïn. À mon arrivée, il me mit au courant du projet, que je lui demandai de garder secret jusqu'à ce qu'on le soumette au président.

Deux jours après, je reçus un coup de téléphone de la part de ce personnage, qui me répéta ce qu'il avait dit à Maître Al Khassaouna : Maître Khalil, vous n'avez qu'à accepter, nous vous remettrons le président à l'endroit qui vous conviendra, à l'intérieur ou hors des frontières de l'Irak. Vous – ou quelqu'un en qui vous avez confiance – pourrez venir prendre livraison du « colis ». Il est en excellente santé, nous vous le remettrons sain et sauf. Si vous ne pouvez prendre en charge les frais de transport et de résidence, nous vous garantissons toutes les facilités. En gage de confiance, nous vous remettrons une personne importante en otage jusqu'à ce que le président soit entre vos mains, et vous devrez libérer l'otage quelques jours plus tard.

Au début, j'ai pensé qu'il s'agissait d'un fou, d'un manipulateur ou d'un rêveur. Je lui ai demandé comment il allait réaliser cette dangereuse opération. Si les Américains étaient d'accord. Si l'Iran, Israël, ou le Mossad étaient derrière lui, etc. Il répondit que je n'avais qu'à donner mon accord sans poser de questions : « Prenez seulement vos dispositions pour récupérer le président, pour qu'il ne fasse aucune déclaration après sa libération, et pour qu'il ne revienne jamais en Irak. Nous lui garantissons l'immunité dans le pays de son choix, y compris de la part des USA. Je répète, nous garantissons son arrivée dans sa famille, sain et sauf. Il vous suffira de le récupérer. Si vous voulez de l'argent, nous vous en donnerons. Sa situation financière, celle de sa famille et la vôtre seront assurées. »

Après bien des explications et malgré mes hésitations, je lui répondis : « Laissez-moi soumettre la proposition à ceux que cela concerne en premier lieu. »

Par principe, je me méfie de ce genre de propositions. Je ne sais quel complot et quel secret elles peuvent cacher. Je soumis donc une partie du marché aux personnes concernées. Elles voulurent savoir où elles pourraient amener Saddam Husseïn, qui n'était pas un homme ordinaire qu'on pouvait facilement cacher. Il était clair qu'à supposer que ces gens fussent sérieux, leur motivation était soit de l'éloigner de la scène politique parce qu'il représentait leur adversaire le plus dangereux, soit de s'en débarrasser. Au bout du compte, assumer pareille responsabilité ne parut pas raisonnable.

Le plan est refusé par Saddam

Je contactai le bureau de liaison américain, chargé de notre protection et de notre transfert au tribunal, afin de fixer une date d'entretien avec le président à la première occasion. Lors de la rencontre, je pris soin d'éviter les micros dont la pièce était truffée et lui restituai le contenu de la proposition le plus fidèlement possible, en n'omettant aucune hypothèse quant aux motivations de ses sauveteurs. Pour lui, ce n'était pas clair. Il me demanda mon avis. Je lui fis part de mes réserves : je ne faisais que l'informer, conformément à mon devoir. Je lui avais donné ma parole de ne rien lui cacher de ce qui le concernait.

Il répondit qu'il partageait mon avis, que ma vision et celle de ceux que j'avais consultés était la bonne, poursuivant : « Si le problème ne concernait que Saddam Husseïn et sa tête, cela fait des années que j'ai répudié la vie. Mais je ne marchanderai jamais ma vie au détriment de l'Irak et de sa liberté. Par conséquent, je refuse catégoriquement cette proposition. Dis-leur : Saddam Husseïn n'a de choix qu'entre la liberté de l'Irak – donc le retour au poste où le peuple l'a élu – et la mort pour mon peuple. »

D'un côté, les ennemis de l'Irak appréhendaient qu'il restât en vie, de l'autre, ils redoutaient les conséquences d'une éventuelle exécution. Cela démontrait le degré d'implication des services secrets iraniens et israéliens en Irak. Qui oserait faire sortir le président hors d'Irak sinon le Mossad, ou les renseignements iraniens et leurs hommes qui ont gangrené le gouvernement d'occupation ? De cette manière, ils comptaient faire taire le président, l'affaiblir et ternir sa légende avant de l'éliminer dans l'indifférence qu'on réserve aux héros déchus.

Je me rappelle cette histoire que m'a racontée le président, le jour de ma visite avant la première audience du procès, le 19 octobre 2005. C'était précisément la veille. Il était arrivé de nuit au siège du tribunal. Les gardes américains avaient reçu pour instruction de dire à Saddam qu'il s'agissait d'un centre militaire.

Quand le président Saddam Husseïn se présenta à la salle du procès à la première audience, il dit au juge : « Ce lieu est le siège du centre de production militaire. » Il pensait ainsi transmettre une information clef aux chefs de la résistance. Ils bombarderaient et détruiraient ainsi le bâtiment, avec ses occupants. Puis, le procès fut reporté et je le rencontrai au camp Cropper. Il me fit part de ce qu'il avait fait. Je dus alors lui dire que ce bâtiment n'était pas un centre de production militaire, mais celui du Commandement régional. Je ne l'en avais pas informé auparavant, car même les avocats ignoraient où se déroulerait le procès avant la première audience.

Si le tribunal avait été attaqué, les mesures de sécurité américaines étaient telles qu'il y aurait eu un massacre dont personne n'aurait réchappé. Mais les Américains ont oublié que si les chefs de la résistance n'avaient pas eu peur pour la vie du président, ils auraient attaqué sa prison au lendemain de ma première visite, en 2004. Les préparatifs, l'esprit de sacrifice et la volonté d'agir des hommes de la résistance se poursuivaient inlassablement. Toutefois, la vie du président constituait un obstacle de taille. Et quand, par la suite, le président divulgua le lieu du procès lors de l'audience, les Américains en interrompirent la retransmission. C'est pour cette raison que la parodie de procès a été diffusée en différé de vingt minutes et après filtrage de l'enregistrement.

Les Américains protègent Saddam

Les Américains étaient soucieux de la protection de Saddam, et tenaient à garder le secret sur son lieu de détention. Son transfert – lors de nos visites, ou quand il se rendait au tribunal – s'effectuait dans le plus grand secret, par des moyens sans cesse renouvelés : parfois c'était un blindé avec le sigle de la Croix Rouge, parfois des hélicoptères Black Hawk. Les milices inféodées à l'Iran – Badr et Sadr – voulaient à tout prix tuer Saddam. Les renseignements iraniens avaient réussi à placer nombre d'interprètes entraînés auprès de l'armée américaine – en exploitant tantôt leur influence en Irak, tantôt la bêtise et la naïveté des Américains – au point qu'ils étaient arrivés, grâce à ces interprètes, à se rapprocher plus ou moins du président. Je mis en garde les Américains : ils pouvaient à tout moment donner l'ordre de le tuer. Je dus le faire régulièrement. Puis le danger fut écarté, je commençai à remarquer que la plupart des interprètes étaient des chrétiens ou des Arabes venus avec l'armée américaine.

Le plan de l'Iran et de ses milices triées sur le volet était de parvenir à déterminer le lieu de détention du président pour ensuite le soumettre à un déluge d'obus et de missiles spéciaux de fabrication iranienne, et le détruire, avec ses occupants.

Un autre plan judicieux, qui a en partie réussi, prévoyait que si l'on arrivait à passer le rideau de surveillance américaine par la ruse, le soldat chargé de cette mission devait profiter d'un instant d'inattention de la sentinelle américaine, lui prendre son arme et tirer sur le président en visant la tête pour ensuite se suicider.

Au tribunal, le plan était sensiblement le même. Après l'assassinat du président, les camarades du soldat devaient abattre leur collègue afin de détruire les traces du crime. Mais la vigilance des Américains a tout fait échouer, après que nous les eûmes prévenus à plusieurs reprises, soit à travers les médias, soit lors de nos rencontres au président, soit au cours de la parodie de procès.

Proposition d'exil pour le président

Après la réunion du sommet arabe de Charm El Cheikh, fin février 2003, et les initiatives exposées au président de se démettre et d'accepter l'exil, il refusa systématiquement en disant : « J'ai toujours vécu en Irak et j'y mourrai. »

En 2005, des tentatives de proposition d'exil furent de nouveau soumises au président. Deux États arabes étaient prêts à le recevoir et à mettre à sa disposition un palais. Cependant, les dirigeants de l'un de ces États m'avaient informé que cette résidence ne signifiait pas la fin pour le président, à condition qu'il y vive lui et sa famille avec une somme d'argent dont il fixerait lui-même le montant. Mais le président refusa catégoriquement et répéta plusieurs fois : « Par Dieu, je ne sortirai de cet endroit que président, comme l'a voulu mon peuple, ou martyr pour ma tombe ! »

Pas de négociations avec les Américains

Au cours de l'un de nos entretiens privés, je lui ai de nouveau demandé s'il y avait eu des négociations entre lui et les Américains ou d'autres parties. Il démentit catégoriquement, exception faite d'une demande d'un des généraux américains, dix jours après son arrestation. Ma question était fondée sur une série d'articles de journaux et autres médias en quête de sensationnel, mais également sur les propos d'un officier, membre de la garde spéciale chargée d'arrêter le président. Il n'était pas d'accord avec ce qui se passait dans le feuilleton de l'instruction et, peu avant le procès, il me demanda si j'avais consulté les documents de l'affaire, si j'avais discuté avec mon client, ainsi que d'autres questions d'ordre juridique. Il semblait en colère contre ce qui se passait, arpentant de long en large la pièce où je rencontrai le président . Puis il me dit subitement : « Je ne crois pas que cette voie vous mènera, vous et votre client au succès. Seule la voie diplomatique est efficace. » Je lui répondis : « Je suis avocat… » J'ai rapporté cette conversation au président : « Ils n'ont pas frappé à ma porte afin de négocier. Je ne peux frapper à la leur. Cela serait interprété comme une faiblesse de ma part. »

J'ai moi-même informé toutes les parties concernées de cela. J'avais compris, dès le premier jour de ma terrible mission, que le procès n'était pas la voie idoine pour le salut du président, car les Américains, lorsqu'il s'agit de pays étrangers, ne comprennent pas le langage du droit. J'étais convaincu que la voie politique était la meilleure pour sauver le président et l'Irak de cette catastrophe.

Le jeu du chat et de la souris

Les Américains espéraient que le président Saddam Husseïn arrêterait la résistance irakienne en échange de sa libération et, bien entendu, de son exil. Je me rappelle un jour de l'hiver 2005, alors que je revenais d'une consultation dans un État arabe et que j'étais en transit dans une capitale de la région, je fus contacté par un Américain qui voulait me voir. Fatigué du voyage et désireux de rentrer en Irak pour voir ma famille, je m'excusai et lui proposai une rencontre à mon retour en Irak. Mais il insista : l'affaire était de la plus haute importance. Je décidai donc de le rencontrer vers minuit. J'étais persuadé que cette personne faisait partie des services secrets américains. Il me semblait inconcevable que les États-Unis et leurs services secrets aient pu laisser le comité de défense travailler à sa guise sans surveiller ses membres.

Il me dit : « Monsieur Khalil, je sais tout l'intérêt que vous portez à l'affaire Saddam, et je sais que vous ne l'avez jamais rencontré en dehors de la prison, que vous n'avez jamais été proche du pouvoir. Mais je voudrais vous poser deux questions, et il se peut qu'après votre réponse, je comprenne ce que vous voulez et ce pour quoi vous agissez. Cependant, je voudrais vous demander au préalable pourquoi vous mettez votre vie et celle de votre famille en danger. »

Je lui répondis que l'agression américaine contre l'Irak ne pouvait être pardonnée. J'avais vu la manière dont les États-Unis nous avaient provoqués, nous les Irakiens, en arrêtant notre président et en exhibant sa photo sur les écrans de télévision. Le but était de blesser, voire tuer les âmes irakiennes et arabes : « Vous avez détruit mon pays et avez emprisonné sa direction légitime. De plus, le président Saddam Husseïn est âgé de près de soixante-dix ans. Ce qui lui arrive par votre faute est immoral et injuste. »

Il reprit : « Et s'il y avait eu une révolte populaire ou un coup d'État militaire, quelle aurait été votre position ? » J'ai répondu : « Ma position aurait été celle que mon peuple a choisie. Vous n'êtes pas sans savoir que le président Saddam Husseïn a été réélu par deux fois. Le monde entier a vu les résultats de ces deux référendums, aucun recours contre ces deux réélections n'a été introduit par qui que ce soit. Elles ont acquis la légitimité légale et constitutionnelle. C'est la volonté du peuple. Allez-y, posez vos questions. »

Saddam peut-il arrêter la résistance ?

Il reprit : « Saddam Husseïn a confiance en vous et il vous estime, nous savons que vous avez de l'influence sur lui. Pouvez-vous le convaincre de lancer un appel, lors de l'une des audiences, à la résistance pour qu'elle arrête ses actions contre les Américains ? » Bien entendu, je refusai : « Je ne suis pas de ceux à qui l'on fait une telle demande ! » Puis il me demanda si c'était Saddam lui-même qui dirigeait la résistance et combien il avait d'hommes sous ses ordres.

Je répondis que c'était le président Saddam Husseïn en personne qui avait planifié la résistance, qu'il commandait à plus de 85 % des opérations de résistance si ce n'est plus et j'ajoutai : « Vous devez savoir – je vous prie de vous le rappeler – que Khalil Al Doulaïmi est avocat et non homme politique. » À la suite de cet entretien, je pris la décision de changer de destination pour la Syrie au lieu de l'Irak, par précaution.

C'était ainsi. Les services secrets américains cherchaient à nous infiltrer de différentes manières, et n'avaient pas compris qu'aucun Irakien honorable ne pouvait admettre le chantage. Quand j'ai rapporté au président ce que m'avait dit cet homme, il s'exclama : « Tu as bien fait mon fils. C'est comme si je t'avais dicté mes réponses. Ils cherchaient à arrêter la résistance. Je ne suis pas homme à le faire, même s'ils mettaient mon cou dans la balance. Cet homme cherchait à connaître le degré d'influence de Saddam Husseïn et de son pouvoir sur la résistance. Seulement la résistance défend non seulement Saddam Husseïn, mais aussi tous les prisonniers et détenus et, principalement, l'Irak. »

Non au chantage

Je répète sous ma responsabilité, et devant Dieu et l'Histoire, qu'il n'y a jamais eu de chantage réussi à l'encontre du président Saddam Husseïn. Si les Américains avaient voulu négocier avec lui, cela se serait réalisé, sinon juste après son arrestation, du moins après le prononcé du jugement de condamnation à mort. Les choix soumis au président auraient alors été difficiles, car conformes aux vœux des Américains. Mais tout cela n'eut pas lieu.

Quant à ceux qui ont aidé les Américains, les lâches et les traîtres, ceux qui ont trahi la confiance du président et dit aux Américains qu'il serait sourd à toute négociation avec eux, ceux-là ont brûlé la carte maîtresse du président. Pour ce qui a été dit concernant les négociations dans les journaux, cela relève du sensationnel, du scoop journalistique.

Le manifeste anonyme

Le 24 décembre 2006, une personne se présentant comme le docteur X d'Égypte nous a contactés au bureau du comité de soutien à Amman. Je n'avais aucune idée sur ce personnage et n'avais jamais entendu parler de lui auparavant. Il prétendit être en possession d'une déclaration du commandement américain précisant les événements qui se déroulaient en Irak et dans la région, ainsi que l'inexistence d'armes de destructions massives. Cette déclaration parlait aussi, d'après lui, de la volonté de l'Irak de régler globalement le problème du Proche Orient – y compris de la question Palestinienne – et de faire du Proche Orient une région exempte d'armes de destruction massive avec l'aide de tous les États.

D'après les allégations du docteur, c'était le fils aîné du président, Oudaï Saddam Husseïn, qui lui avait donné ce manifeste avant l'agression, c'est-à-dire quarante-huit heures avant l'invasion de l'Irak par les Américains. Le docteur n'avait pas pu sortir d'Irak afin de remettre ce manifeste aux agences de presse et aux différents médias, car son voyage avait été volontairement entravé par les USA. Je lui demandai où il voulait en venir. Il répondit : « Je veux vous envoyer ce manifeste afin que vous le remettiez au président, qu'il le change, y enlève ou y ajoute ce qu'il veut, voire qu'il en écrive un autre afin de dévoiler la vérité au lieu de ce manifeste. Le monde doit être au courant de la vérité de l'après-agression. Elle a été totalement travestie, spécialement en ce qui concerne le président en personne ». Ensuite, le docteur nous transmit le prétendu manifeste.

Au cours de notre réunion au bureau de soutien, et avant l'envoi de trois confrères avocats pour rencontrer le président, le 26 décembre, nous discutâmes de ce problème et décidâmes qu'un des confrères mandatés le montrerait au président pour l'authentifier, et prendre les décisions adéquates. Cet accord était une occasion pour le président de trancher, de sortir son pays de l'impasse où il se trouvait . Mais Saddam Husseïn n'émit aucun commentaire.

MES EFFORTS DIPLOMATIQUES POUR SAUVER LE PRÉSIDENT

« Je ne comprends pas comment la Ligue arabe peut entretenir des relations avec les symboles de l'occupation, alors que l'Irak constitue la première digue de la Nation arabe. Si cette digue vient à s'effondrer, le déluge déferlera sur tout le monde.

Saddam HUSSEÏN en captivité

Le président Saddam HUSSEÏN m'avait accordé sa confiance la plus totale pour agir selon ma vision, et, quand les événements l'exigeraient, de me rendre dans les pays qui pourraient influer sur le cours des choses. Il m'appréciait et était conscient du danger que représenterait la réaction de ses adversaires, ceux de l'Irak, surtout après qu'il eut vent des tentatives d'assassinat – onze en tout – auxquelles j'avais échappé. Il louait mon rôle devant mes confrères avocats, comptait sur moi dans différents domaines, en plus des questions d'ordre juridique. Tandis que la parodie de procès s'installait, il me chargea, peu après le mois de mai 2006, de messages oraux et écrits à l'intention de quelques dirigeants afin de les éclairer de la situation en Irak. Contrairement à certaines allégations, mes rencontres avec certains dirigeants furent toujours de son initiative, certaines lettres en ma possession en sont la preuve.

Mon but principal était de sauver le président et, ainsi, de sauver l'Irak. J'entrepris une campagne intense en me rendant dans un grand nombre d'ambassades arabes et étrangères. Les ambassadeurs me recevaient avec chaleur – parfois le soir, dans des cadres informels – et m'accordaient toutes les facilités.

Le président appréciait beaucoup mes efforts et dit lors d'une de nos réunions avec mes confrères, fin octobre 2006 : « Le comité de défense est une œuvre de lutte, une œuvre morale, militante et révolutionnaire. Vous avez tous le même but, Dieu vous bénisse, votre action va de pair avec le travail de Maître Khalil et œuvre dans le même sens que le comité. » Mes confrères ne connaissent cependant pas la réalité de ces efforts qui consistait également à plaider la cause de l'Irak et de Saddam auprès des dirigeants et ambassadeurs étrangers.

Quand la partie américaine, dans les derniers jours, après que le jugement injuste fut prononcé, m'interdit de rencontrer le président Saddam Husseïn, nous fûmes contraints, le président et moi, d'échanger des lettres par l'intermédiaire d'un confrère, afin qu'il restât informé du cours des événements.

J'avais la conviction que notre pays ne jouirait pas de stabilité et de sécurité sans Saddam. Les Irakiens ne pouvaient être gouvernés autrement. Sans lui, l'anarchie régnerait. Aussi ma requête auprès des différents dirigeants que je vins à rencontrer était-elle très précise : il s'agissait de sauver l'Irak.

Je reçus des promesses : ils insistaient pour un retour au pouvoir du président qui devrait cependant éviter certaines erreurs commises dans le passé. La région avait perdu son équilibre du fait de la destruction de l'Irak et du danger perse qui menaçait les Arabes et les musulmans. Ce fut leur analyse, à l'unanimité. Accomplis de façon individuelle, leurs efforts ne purent aboutir.

J'ÉTAIS TRÉS SURVEILLÉ PAR LES MILICES CHIITES

Un jour que j'avais rendez-vous avec un célèbre ambassadeur dans une capitale arabe, je remarquai, à mon arrivée, la présence d'éléments de milices confessionnelles qui devaient me suivre. Nous changeâmes le lieu de rendez-vous, en vain. Ils n'avaient pas perdu notre trace. Je fis alors mine d'ignorer leur présence.

Convaincu de la noblesse de ma tâche, mon but était de contenter Dieu et d'apaiser ma conscience. La bienveillance que me réservaient messieurs les ambassadeurs fut précieuse. L'histoire doit absolument retenir que je fus reçu avec respect et chaleur dans toutes les ambassades arabes et étrangères, à l'exception de l'ambassade de l'Autorité Palestinienne, où personne ne daigna me rencontrer.

RENCONTRES AVEC LES DIRIGEANTS ARABES

Le président espérait que les dirigeants des pays frères s'empresseraient de venir défendre le « rempart Est » de la Nation arabe. Tous éprouvaient de la compassion envers l'Irak et son président Saddam.

« J'avais espéré qu'il tombe en martyr sur le champ de bataille ou qu'il se suicide, pour devenir martyr. Ce qui arrive au président Saddam équivaut à un déshonneur pour nous tous », me confia un président arabe qui l'estimait beaucoup.

Il louait le rôle des avocats mais se montrait réservé quant à la présence du président aux audiences. « Il aurait été emmené de force s'il avait refusé », lui dis-je. Il prit alors la mesure de la situation et promit de faire le maximum pour l'Irak et son président.

Un autre dirigeant, me parla ainsi : « Mon frère Khalil, le président Saddam était la protection des Arabes, et nous allons faire tout ce qui est en notre pouvoir pour rétablir le droit. » Il admirait la solidité du président ainsi que son courage pendant le procès. Ce président, qui m'a reçu deux fois, a fait le maximum d'efforts pour l'Irak.

« Dieu a donné aux Arabes une montagne de feu qui les préserve du mal des Perses », me dit encore un autre. « Cette montagne de feu, c'est Saddam. Mais les Arabes l'ont perdue. Je veux seulement que Abou Oudaï (le président) patiente et patiente encore. Nous n'avons pas d'intérêts en Irak, mais Abou Oudaï était le garant de la sécurité de cette nation. Ce dirigeant a fait tout ce qu'il a pu. Seulement, l'obstination américaine a fait avorter toutes les tentatives d'apaisement. »

Après l'assassinat de Saddam, je rencontrerai même un chef d'État que sa mort et celle de l'État irakien affectèrent au point qu'il en pleura à plusieurs reprises.

Par la suite, j'ai rencontré un certain nombre de représentants de chefs d'États arabes que leur agenda avait retenus. Deux chefs d'États, cependant, ne prirent ni la peine de me rencontrer ni de mandater un représentant. Peut-être puis-je trouver des excuses pour l'un des deux, car son pays se trouve sur l'autre rive. Mais le second n'a aucune excuse. S'il était soumis à des pressions particulièrement fortes, il aurait pu – comme les autres chefs d'État – nous recevoir en secret, loin des médias.

Le président dit : « Je n'en veux pas aux présidents arabes. Je ne veux pas les gêner. Mais en même temps je ne leur cherche pas d'excuses. Laissez ma vie loin d'eux, je l'ai mise entre les mains de Dieu. Ma vie m'importe moins que le jugement de l'histoire, qui me rendra justice. »

LÂCHETÉ DE CERTAINS DIRIGEANTS ARABES

Cependant, j'affirme que la position de certains dirigeants arabes a déçu Saddam. Sa position d'avant-garde, l'implication de l'Irak au service de la Nation arabe, sont autant de facteurs qui ont mis ces chefs d'États dans une position délicate. Certains ont participé à la destruction de l'État irakien en connaissance de cause, qu'ils aient donné leur accord ou non. Les forces américaines sont entrées en Irak avec la complicité de certains pays arabes. Les forces alliées ont utilisé le territoire d'un État musulman voisin.

Quant à la ligue Arabe et à son Secrétaire général, Amr Moussa, le président exprima son amertume à plusieurs reprises : « Depuis l'occupation de l'Irak nous n'avons pas vu une position claire de la Ligue. Je ne comprends pas comment elle peut avoir des relations avec les symboles de l'occupation, alors qu'elle sait que l'Irak incarne la première digue de la Nation arabe. Si cette digue venait à s'effondrer, le déluge submergerait tout le monde ».

Pendant ce temps, une rumeur enflait : Amr Moussa s'apprêterait à se rendre en Irak. Certains chuchotaient qu'il avait l'intention de rencontrer Saddam en prison. Le président m'en demanda confirmation. Je lui répondis que c'était ce que des journaux rapportaient.

« S'il vient, je l'accueillerai avec joie, et ce serait bien qu'il vienne, parce que cette visite pourrait s'avérer un tournant décisif et beaucoup de choses pourraient changer. Je suis certain qu'il ne viendra pas les mains vides, et je serai positif et ouvert à tout ce qui pourrait servir mon peuple qui combat et prend son mal en patience ».

Mais Amr Moussa ne vint jamais.

Quelques initiatives pour la libération du président

Parmi les dirigeants arabes que j'avais rencontrés, certains essayèrent de convaincre l'administration américaine de libérer le président Saddam. Toutes ces tentatives échouèrent, pour deux raisons :

- La première : ces efforts étaient individuels. Pourtant, j'avais proposé à certains dirigeants de réunir un sommet arabe restreint qui aboutirait à une initiative.
- La seconde, c'est l'obstination de l'administration américaine et sa bêtise exagérée. L'Iran et ses agents à l'intérieur de l'Irak ont poussé certains responsables politiques et militaires américains à travestir la vérité sur ce qui se passait en Irak via des rapports qu'ils transmettaient à la Maison-Blanche. Je savais que certains gouvernements arabes avaient réussi, jusqu'à un certain point, à convaincre l'administration américaine de changer quelques-uns de ces responsables politiques et militaires locaux.

Petit à petit, certaines vérités parvenaient à l'administration américaine ; sa position commençait à changer. Percevant que le vent allait tourner, l'Iran se mit à accélérer le processus et à exercer des pressions pour se débarrasser de Saddam.

Quant aux initiatives personnelles, j'étais tenu informé des détails de chaque rencontre avec les représentants des États-Unis ou du Gouvernement britannique pour les rapporter au président.

Un jour, en 2005, des représentants de l'administration américaine et de Tony Blair demandèrent à rencontrer des représentants du parti Baas dans une capitale arabe, sous l'égide d'un État arabe. La première rencontre eut lieu avec un conseiller de Tony Blair et de l'ambassadeur britannique auprès de cet État. L'initiative de ce pays arabe visait alors à :

- Abroger la loi interdisant le parti Baas.
- Amender la constitution, abroger le fédéralisme et le mode de répartition des richesses.
- Confirmer l'unité de l'Irak.
- Confirmer la liberté d'action politique en Irak.
- Réinstaurer l'armée irakienne.
- Libérer tous les prisonniers et détenus.

Les demandes irakiennes visaient, quant à elles à :

- Annoncer le retrait des troupes étrangères en premier lieu.
- Réinstaurer l'armée irakienne et toutes les institutions constitutionnelles
- Libérer les prisonniers, y compris le président Saddam.
- Abroger toutes les lois et annuler toutes les décisions consécutives à l'occupation en 2003.
- Se référer au président Saddam Husseïn pour tous les points à négocier

La réponse du conseiller britannique, qui parlait parfaitement l'arabe, fut éloquente. Il dit en plaisantant : « Il n'y a pas lieu de parler de Saddam, car il est aux mains des mécréants, mais on peut parler de tout le reste, et je ne manquerai pas de transmettre toutes ces propositions à mon gouvernement. »

Ces négociations ne purent aboutir, les négociateurs américains et britanniques repartirent dans leurs pays sans nous donner de réponse.

Ces pourparlers avaient été menés en réponse à une médiation arabe, sans que le président eût été tenu au courant ni donné son accord.

Atermoiements et manœuvres

J'étais à Amman, le 28 avril 2006, quand un prétendu journaliste du *New York Times* ou du *Washington Post* me contacta. Je m'étais laissé abusé par son numéro de téléphone. Cet homme travaillait comme interprète auprès d'un membre américain de la Cour de justice, il était d'origine arabe, de nationalité américaine et il appelait de l'ambassade en « zone verte ». Il me demanda un rendez-vous. Il voulait me faire rencontrer quelqu'un d'important, venu spécialement à Amman, qui devait partir immédiatement après pour le Qatar afin de rencontrer l'avocat Najib Al Nimi. Il devait arriver à Amman le 6 mai. Le même jour, j'étais contacté par l'homme qui gérait le calendrier de la Cour de justice et nous nous mîmes d'accord pour nous voir le lendemain, c'est-à-dire le dimanche 7 mai.

La Cour traversait alors une période difficile. Des juges avaient été révoqués, d'autres avaient démissionné. Les manquements à la loi de la Cour se succédaient, surtout depuis que grâce à leur bravoure, des témoins de la défense avaient permis de réfuter des preuves que tout le monde savait falsifiées.

Je rencontrai mon interlocuteur dans un hôtel de Amman, accompagné de l'un de mes confrères et d'une interprète qui avait été mise à notre disposition par la secrétaire de Madame Raghad, fille de Saddam. Il nous dit :

« Les Américains me versent un gros salaire en tant que conseiller juridique, alors que je ne suis pas américain [Il dépendait à l'évidence des services de renseignements américains]. Ma mission est d'aider votre défense. Mais je vous demande de garder cette rencontre secrète, de ne pas la dévoiler aux médias et surtout de n'en informer ni la Cour ni les avocats qu'elle a désignés. »

J'avais décidé, avec mon collègue, de rester prudent et de ne rien répondre avant d'avoir consulté mes autres confrères et leur avoir fourni tous les détails de la rencontre. L'homme enchaîna :

« Je suis préoccupé par les problèmes que vous rencontrez auprès de la Cour et je vais proposer un projet d'accord. Je vous invite à vous concentrer sur les aspects juridiques et sur les preuves invoquées par le Procureur général, parce qu'elles sont faibles et qu'elles peuvent facilement être démontées. Il n'y a aucune preuve tangible dans l'affaire Al Doujaïl et la peine maximale qu'on peut prononcer contre Saddam ne saurait dépasser deux ans de prison. Ce n'est pas le président qui est visé dans cette histoire, mais Barazan. C'est plutôt sur l'autre affaire, celle d'Al-Anfal, que j'attire tout particulièrement votre attention. Méfiez-vous parce qu'elle porte sur une utilisation d'armes non conventionnelles. Je vous invite enfin à conserver votre calme en présence de la Cour. »

Nous lui fîmes part des obstacles que nous rencontrions : la partie américaine interdisait l'échange des dossiers, des documents juridiques et des notes entre le président et ses compagnons. De plus, notre protection était loin d'être assurée. Il nous répondit :

« Pour ce qui concerne la protection des avocats, vous avez la possibilité de vous adresser, par écrit, au capitaine Lee, des marines. Il est d'origine chinoise et responsable de votre protection. Pour l'échange des dossiers et des documents avec Saddam, les Américains ont peur qu'on ne cherche à l'empoisonner avec un document. »

Nous suggérâmes donc de faire photocopier les papiers, de lui transmettre les copies et de garder les originaux pour mieux les analyser. Par ailleurs, les feuilles vierges, qui étaient à la disposition du président, lui avaient été fournies par les Américains et ne pouvaient, par voie de conséquence, être empoisonnées. Pourquoi, dans ces conditions, nous interdire de les récupérer auprès de lui ? Nous posâmes également des questions sur les conditions de travail des avocats de la défense, la falsification délibérée des documents et le déséquilibre flagrant en faveur de l'accusation. Il finit par nous dire :

« Vous devez vous désengager de tous les dossiers dans lesquels vous êtes impliqués et vous concentrer sur la défense d'un seul accusé. La concertation entre vous et la coordination de vos actions a profondément troublé la Cour et ses conseillers. Un avocat qui défend Saddam ne doit défendre ni Barazan, ni Ramadhan, ni qui que ce soit ; d'ailleurs je pense que le principal accusé qui restera incriminé dans cette affaire, c'est Barazan. »

Avant la fin de la rencontre, qui dura plusieurs heures, je lui dis : « Vous devriez informer les Américains que l'unité de l'Irak, son avenir et le sort de Saddam Husseïn représentent une ligne rouge à ne pas franchir ».

Une question s'impose aujourd'hui : si les Américains savaient que le président n'était pour rien dans l'affaire d'Al Doujaïl, pourquoi se sont-ils empressés de le livrer à ses ennemis pour qu'ils l'exécutent, en se lavant les mains de sa mort ?

Al Doujaïl ne justifie pas la peine capitale, pensent les Américains

Tout le monde sait maintenant que l'exécution du président Saddam Husseïn fut décidée à l'avance, que ses ennemis avaient soigneusement veillé à la composition de la Cour et que le procès ne fut qu'une mise en scène, destinée à accréditer la thèse d'un jugement équitable. Mais la rapidité avec laquelle la décision de l'exécution du président fut prise constitua une surprise, et notamment pour les Américains qui demeuraient convaincus que l'affaire d'Al Doujaïl, qui sera détaillée plus loin, ne justifiait pas la peine capitale. Elle ne devait être que la première d'une série d'affaires dans lesquelles Saddam était impliqué et qui devaient passer ultérieurement en jugement.

Le scénario qu'ils avaient monté consistait à distribuer les sentences sur un grand nombre d'affaires. C'est aussi là que se pose une autre question : pourquoi avoir retardé la proclamation du jugement de la peine capitale de juin à novembre ?

Ici ou là, on affirme que des membres des deux partis kurdes, associés à d'autres factions locales et régionales, ont conseillé aux Américains de condamner Saddam à mort sur une accusation impliquant une ethnie beaucoup plus nombreuse que celle des Kurdes. Il aurait aussi fallu la relier à d'autres partis politiques nettement plus favorables à cette sentence que le PPK. En effet, il était vite apparu que la majorité des Kurdes, à presque 90 %, rejetait une telle issue.

CHAPITRE IX

LA DÉTENTION DU PRÉSIDENT SADDAM HUSSEÏN

« Au nom de Dieu, le Clément le Miséricordieux,

« Ô Dieu, n'égare pas nos cœurs après nous avoir montré la voie et dans Ton infinie bonté, accordez-nous Ta miséricorde. »

(verset du Coran)

LE PRÉSIDENT DÉCRIT SA PRISON

« Je vis à Beït Ennour. La maison est située à la gauche de trois autres, auxquelles on n'accède qu'à travers un petit pont au-dessus du lac Ennour.

« Je crois que la maison de droite a été bombardée, sinon fort endommagée, parce qu'elle est dissimulée derrière un mur, conformément à la diversion d'usage.

« Mais est-il possible d'induire en erreur ceux-là mêmes qui l'ont construite. En tout cas, je vis dans une pièce bien équipée de trois mètres sur cinq, avec une partie de la salle de séjour. Elle ne présente aucune différence avec les chambres et le carrelage de Tikrit. »

« Les fenêtres sont au plafond, dans un coin, il y a des toilettes et un lavabo.

« Ils ont recouvert le toit de la partie restante, afin d'en cacher les motifs ajourés. Cette partie est réservée au personnel qui m'a en charge, avec un espace pour les gardiens qui restent devant ma chambre. Celle-ci est « coupée » par une porte en fer avec, au milieu, de longues barres métalliques. C'est-à-dire que les gardiens peuvent nous voir de leur place. Ils font cela, car ils sont terrorisés par leur ombre.

« Chaque jour et pendant près d'une heure, on me déplace dans une autre salle de dix mètres sur cinq, au plafond grillagé et recouvert d'un tissu spécial. Je peux voir le ciel par une ouverture de deux petits mètres. J'entends le bruit des explosions et le vrombissement des bombardiers.

« On me conduisait aussi quotidiennement dans une espèce de trou, relié à Beït Ennour. C'étaient des murs hauts, entourant un espace de terre ne dépassant pas les dix mètres sur vingt-cinq, recouverts de croisillons en fer forgé et surplombés d'un dôme dont une partie avait été laissée entrouverte pour que je puisse apercevoir le ciel. »

« Je rejoignais cet endroit après être passé par quatre portes de métal. »

« Je m'interrogeai d'ailleurs : qu'importe pour un prisonnier d'avoir une prison avec cinq ou dix fenêtres, ou pas de fenêtres du tout ?

« Vous savez à quel point je suis patient.

« Quand je vais voir un de mes avocats, je suis déplacé dans un blindé "sourd et aveugle" de l'armée.

« Au début, lorsque je rencontrais mes avocats, ils nous surveillaient par-dessus nos têtes. Mais aujourd'hui, ils peuvent nous observer de la salle d'en face, à travers deux portes opposées, dotées chacune d'une ouverture permettant d'échanger les regards et de bien suivre nos rencontres, sans compter la surveillance électronique à l'intérieur de la pièce. Qu'importe. Rien ne m'affecte. Et je ne suis pas abattu ou triste. Ne me chagrine que le malheur qui touche notre peuple et qui a dépassé mes pires prévisions.

« Quant à la prison, ce n'est pas nouveau pour moi.

« L'ennemi n'hésite plus à avouer son échec. L'Irak et ceux qui appellent avec lui à la paix, sont revenus à l'honneur. Même le chef des agresseurs et ceux qu'on appelle ici "gouvernement", plaident pour la libération de tous les prisonniers sans condition, promettant aux leurs un délai de deux mois pour réussir ce qu'on dénomme réconciliation et contrôle de la sécurité dans le pays.

« Tout cela n'est que verbiage, car la résistance se renforce et son bras devient plus long de jour en jour. J'entends quotidiennement, jour et nuit, le bruit des explosions et des canons Quand on est désespéré et qu'on se noie, on s'accroche aux branches. De toute manière, ma conviction est que le salut est proche, avec la permission de Dieu. ».

Extraits d'une lettre manuscrite du président, datée du 24 /10/2006, où il décrit sa prison, les conditions de sa détention et parle de la résistance, de l'échec de l'occupant et de son inéluctable chute.

Entre Coran et famille

J'ai apporté et offert un Coran au président. Il m'en remercia.

Celui qu'il utilisait était brûlé aux angles. Je lui en demandai la raison.

« J'ai une histoire avec ce Coran. Lorsque je me rendais chez des gens en divers points du pays, et après la construction de « cités hospitalières », je donnais l'instruction de placer des Corans dans toutes les chambres des cités. Après mon arrestation, on m'emmena dans des endroits sans salle d'eau. Je demandais à sortir pour mes besoins. On me bandait régulièrement les yeux, mais je pouvais voir à travers le bandeau.

« Une fois, on me conduisit dans un endroit proche de la prison, détruit par les bombardements. C'est là que je trouvai ce Coran. Il gisait au sol, abîmé aux angles. Malgré tout, j'étais ravi. J'eus la permission de le prendre.

« De retour à ma cellule, je constatai que la première page, ainsi que la page de la sourate *al Hamd* étaient très endommagées. Je pris un bonbon, le mouillai de salive et écrivis à la place des pages manquantes, la *Basm Allah* (Au nom de Dieu, le Clément, le Miséricordieux) et la sourate d'ouverture, la *Fatiha.*

« À ce jour encore, je lis dans ce Coran et cela m'emplit de fierté, car c'est un des vieux Corans que j'offris à mon peuple et, à travers lui, je peux me souvenir de ce que nous fûmes et de ce que fut l'Irak. »

À ce moment, l'officier de garde nous avertit qu'il ne restait plus qu'un quart d'heure du temps accordé à notre rencontre. Je demandai au président s'il ne désirait pas écrire à sa famille. Il répondit :

« Si vous entendez par famille, les quatre ou cinq personnes, alors je vous dis que ma famille est tout l'Irak, ainsi que la Nation arabe tout entière. Transmettez mon salut au peuple de Palestine, à l'Irak, à la Jordanie, à l'Omma (la Nation arabe) dans son intégralité et à tous les bienfaiteurs de l'humanité. Mais il n'y a pas de mal à saluer ma petite famille. Saluez aussi tous vos collègues avocats, ainsi que votre *âchira* (votre grande famille), et votre maman qui vous a donné la vie, embrassez-la sur le front. Et prenez bien soin de vous. »

Je rassemblai mes papiers, lui donnai l'accolade et lui baisai les mains.

La douleur m'étouffait en le quittant. Je sentais que la moitié professionnelle en moi s'éloignait de lui, alors que la moitié humaine, forgée à la terre d'Irak et qui aime son président, voulait rester à ses côtés.

Je ne pouvais retenir mes larmes. Elles avaient le goût et la pureté du Tigre et de l'Euphrate.

Lorsque je quittai le président, un officier américain me demanda de monter dans la même voiture qui m'avait amené, escortée par les autres véhicules de sécurité militaire.

Sur le chemin du retour, la voiture s'arrêta et un second officier yankee, grand de taille, la face empourprée, m'accosta pour s'enquérir de ma visite à Saddam Husseïn, après s'être présenté, nom et grade. C'était le responsable de la prison.

Je souhaitai descendre pour discuter de certains points concernant le président. Mais il s'y refusa, de peur que je repère le lieu de sa détention.

« Nous vous faciliterons vos visites, me dit-il, mais je vous en prie, pas un mot sur l'endroit où il se trouve. Le ciel de l'Irak est jonché de satellites et nous craignons que certains États ne donnent des informations à d'autres qui pourraient venir bombarder. Dans un tel cas, vous seriez tenu pour responsable. »

Je répliquai : « La vie de cet homme est plus chère aux Irakiens et à moi-même qu'à vous. J'y veille moi-même avec force scrupules. » Je me plaignis ensuite du nombre de barrages et de points de contrôle américains qui m'empêchaient d'être à temps aux visites. Il me donna son numéro personnel, afin que je puisse le joindre en cas de besoin.

Après cette visite au président, les Américains annoncèrent qu'ils avaient fait sauter la prison et déplacé le président. Puis ils ont coupé la ligne de leur collègue officier. Il s'est avéré par la suite qu'il n'y avait eu ni démolition, ni déplacement, mais seulement des modifications apportées à la prison, comme la pose d'objets et autres éléments de diversion, afin de dissimuler tout indice sur le lieu.

Le président m'en informa lui-même, plus tard :

« Le lieu est resté le même, me dit-il. Il y a toujours le lac Ennour et « Khouloua Foukah ». Tout ce qu'ils ont fait, c'est déguiser pour brouiller.

Commentaires d'un tribunal indépendant

Le tribunal de Bruxelles a publié un communiqué relatif à l'assassinat des avocats ayant eu un rapport avec la défense de Saddam Husseïn, dont Khamis Labidi, Saâdoun Al Janabi et Adel Zoubaïdi, ainsi qu'à la tentative d'assassinat de Maître Samer Al Khouzaï. Le même communiqué a énuméré les atteintes aux droits du président Saddam pendant « la mascarade de son procès ». Il y est dit, entre autres :

« Nous certifions que Saddam Husseïn est un prisonnier de guerre, car il était le commandant en chef des forces armées irakiennes durant la guerre des États-Unis contre l'Irak. Et en tant que prisonnier de guerre, Saddam jouit de tous les droits édictés par les articles de la Convention de Genève de 1949, le supplément du premier protocole de la même Convention, et en vertu des dispositions du droit humanitaire en rapport avec la détention des prisonniers de guerre…

« Mais ce qui frappe le plus dans l'affaire de la séquestration de M. Husseïn, c'est que la poursuite de sa détention est en contradiction avec le paragraphe 22 de la troisième Convention de Genève qui interdit la séquestration des prisonniers et leur isolement, sauf si cela est dans l'intérêt des prisonniers de guerre eux-mêmes.

« En outre, nous nous demandons s'il n'existe pas une violation des mêmes droits dans les articles 25-26-27 de la Convention, s'agissant des autres conditions.

« À la lumière de tout cela, nous demandons aux autorités responsables des prisons de permettre à la commission de la Croix Rouge internationale, aux comités et organisations similaires, de s'assurer du respect entier des normes de détention. Et il apparaît clairement, que les États-Unis exercent un contrôle total sur la prison où est détenu M. Husseïn… »

Le communiqué publié sur le site du tribunal de Bruxelles, passe en revue les actes commis en violation des droits du président Saddam Husseïn. Et il s'achève sur un appel :

« Que les voix s'élèvent contre les transgressions continues aux règles internationales dont l'application est obligatoire pendant le procès de Saddam Husseïn. »

De ce fait, et conformément aux Conventions de Genève, le président Saddam Husseïn est considéré comme un prisonnier de guerre. Les Américains eux-mêmes l'ont déclaré au moment où ils l'ont arrêté.

Comment fut traité Saddam après l'arrestation ?

J'ai posé la question au président qui a répondu :

« Je m'étonne, mon fils, d'entendre ces gens invoquer la démocratie et les droits de l'homme. Avant votre première visite, ils me traitaient avec brutalité. Dès le début de la détention, je leur ai dit qu'ils allaient plonger la région dans l'anarchie et créer des générations nouvelles de terroristes, à cause de leur guerre illégitime contre l'Irak. Ils m'ont torturé et frappé avec férocité, m'occasionnant nombre de blessures, plaies et contusions, en particulier aux pieds. Certaines n'ont guéri qu'au bout de six mois. D'autres en trois. Ces rustres n'ont pas une once d'humanité. Ils ont essayé par tous les moyens de me nuire et de me détruire psychologiquement, mais ma volonté et ma foi en Dieu m'ont procuré une patience infinie.

« Je souffrais de l'abondance de ma chevelure et de ma barbe, car on ne m'a coiffé qu'une seule fois depuis ma détention et au moyen d'une tondeuse qui a provoqué une allergie au visage et au cou. Ils m'ont même refusé un petit ciseau pour "m'élaguer" le menton. Puis ils ont répondu qu'ils allaient en référer à leurs supérieurs. Cela a duré plus d'un mois. Au final : refus, de nouveau. Ils craignaient que j'attente à mes jours. Mais si j'avais voulu me suicider, je l'aurais fait plus tôt. Je leur ai expliqué que notre grande religion interdit le suicide. Et puis, Saddam Husseïn n'est pas homme à se donner la mort !

Je ne peux me raser

« Je leur suggérai alors de placer un gardien à mes côtés, s'ils craignaient tant pour ma vie, en vain.

« Ils ont une routine mortelle. Quoi que je demande, la réponse prend un temps fou.

« Mais leur comportement a changé après votre première visite, quand vous avez menacé, Maître Khalil, de porter le scandale aux médias. Ils ont une peur bleue que le monde découvre leur face hideuse. Aussi se sont-ils mis à mieux me traiter, quand vous leur avez demandé de me faire couper les cheveux et raser la barbe en votre présence. Ils ont ensuite convoqué périodiquement un coiffeur. Je plaisantai avec un officier : « Pourquoi ne me laissez-vous pas le ciseau ? Je vous promets de ne pas me suicider. Et si vous craignez que j'attente à la vie d'un de vos soldats, cela est absolument exclu, puisque je suis un chef et un président détenu qui n'userait de ses mains que si Bush lui rendait visite. Celui-là, oui, je ne lui garantis rien. Car je le frapperai à coup sûr, c'est mon ennemi. » Puis j'ai dit : « Laissez-le donc venir, n'ayez pas peur pour lui. »

Des vexations

« Mais le vrai drame ce sont les canalisations. Ils ont délibérément noyé les salles d'eau pour que ma prière soit incomplète, sans ablutions. De plus, les toilettes étaient sans porte et sans rideau. J'étais exposé aux regards des gardiens. Ce sont là la civilisation, la démocratie et l'humanisme qu'ils se vantent de vouloir apporter à l'Irak. Ils ont essayé de m'incommoder par tous les moyens.

« Quant à la nourriture, je ne suis pas gourmand mais au début ils me servaient mes repas sous la porte : je refusais de manger. Par la suite, ils ont prétendu que j'avais droit au même menu que les soldats. Je n'ai pu m'y habituer.

« Ils me mirent en difficulté pendant le mois de Ramadan, puisqu'ils me présentaient le *souhour* (le petit-déjeuner, précédant le jeûne) après *l'imsek* (le début du jeûne) de façon que je renonce au jeûne. De même, ils retardaient aussi les repas de *l'iftar* (rupture du jeûne). Par ailleurs je n'avais pas de dattes pour rompre le jeûne, conformément à la tradition.

« Est-ce que je recevais les journaux, me demandez-vous ? Est-ce que j'écoutais les informations ?

« Je ne savais rien de ce qui se passait à l'extérieur. On m'interdisait délibérément tout accès aux médias. Qui peut croire que c'est l'Amérique qui prive Saddam Husseïn de radio, de télévision et de journaux ?

« Longtemps après mon arrestation, mes rapports avec certains de mes gardiens se sont améliorés, quand j'ai remarqué qu'ils cherchaient à se rapprocher de moi et à me questionner à propos d'un tas de choses. J'ai découvert, alors, qu'ils étaient des professionnels, nullement des politiques. Et si je leur parlais de mon pays et de mon peuple, je lisais l'étonnement sur leurs visages, sans doute parce qu'ils sentaient que leur gouvernement les avait leurrés.

Des geôliers deviennent amis

« Une fois, l'un d'eux me dit : "Bush est un menteur, il nous a trahis". Et lorsque nos relations se sont consolidées, ses supérieurs se sont empressés de le remplacer.

« Quand de nouveaux surveillants arrivaient, je leur disais, d'emblée, que je ne nourrissais pas d'animosité à l'égard du peuple américain, mais à l'encontre de son gouvernement.

« Je me souviens du jour où ils m'avaient conduit près du lac Ennour. Un missile lancé par les héros de la résistance tomba soudain, non loin de nous. Les gardiens accoururent et me ramenèrent à l'intérieur pour ma sécurité. Mais ce missile me réjouissai. Je leur ai déclaré alors : " Vous n'avez rien à craindre de mon peuple pour ce qui me concerne." Ces gardiens étaient obligés d'obéir à leurs chefs. Parfois, nous avions des conversations, je les trouvais affligés par les mensonges et les comportements de leur gouvernement. Ils déclaraient être en désaccord avec l'occupation de l'Irak et déploraient la mort de leurs camarades. Ils avaient, en outre, la nostalgie de leur pays et de leurs familles.

« Un autre jour, alors que je m'apprêtais à vous rencontrer ici, ils me confièrent que si j'étais la cible d'un attentat terroriste, ils me protégeraient de leurs corps. De nouveau, je leur répliquai : " Vous n'avez rien à craindre de mon peuple pour ce qui me concerne." Lorsque l'Irak sera redevenu libre, ajoutai-je, que vous aurez regagné l'Amérique et que la vie aura repris son cours normal, je vous inviterai à nous rendre visite.

« Ils en furent réjouis et promirent d'accepter l'invitation.

« Lorsque je faisais la grève de la faim, pour quelque raison que ce fût, ils essayaient de me convaincre d'y renoncer. Et quand ils n'y parvenaient pas, ils menaçaient de convoquer mes avocats, et spécialement vous, car ils savaient que vous étiez le seul à pouvoir me dissuader. Et de fait, quand vous veniez, ils vous demandaient, toujours de le faire.

« Certains d'entre eux demandaient mon autographe, et d'autres gardaient ma photo sur leurs téléphones portables. Un jour, j'ai reçu la visite d'un officier américain, celui-là même qui vous a prié d'écrire un mémorandum à l'intention du commandant en chef des armées, pour lui éviter une mutation. Il m'aimait beaucoup et me servait avec sincérité. Il est venu me voir, les larmes aux yeux, et il m'a annoncé qu'on l'avait muté à un autre poste, ajoutant qu'il ne voulait pas être éloigné de moi. Puis quand vint le moment de partir, il se jeta à mon cou, explosant en sanglots.

« Ainsi, chaque fois que je commençais à nouer des liens solides avec un gardien, celui-ci était inéluctablement remplacé. Le dernier groupe de gardiens qui fut désigné était particulièrement malfaisant. Tous s'acharnaient à me provoquer en chantant fort et en dansant, en émettant des sons pénibles et en tapant des pieds. Mais rien de cela n'eut raison de mes nerfs, rien n'altéra ma volonté.

« Aujourd'hui ils ont placé un fil barbelé entre le conducteur, l'officier et moi dans le camion militaire. J'étais ligoté par le fer. Ils ont justifié ce traitement par la crainte de subir une attaque sur le chemin et que j'en profite pour prendre la fuite. Vous pouvez imaginer leur peur ! »

« Durant ces courts déplacements, je ne manquais jamais d'observer les arbres et les palmiers à l'entretien et à l'arrosage desquels je veillais en personne. Je les ai trouvés négligés, desséchés. Cela m'a beaucoup ému et m'a inspiré des vers lancinants.

« Quand je me mis à la poésie ce fut par solitude. Je n'ai ni compagnon, ni personne à qui parler. J'ai découvert que la poésie, seule, pouvait exprimer notre être profond. »

Les obstacles à mon travail et à mes visites au président

L'unique bureau du comité de défense en Irak se trouvait à Ramadi. J'habitais, quant à moi, hors de la ville là où la famille et la tribu de Saddam pouvaient mieux nous protéger des escadrons de la mort.

Je devais absolument me rendre chaque jour à Ramadi, malgré les risques et les dangers que l'on encourt quand on y arrive de l'extérieur.

Ramadi est cernée de ses trois côtés, de l'Euphrate et deux affluents.

Aux trois entrées de la cité, se dressaient des barrages militaires très complexes et sensibles dirigés par des forces du ministère irakien de l'Intérieur appelées les *maghawir* (les terribles) qui sont connues pour leurs partis pris ethniques. Des unités d'occupation américaines dirigeaient également des barrages. Je devais me rendre quotidiennement au siège du comité, afin de recueillir le courrier en provenance du bureau central de Amman, du syndicat, du tribunal, et répondre.

Un samedi de mars 2005, à 9 heures du matin, je conduisais ma voiture près du barrage principal au nord de Ramadi, sur le pont Al Jazira. Un marine me fit signe de m'arrêter et de descendre pour un contrôle. À ce moment, un membre des *maghawir* s'approcha de moi, me fouilla minutieusement, et s'enquit de ma nationalité. Il me fixait du regard. Jusque-là, je n'avais jamais eu affaire aux agents des renseignements. Il me demanda ensuite de me présenter plus longuement, ayant constaté sur mon passeport, que j'avais transité par la Syrie et la Jordanie.

Je refusai de parler, exigeant la présence d'un officier américain.

Autrement, on n'eut pas donné cher de ma peau, je le savais.

On me fit entrer auprès de l'officier américain qui me demanda de m'asseoir face à l'appareil de fouille, puis me questionna sur ma personne. Je répondis que je ne piperais mot, tant que ces « gens de l'intérieur », les *maghawir* seraient présents.

L'officier leur en intima l'ordre et ils s'exécutèrent, sauf un, un colonel qui me manifestait beaucoup d'intérêt.

J'exigeai qu'il sorte à son tour. Des soldats yankees haussèrent la voix et il s'éclipsa apeuré.

Je dévoilai enfin mon identité. Je voulais qu'elle ne fût connue de personne. A fortiori de ces miliciens du « régiment Badr ».

Contact fut pris aussitôt avec le commandant américain qui demanda vite à me voir, insistant pour qu'on me traitât au mieux.

Je montai dans un Humvee, on me banda les yeux jusqu'à l'arrivée au siège du commandement.

Je dus attendre dans une salle contiguë, toujours les yeux bandés, sans doute voulait-on m'empêcher de remarquer un collaborateur irakien en train de faire son rapport. J'en eus le cœur net dès que l'on me libéra les yeux, puisque j'aperçus la silhouette de « l'indic » quittant précipitamment le bureau.

Le commandant me souhaita la bienvenue et me demanda de présenter un document attestant que j'étais bien Khalil Al Doulaïmi, président du comité de défense du président.

Je n'avais aucun papier de la sorte ; aussi lui suggérai-je d'en référer au syndicat des avocats irakiens ou au directeur de la prison où était détenu Saddam, ou encore de se renseigner auprès de l'ambassadeur américain lui-même. Et comme au syndicat, l'horaire de travail était dépassé, ce fut précisément l'ambassadeur des États-Unis qui confirma mes dires.

Le commandant me présenta ses excuses et m'invita à déjeuner. Je déclinai l'invitation prenant prétexte du couvre-feu approchant. Un officier me proposa de me raccompagner à « mon point de contrôle ». Je refusai d'abord car je redoutais que l'on me surprît en compagnie américaine ; mais ne pouvant faire autrement, je finis par accepter.

La montre du président

Lors d'une de nos rencontres, le président demanda que sa famille lui envoie des habits d'hiver.

Il les reçut en plus de lunettes de soleil, d'une montre-bracelet et de trois boîtes de cigares. Je lui en fis la livraison moi-même, après contrôle.

Le président me remercia et me remit sa vieille montre, en présence du directeur de la prison et face aux caméras de surveillance, me priant de la faire réparer et de la lui restituer.

Je retournai à la zone verte, là où j'étais installé, avec mes collègues du comité de défense, en attendant de nous présenter au tribunal le lendemain. J'examinai la montre qui était à l'arrêt, la fis réparer et, après que j'eus la certitude qu'elle fonctionnait parfaitement, la rendis au président, le lendemain.

C'est alors que la partie américaine en charge de la surveillance électronique s'est manifestée.

Un officier de la police militaire, section « Marshall », est entré, vêtu en civil. Il était grand et ressemblait – tout comme ses collègues de section – à tous les gens présents au tribunal, qu'ils soient irakiens ou orientaux. Le choix, semble-t-il, a été fait à dessein afin de donner l'impression que le procès était dirigé par l'Irak, sans nulle interférence américaine.

Je dis à l'officier qu'il pouvait vérifier auprès du directeur de la prison que j'avais bien reçu la montre des mains du président. Puis je lui racontai toute l'histoire : comment j'étais entré dans la zone verte, et comment j'avais été fouillé, sans compter les trois autres points de contrôle à l'entrée du tribunal et leurs machines sophistiquées. J'ajoutai que la montre était en ma possession, et qu'il m'était impossible de la « refabriquer » ici même.

Convaincu, l'officier des « Marshall » me demanda de ne plus remettre quoi que ce soit au président sans « leur autorisation ». Il prit la montre et la confia vraisemblablement aux magistrats. Ils l'auraient alors à leur tour remise à un officier américain d'origine irakienne. Cet homme appartenait aux renseignements généraux américains et était conseiller à l'ambassade américaine, ce qui lui permettait d'avoir un œil sur tous les protagonistes du procès.

Au lendemain de la séance au tribunal, ce conseiller voulut me voir. Je fis quelques pas avec lui à l'intérieur du tribunal.

Il me dit : « Maître Khalil, j'ai beaucoup d'estime pour vous et je veille sur vous, bien que vous soyez méfiant à mon égard. Maître Khalil, vous allez au-devant de graves ennuis. »

Je l'interrogeai, perplexe sur ces ennuis.

Il répondit : « Vous avez donné à Saddam une montre contenant un enregistreur électronique, et vous savez pertinemment que cela est une violation flagrante de la déontologie de votre métier. Néanmoins je vais essayer de vous aider et d'être à vos côtés si vous renoncez à employer le mot *Sayidi* – monsieur, au sens étymologique – en parlant avec Saddam. »

J'ai répliqué : « Cette montre est-elle encore chez vous, ou bien a-t-elle été envoyée à Téhéran pour qu'on y pose un appareil enregistreur ? Non, je ne cède pas au chantage ! »

Je pris congé de lui et m'enpressai d'informer le capitaine Michael Mc Coy de cette manigance. Il m'assura de son soutien : « Je casserai la tête à tous ceux qui tenteront de nuire aux avocats. » Et il me rapporta la montre.

Voila un petit échantillon des entraves et des pressions que j'ai eu à endurer, en permanence.

La grève de la faim

« Quand j'ai entamé la grève de la faim à la suite de l'assassinat de l'avocat Khamis Labidi, en juin 2006, deux Américains, dont un général, sont venus me voir pour me prier d'y mettre fin, ajoutant que les membres du commandement en prison feraient tous une grève de la faim au huitième jour de juillet. J'exigeai un écrit certifiant cela. Ils m'apportèrent une lettre de Tarek Aziz confirmant leurs dires.

« Je décidai alors, de me joindre à la grève de mes camarades. J'écrivis plus d'un poème, du premier au vingtième jour de grève. Les Américains contrôlaient mon état de santé, matin et soir. Ils me firent passer des examens à l'hôpital et me nourrirent par perfusion intraveineuse et nasale.

« Lors de la première grève, plus précisément à son 21e jour, l'officier m'informa qu'ils étaient inquiets pour ma santé. Il se tenait debout à mes côtés et dans la chambre, il y avait une grosse et lourde malle en fer qui contenait mes affaires personnelles. J'empoignai la boîte et je la soulevai haut. L'officier, ainsi que tous les Américains présents, furent sidérés parce que Saddam Husseïn – après une grève de la faim de 3 semaines – riait encore, écrivait de la poésie et menait une existence normale.

« Leur attitude à mon égard changea dès votre première visite : en mieux. Ils m'offrirent un vélo d'appartement avec lequel je faisais 10 à 15 kilomètres par jour.

« Dieu merci, ma santé est au mieux. On fait même attention à la température et au degré d'humidité de ma chambre, les mesurant jusqu'à deux fois par jour. Des examens de santé me sont souvent imposés, si souvent qu'il m'arrive de les refuser. Pour être juste, je dirai que les soins qui me sont prodigués sont excellents. Je suis, par ailleurs, scrupuleusement les recommandations des médecins. L'un d'eux a voulu me faire des analyses de la prostate. J'ai refusé net, convaincu de l'excellence de ma santé. J'ai dit, en plaisantant, que ma santé était « saine et bien affûtée » et que si mon peuple voulait que je me marie, je le ferai.

« Après le meurtre de l'avocat Khamis Labidi, je résolus de ne cesser ma grève de la faim que lorsqu'on aurait arrêté les coupables. J'exigeai des Américains qu'ils garantissent la protection des avocats et que maître Khalil ou quelqu'un qu'il mandaterait m'informe des suites de ma requête ».

Relation du président avec ses avocats

Saddam Husseïn nous accueillait toujours avec une joie débordante, lançant à tout va des formules de bienvenue et répétant souvent au cours des entretiens :

« Vous êtes des braves. Vous avez été brillants, tant devant la Cour qu'en public. Vous avez fait tout ce qu'il était possible de faire. Je ne me contente donc pas de vous écouter : je vous respecte et je respecte vos avis. Vous êtes même de ceux que je respecte le plus. »

J'étais toujours le premier à le saluer, parce que le président, pendant sa détention, restait soucieux de la hiérarchie et de l'ancienneté. Il nous incitait à y être attentifs. Il répétait à mes confrères qu'ils ne devaient s'asseoir qu'après leur collègue Abou Alaa – c'est-à-dire moi-même – parce que j'étais non seulement le président du Comité mais aussi le premier de ses membres à m'être porté volontaire pour sa défense.

Le culte de la personnalité

« Je n'ai jamais demandé à personne d'organiser des cérémonies en mon honneur, ni pour mon anniversaire, ni pour aucun autre événement de ma vie. J'ai toujours laissé le peuple libre de ses décisions. S'il a souhaité ériger des statues à mon effigie, je n'en ai jamais été à l'origine. Et je n'ai même pas été consulté. Nous avons, dans ce domaine, laissé au peuple et à ses organisations la plus grande liberté d'expression. Sauf peut-être pour ce qui concerne certains éléments de notre patrimoine, comme la statue du soldat inconnu, celle du martyr ou d'autres symboles de notre Histoire. Nous avons voulu que ces symboles, placés devant des édifices publics, renvoient de l'Irak et de sa civilisation une image resplendissante. Pour ceux-là, nous avons assumé la responsabilité partielle de notre intervention. Et quand il m'est arrivé de les visiter, je suis toujours rentré chargé des cadeaux que je devais à l'affection de nos concitoyens. »

La vie quotidienne du président en détention

Le président entamait son repas quotidien avec trois ou quatre dattes. Il appréciait les vertus de ce fruit qui l'aidaient à traiter des ennuis gastriques. Au début de sa détention, les Américains ne lui donnaient que très peu de nourriture, et de mauvaise qualité. Une fois que j'ai eu soulevé ce problème auprès des responsables américains, il a eu les mêmes repas que ceux qu'on servait aux officiers de l'armée. Mais le président a affirmé plus d'une fois : « Je n'ai aucun problème avec ce qu'on me donne à manger : je ne suis pas gourmand, et ces problèmes sont, pour moi, secondaires ».

Le président était très soucieux de l'hygiène corporelle et de la propreté de ses vêtements. Il y voyait un devoir du musulman et du croyant. À la vue de la photo de lui, en caleçon, nettoyant ses habits et publiée dans le quotidien anglais *The Sun*, il s'insurgea :

« Comment peuvent-ils nous reprocher d'honorer les recommandations de notre sainte religion et de nos coutumes arabes qui nous enseignent l'hygiène et la propreté ? Quel mal y a-t-il à cela ? La propreté fait intrinsèquement partie de notre foi ; notre sainte religion nous la recommande. S'en soucier, c'est préférer prévenir plutôt que guérir. »

Les Américains avaient prévu du personnel pour s'occuper de lui et le servir. Mais il préférait se charger personnellement de ses affaires, lavant ses vêtements et les étendant lui-même.

Sa famille, notamment l'une de ses sœurs, lui envoyait régulièrement des vêtements. C'est moi qui les lui portais ainsi que les cadeaux offerts par ses proches, mais il ne les utilisait pas. Il les renvoyait un peu plus tard, en application des consignes de sécurité qu'il nous avait recommandées. Je l'informai pourtant de l'identité des donateurs. Mais il me remerciait et m'invitait à redoubler de prudence, à l'aviser des dons provenant de ceux qui n'étaient pas des proches. Il me disait : « Dieu soit loué pour le soin que tu mets à me protéger aussi bien que je le ferais moi-même., »

Il lui arrivait aussi de porter des vêtements envoyés par la famille, puis de les offrir ensuite à quelqu'un d'autre. Il pouvait donner à ses compagnons d'infortune les vêtements et les cadeaux qui lui étaient adressés par le biais des Américains. Il en distribuait aussi à mes confrères. Il me fit personnellement cadeau de quelques vêtements, d'un bracelet-montre, d'un porte-documents, d'un chapelet.

Pour ce qui concerne la nourriture et les gâteaux, je l'informais seulement de ce que les proches parents lui avaient envoyé, mais je ne les lui donnais jamais.

De leur côté, les Américains veillaient à l'origine de ce que je lui apportais. Ils devinrent, au fil du temps, confiants dans ma loyauté envers lui et dans le soin que je manifestais pour sa sécurité.

Le 28 avril 2006, jour de son anniversaire, sa fille Raghad lui envoya un bouquet de fleurs. Les Américains, insistant pour en connaître l'origine, le confisquèrent aussitôt. J'eus beaucoup de mal à les convaincre ; je respirai le bouquet en leur présence et en vins même à leur proposer d'en manger un morceau devant eux, afin d'écarter tout danger pour le président. Ils finirent par en rire et m'autorisèrent à présenter le bouquet. Mais ils confisquèrent un sachet de graines de cardamome que sa deuxième épouse Rana lui avait envoyé, prétextant qu'ils ne voulaient pas courir le risque de ce qui était arrivé au président Milosevitch.

Parmi tous les livres que nous lui apportions et qui provenaient souvent de ses admirateurs, il préférait ceux qui traitaient du patrimoine, des traditions populaires, de la poésie, de la grammaire, et de la jurisprudence. Mais il appréciait aussi la lecture des journaux et des périodiques qu'on avait fini par lui autoriser.

Il priait fréquemment. Il invoquait Dieu et son pardon, et jeûnait quelques jours par semaine pour se rapprocher de son Seigneur et lui rendre grâce. Il aimait répéter : « Dieu nous a enseigné le moyen de lui rendre grâce, d'obtenir son pardon pour la rémission de nos fautes et d'augmenter le nombre de bonnes actions qui nous seront comptées ». Il nous recommandait souvent d'agir pour le bien, de pardonner plutôt que de nous venger et de ne jamais garder de rancune pour le mal qu'on nous faisait.

Même si la profondeur et la sincérité de sa foi étaient encore plus évidentes pendant le Ramadan, il jeûnait tout au long de l'année. Il rompait toujours son jeûne en mangeant quelques dattes. Il aimait particulièrement celles que sa famille lui faisait parvenir.

Alors qu'un jour, je parlais religion avec lui, il m'avoua:

« Jamais, dans mes décisions ou mes actes, y compris vis-à-vis de l'idéologie de notre parti, je n'ai laissé croire qu'il y pouvait y avoir un équilibre entre la religion et l'athéisme. Nous avons toujours été du côté de la religion, et contre l'athéisme, mais dans le respect des convictions de chacun. Tous les édifices que nous avons bâtis, toutes les mosquées, et tous les mausolées ne sont que l'expression de notre devoir de croyants. »

A-T-ON TENTÉ D'EMPOISONNER LE PRÉSIDENT AU COURS DE SA DÉTENTION ?

La question est pertinente.

Saddam jouissait d'une excellente santé. Au moment de son arrestation, à la mi-décembre 2003, il avait à peine soixante-six ans. Il était grand, de forte constitution, avec un corps qui respirait la santé. Je vis, au cours de notre première entrevue, vers la fin 2004, qu'il avait beaucoup maigri, au point que je pensais être en présence d'un sosie. Malgré ces apparences, sa santé restait excellente. Je m'expliquai alors sa maigreur par sa vie avant sa capture, son soutien permanent à la résistance auprès de laquelle il passait des jours et des nuits sans se reposer, se déplaçant d'une région à l'autre, appelant à redoubler de virulence contre l'ennemi, invoquant l'unité pour expulser les envahisseurs.

Vers la fin de l'été 2005, je remarquai que l'une de ses mains tremblait, et que son visage se ridait. J'exposais les symptômes à plusieurs médecins. Ils supposèrent tous qu'on avait pu lui administrer un poison lent, à petites doses, ce qui pouvait expliquer les tremblements de la main. Je n'en informai pas mes confrères, me demandant s'ils allaient s'en apercevoir. Et c'est ce qu'ils firent, dès qu'ils purent rencontrer le président.

Mes doutes s'accentuaient. Ma responsabilité morale vis-à-vis de la santé de Saddam me poussait à enquêter discrètement. J'exposai le problème à un expert irakien qui travaillait en Scandinavie. Il transmit la question à un laboratoire, mais sans leur préciser l'identité du patient.

On lui répondit que les symptômes correspondaient bien à l'administration d'un poison à effet retardé. Comme le président n'aurait jamais pu faire sortir un échantillon d'urine ou de sang, on nous proposa de recourir à un mouchoir stérile, qu'il serait le seul à toucher, qu'il imprégnerait de sa transpiration, et qu'on placerait ensuite dans un sac stérile. Je pris donc trois feuilles de papier stériles dans un laboratoire, les mis dans un sac et demandai au président de les tenir dans ses mains. Comme je redoutais que les Américains m'empêchent de mener à bien cette mission, je prétendis que les papiers devaient servir à inscrire le nom des confrères que le président choisirait pour assurer sa défense avec moi. Mais les papiers furent confisqués par les Américains avant que je puisse les transmettre au président. Cet empoisonnement ne dénonçait-il pas une volonté de l'exécuter au plus vite avant que le scandale n'éclate?

Saddam se plaignait continuellement de l'estomac. À tel point qu'un jour, le juge Al Jouhi l'apprit et lui demanda des nouvelles de ses douleurs. Le président me raconta aussi qu'une fois, il avait brusquement perdu conscience et qu'il avait été transporté par un hélicoptère Black Hawk dans la « zone verte », jusqu'à l'hôpital Avicenne. Il dut aussi subir une intervention pour une hernie, sans anesthésie.

On peut, dans ces conditions, s'interroger sur l'efficacité des soins que les Américains accordaient au président. En fait, les médecins qu'on lui avait assignés à domicile lui prenaient la température, mesuraient le taux d'humidité de sa chambre et lui faisaient un check-up trois fois par jour. On peut donc écarter la thèse d'un complot sanitaire manigancé par les Américains. De surcroît, lorsque ses avocats lui rendaient visite, ils mangeaient parfois avec lui, à l'exception toutefois d'un avocat étranger, d'une extrême prudence, qui se contentait de grignoter des biscuits et du chocolat qu'il apportait lui-même d'Amman. En fin de compte, n'étant pas nous-mêmes médecins, il nous est très difficile de nous prononcer avec certitude sur cette question.

CHAPITRE X

Face aux juges

« Ce tribunal est illégitime et inconstitutionnel, c'est une création de l'occupant. Ils ont mis en place ce tribunal par des décisions illégales, sous occupation, par des mains américaines. Ceci constitue une violation de l'autorité légitime et une atteinte grave à la loi irakienne et au droit international en même temps. »

Saddam HUSSEÏN en captivité

Le comportement de Saddam devant la Cour

Le président Saddam Husseïn s'y est toujours comporté avec naturel et simplicité, malgré tout le mal qu'on lui a fait. Quand il pénétrait dans la salle d'audience, il saluait l'assemblée avec le sourire paisible qu'on lui connaît. Il parcourait les quelques mètres qui devaient l'amener à la porte d'entrée de sa « cage », les Américains le laissaient venir seul et se postaient derrière la porte. Le respect qu'il inspirait et la fierté qu'il dégageait en imposaient. Les membres du gouvernement d'occupation l'observaient de loin, du haut de la salle, le regard plein de haine et de colère à le voir toujours digne et fier.

Quel panache ! Le président ne s'est jamais départi de sa superbe, toisant ses accusateurs de sa position de président de la République, refusant de répondre aux questions biaisées.

Le président Saddam Husseïn faisait preuve d'humanité, tant vis-à-vis des juges que du procureur. Même les avocats des parties civiles venaient le saluer pendant la pause, avant de reprendre leurs attaques dès la reprise de l'audience. Saddam souffrait de se voir accuser injustement, sans se voir donner la possibilité de répliquer et de se défendre.

Il y eut parfois des moments de tension extrême au cours des audiences. Ce fut le cas en 2005, lors de violents débats entre le président et le juge Ra'ed Al Jouhi, dans ce qu'il est convenu d'appeler les affaires d'Al Doujaïl et d'Al Anfal. Ce juge fixait continuellement le président du regard, sans jamais sourciller. Le président relevait le défi avec une intensité et une fermeté sans faille.

Au cours de l'une des audiences sur l'affaire d'Al Doujaïl, en 2005, je découvris le président fatigué, comme s'il n'avait pas bien dormi. J'eus même l'impression, l'espace d'un instant, qu'il n'était pas le président Saddam Husseïn. Quand il pénétra dans la salle d'audience, le juge Al Jouhi, surpris, le dévisagea avec insistance. Malgré cela, il y eut aussitôt un échange de propos de la plus grande véhémence entre les deux parties.

Réplique cinglante au juge

Le président raconte :

« Lorsque le juge Al Jouhi a déclamé mon identité en disant : tu es Saddam Husseïn, né en 1937, ancien président de la République d'Irak, ancien commandant en chef des forces armées, dissoutes, ancien président du conseil de commandement de la révolution, dissous... Je lui ai répondu : je suis Saddam Husseïn, président de la République d'Irak, commandant en chef des forces armées et président du conseil de commandement de la révolution, et j'habite encore en Irak. Et quand il m'a demandé si j'étais juriste, je lui ai répondu que je pensais que lui, il était juge... Je lui ai dit : par Dieu, Ibn Jouhi, si tu n'avais pas été juge du temps de Saddam Husseïn, tu ne le serais pas maintenant, car les fils d'agriculteurs n'auraient pas eu l'occasion de faire des études sans les opportunités que leur a offertes Saddam Husseïn. »

Le président connut une autre épreuve au cours de l'audition de l'affaire dite des commerçants. Le juge, président du comité chargé du procès, était alors Ali Al Rabii, secondé par le juge Abd Al Husseïn Hattab. Avant le début des auditions, ce dernier provoqua le président Saddam Husseïn, déclenchant une violente algarade verbale entre les deux hommes. Le juge proféra des paroles indécentes que nous lui renvoyâmes au centuple. Même le juge Ali Al Rabii désapprouvait son confrère. Après que j'eus exprimé mon intention de ne plus prendre part à la procédure si l'audition se déroulait dans de telles conditions, le président décida de quitter l'audience pour prendre quelques instants de repos.

C'est là qu'un dénommé Tahsin, auditeur judiciaire, se leva d'un siège réservé aux services du renseignement américain, se précipita vers le président, lui attrapa le poignet, voulant l'agresser. Je me suis interposé entre l'agresseur et le président pour le protéger de mon corps et de mes poings quand le capitaine Mikael Mc Coy intervint pour nous séparer. J'exigeai alors des juges et des Américains l'expulsion de l'individu. C'était pour moi la seule condition du retour du président dans la salle d'audience. Mais ils me demandèrent de l'accepter cantonné au dernier rang de la salle. Je suggérai alors au président de refuser l'audition et de ne plus répondre à aucune question. Il préféra demander le report de l'audience.

Un autre moment difficile se déroula devant la cour de justice. Quand vint son tour de prendre la parole, le président lut un long document. Trop long pour le juge Raouf, irrité par la présence de quelques passages poétiques. Le magistrat l'interrompit avec agressivité. Saddam revendiqua le droit de parler sans être interrompu. Mais dès qu'il l'autorisa à reprendre son texte, le juge ne cessa de l'interrompre de plus en plus ouvertement. Comprimant nerveusement dans sa paume une boule de mouchoirs, le président entra dans une colère profonde. Ses yeux humides et courroucés fixèrent le juge et semblaient vouloir dire : « L'impudent ! Si j'étais libre... » Cette séquence ne fut pas filmée. Après cet incident, et après lecture d'une note émanant des généraux, de la CIA et du gouvernement de l'occupation, le juge décréta que les séances se tiendraient à huis clos.

Honte aux responsables qui fuient leurs responsabilités

Quand l'un de ses camarades comparaissait devant le juge et soutenait qu'il n'avait fait qu'exécuter les ordres, le président en souffrait. La tristesse et les reproches envahissaient son visage. Ce fut la même chose dans l'affaire d'Al Anfal. Quand nous nous retrouvâmes, après les audiences, il me dit :

« Je ne comprends pas comment quelqu'un qui a exercé de hautes responsabilités au sein de l'État irakien peut tenir un discours pareil... Je comprends qu'on puisse ne pas supporter le poids du pouvoir et le risque d'être compromis ; mais un homme est un homme et devrait savoir se tenir. Mes camarades ont manqué de courage. Quand ils ont vu le juge me manquer de respect, ils auraient dû quitter la salle ! »

Il tint à peu près le même discours à propos d'un fonctionnaire qui fondait sa défense sur le respect des ordres reçus. Le président en fut tellement peiné qu'il se leva au cours de la séance et dit au juge : « Moi, Saddam Husseïn, je porte seul la responsabilité de tout Irakien incapable de la porter. » Il s'exprimait le cœur meurtri, et l'âme en peine.

Colère : les gardes battent le demi-frère de Saddam

Il y eut également un autre incident, lors de l'une des audiences de cette mascarade de jugement, lorsque le juge Raouf ordonna de faire sortir le témoin Barazan de la salle d'audience et que les gardes du ministère de l'intérieur le rouèrent de coups sous les yeux du président. Saddam entra alors dans une colère mémorable.

L'affaire de Al Doujaïl par le président

« En, 1987, pendant la guerre contre l'Iran, l'Irak était occupé par la défense du flanc est, face aux attaques de Khomeïni. Nous devions renforcer le front militaire en augmentant la cohésion populaire et l'édification du pays. De ce fait, il était indispensable de vérifier de visu les conditions de vie de notre peuple, de nous rendre dans les villes, les garnisons, les villages et les campagnes. Cette fois-là, la visite était programmée pour la préfecture de Doujaïl.

« À l'arrivée du cortège, nous avons été reçus au siège de la préfecture avec la joie la plus sincère et la plus grande déférence. Ces gens étaient connus pour leur hospitalité, comme dans toutes les autres villes et préfectures d'Irak. Les habitants avaient égorgé plusieurs bêtes pour nous honorer. Quelques femmes venaient vers nous pour nous saluer. Mais, alors que je m'apprêtais à monter dans la voiture qui m'avait été réservée, un des agents de la protection rapprochée vint me prier de monter dans une des autres voitures du cortège. Il m'informa qu'une des femmes avait plongé sa main dans le sang des bêtes égorgées, puis l'avait apposée sur la voiture qui m'était réservée. C'était une coutume connue chez les Irakiens de le faire quand ils achètent une voiture, et parfois également en signe de considération pour les invités. Seulement, les agents de la sécurité rapprochée avaient prévu la pire des hypothèses : celle que cette empreinte soit un signal en vue d'une action ultérieure. Nous avons laissé la voiture portant cette marque prendre la tête du cortège avec, à son bord, quelques agents de sécurité. À ce que je me rappelle, la voiture que j'avais prise était la troisième ou la quatrième dans le cortège.

« Pendant le trajet, alors que nous roulions dans l'avenue principale, une bande de criminels à la solde de l'Iran nous a aspergés d'une pluie de balles. Le feu était intense et provenait des plantations qui se trouvaient à la gauche de l'avenue. Quelques voitures ont été touchées, mais la plupart de tirs étaient dirigés vers celle qui portait l'empreinte de cette femme. Quelques agents de la sécurité sont tombés, mortellement touchés par les agents de ma garde rapprochée. Le deuxième cercle de protection, qui n'était pas aussi proche de moi, a aussi perdu quelques-uns de ses membres. Même les hélicoptères, qui survolaient ces plantations afin de localiser ces criminels, ont été soumis à des tirs de différentes armes, y compris des mitraillettes. Nous avons perdu quelques pilotes dans cet incident.

« Il était naturel que l'équipe de la protection rapprochée et le groupe de sécurité réagissent rapidement, et répliquent en direction des tireurs, afin de les mettre hors d'état de nuire. Les criminels se sont alors enfuis vers l'intérieur des plantations touffues, devenues dangereuses même pour les habitants de la région. À ce moment, certains patriotes de Doujaïl ont aidé le groupe de sécurité et abattu quelques criminels et, parmi eux, le traître dénommé Saïd Karbalaï qui avait planifié et commandité l'attentat. Ce personnage était iranien et non irakien.

« Les cheikhs et les habitants de Doujaïl étaient navrés de ce qui était arrivé et nous ont présenté leurs excuses. J'ai alors terminé ma visite et je suis rentré à Bagdad. Puis, et c'est tout naturel, les autorités de l'État ont entrepris d'instruire l'affaire et de poursuivre les criminels. Cet acte constituait un grave danger pour la cohésion du front intérieur. Les autorités judiciaires ont assumé leur responsabilité dans l'instruction et le jugement, sans ingérence de notre part. Il était normal que les criminels soient jugés. Cependant, nous avons par la suite amnistié plusieurs d'entre eux.

« C'est pour cela, et conformément à la Constitution et à la loi, que l'autorité compétente a exproprié les plantations entremêlées avec les habitations et qui constituaient un danger pour la sécurité de la ville et de son avenue principale. Ensuite, l'État a largement indemnisé les propriétaires des plantations et leur a octroyé des parcelles agricoles et d'autres d'habitation. Finalement, ces plantations ont été restituées à leurs propriétaires.

« Quant aux familles des criminels, elles ont été transférées ailleurs et ont été relogées dans des endroits sûrs. C'était pour leur bien et afin de les préserver des actes de vengeance. Ces familles jouissaient d'une liberté totale et ont gardé tous leurs biens. Et à celui qui prétend que des cas de viols d'Irakiennes ont eu lieu en rapport avec cette affaire, je lui affirme que ces mensonges visent à nuire à la bonne marche du pays : chacun sait que Saddam Husseïn perd le sommeil à l'idée qu'une seule Irakienne puisse être agressée et s'empresse de la soutenir, de l'aider.

« C'est ainsi que les choses se sont passées. Et si le ministère public disait la vérité, il aurait produit les originaux des procès-verbaux de l'affaire, qui comportent les aveux des criminels sur ce qu'ils avaient planifié et accompli, avec leurs signatures, et l'implication de l'Iran dans cet incident, car c'est le parti Al Da'wa – interdit par la loi et la constitution irakienne –, et auquel est affilié le chef du gouvernement d'occupation qui a exécuté cette lâche opération. L'Iran avait même annoncé la nouvelle de l'attentat avant que les radios de l'Irak n'en parlent.

« Quant à demander aux prévenus et aux avocats de la défense, de produire les procès-verbaux de l'affaire initiale, c'est demander l'impossible. Ils savent pertinemment que les détenus et les avocats sont menacés de mort. D'ailleurs, ceux qui se sont octroyé le titre de ministère public et, derrière eux les envahisseurs et leurs agents, savent où se trouvent les procès-verbaux de l'affaire. C'est cette affaire pour laquelle sont jugés Saddam Husseïn et ses camarades. »

D'où les échanges vifs sur cette affaire avec le juge :

« Quand on ouvre le feu sur le président de la République, même sur un président nommé par l'Amérique, est-ce qu'il y a une instruction, oui ou non ? Les services de sécurité n'ont-ils pas le droit de faire des enquêtes et des investigations pour un tel événement ?

« Le responsable, c'est Saddam Husseïn, il pouvait ordonner l'arrêt de l'instruction et désapprouver les condamnations à mort.

« Les propriétaires des exploitations agricoles, d'où sont partis les coups de feu, et dont les biens avaient été réquisitionnés, ont été largement indemnisés à la fin de l'enquête.

« Si vous voulez juger, ou si les Américains veulent juger, alors je déclare que j'ai exercé mes attributions constitutionnelles et légales comme chef d'État.

« Il est inutile de continuer cette mascarade, si vous voulez la tête de Saddam Husseïn, elle est à vous. »

Comment affronter les accusations ?

Lors de la rencontre du président Saddam Husseïn avec ses défenseurs, en date du 19 avril 2006, Ramsey Clark a lancé l'idée du transfert du procès hors de l'Irak. La Cour Suprême américaine avait commencé à accepter les actions intentées contre le gouvernement américain, y compris pour les crimes commis en dehors du territoire américain. Il y avait maintenant plusieurs procès contre le gouvernement américain et, par conséquent, il était possible pour les avocats d'intenter une action de ce type au nom du président. Et Tarek Aziz pouvait aussi engager une action de ce genre.

En ce qui concerne Tarek Aziz, Aoued Al Bandar et les autres camarades, le président dit qu'il leur était possible d'intenter de pareilles actions et qu'il ne voyait aucun inconvénient à ce que n'importe lequel d'entre eux le fasse, s'il y trouvait son intérêt. Mais en ce qui le concernait, il n'en voulait pas. Il ajouta : « Je n'ai jamais sollicité qui que ce soit depuis mon jeune âge et ne le ferai jamais. J'ai été condamné à mort plusieurs fois et je n'ai pas demandé la vie sauve. Comment donc, maintenant, à près de soixante-dix ans, la demanderais-je ? »

Recours devant un tribunal international

Le président ajouta : « Si nous allons devant un tribunal international, nous serons à la disposition de l'instruction et de la cour pour plusieurs années. La simple acceptation qu'un tribunal hors de l'Irak examine l'affaire signifie la reconnaissance de l'accusation et, par conséquent, la reconnaissance de notre culpabilité. Je suis persuadé qu'on ne peut pas faire confiance aux Américains. »

« Je connais l'humanisme de Monsieur Ramsey Cark et de ses confrères, les honorables avocats, et j'apprécie leurs efforts pour me sauver la vie. Mais je ne veux pas la sauver de cette façon. Rappelez-vous Husseïn, notre aïeul, la paix soit sur lui, il est mort à Kerbala et, parce qu'il est mort en martyr, il vit jusqu'à maintenant dans le cœur de millions de personnes. Le martyr vit toujours dans le cœur des gens, jamais le tyran.

« Moi, mes frères, je suis né en Irak, je vis en Irak, et je mourrai en Irak. Je suis habitué à vivre dans mon pays, à respirer son air et à y exister parmi mon peuple... Quant à l'affaire du procès, comme tout ce qui se passe en Irak, elle ne sera résolue que par les courageux résistants. Ce qu'on nomme tribunal irakien est soumis aux changements et aux conjonctures politiques, et spécialement à la conjoncture actuelle, caractérisée par l'action de la résistance, avec l'augmentation de la pression populaire américaine pour le retrait d'Irak. Je ne demanderai la compassion de personne. C'est pourquoi je préfère que le procès soit dirigé par des Irakiens et se déroule en Irak, pour que le peuple irakien soit informé de la réalité des choses.

« Quand à ce tribunal, je ne le reconnais pas plus que je ne reconnais celui qui a suggéré sa création. »

Un tribunal illégitime, anticonstitutionnel

Le président poursuivit :

« Ce tribunal est illégitime et anticonstitutionnel, c'est une création de l'occupant, des envahisseurs. Il est le fruit de l'agression criminelle contre la légitimité, le droit international et les valeurs de justice. Cela constitue une atteinte à la justice et au droit, c'est une mise en scène minable qui vise à tromper l'opinion publique et à présenter les choses comme étant conformes à la justice et au droit, alors qu'elles en sont très loin. J'ai lu la convention de Genève, surtout la partie relative aux prisonniers. C'est pour cela que je vous conseille d'intenter un pourvoi contre l'institution du tribunal, qui est contraire à la loi et à la constitution irakiennes, contraire aux conventions de Genève, car tout ce qui est bâti sur quelque chose d'illégal est, lui-même, illégal. »

Un chef doit savoir se sacrifier

« Quand le juge m'a dit, lors de l'instruction, que mes camarades affirmaient que les ordres émanaient de moi, j'ai répondu qu'en 1964, j'étais membre du commandement, et que nous avions planifié et préparé la révolution. Trois mois après, j'ai été arrêté à la suite d'une trahison comparable à la trahison de Kaïes et, lors de l'instruction, l'un des camarades a flanché et dévoilé le plan. Et quand le juge m'avait questionné, j'avais répondu que c'était moi qui avais tout planifié. Et quand il m'a questionné sur le rôle d'Abou Haithem (Ahmed Hassen Al Bakr), j'avais répondu que je doutais de l'existence d'une relation entre lui et Abdesselem Aref. Je lui ai ôté le poids qu'il avait sur le cœur. On juge les hommes à l'aune de leurs actes. »

Le président poursuivit :

« Nous avons été créés pour le sacrifice de nous-mêmes. Le chef doit supporter le sacrifice de soi et, si Bush me condamne à mort, il demeurera pour moi un nain qui ne m'arrivera pas à la cheville. Et si le juge devait lire la condamnation à mort, il devrait se rappeler que je suis un militaire et que la sentence devra être exécutée par le peloton d'exécution. »

Le président se demandait aussi :

« Pourquoi le ministère public ne s'émeut-il pas des dizaines, plutôt des centaines de victimes qui tombent tous les jours, conséquence de la *fitna* – la discorde – religieuse à Bagdad et dans d'autres régions de l'Irak ?

Pourquoi ce procès ?

Puis le président s'adressa aux avocats en disant :

« Si ceux-là qui dirigent l'Irak ne prononcent pas de condamnation à mort, ce sera pour eux-mêmes ; ils veulent prouver qu'ils sont contre la peine de mort.

« La question qui se pose est : pourquoi ce procès ? Parmi mes prévisions personnelles minimales, je pense qu'ils vont prononcer des jugements indulgents, parce qu'ils ont vu que ce procès ne peut pas faire l'objet de trucages ni de jeux, tout ce que contient l'affaire ayant été rapidement rendue publique. Ils veulent donner à l'opinion publique une impression – fausse – que le tribunal est impartial, et qu'il relaxera quelques prévenus. D'un autre côté, les dirigeants américains, sont désormais pressés d'en finir et de voir le jugement prononcé. Certains d'entre eux croient qu'une condamnation pour crimes contre l'humanité, ou portant atteinte à l'humanité, leur permettra de légitimer la mise à l'écart du processus politique des condamnés.

« Ils ont commis une suite d'infractions, et vous savez que nous ne sommes pas jugés par un magistrat ou un tribunal, mais par les Américains. Je suis persuadé de cette vérité. Ce sont l'Amérique et le Sionisme qui nous jugent, et le jugement nous concernant a déjà été prononcé depuis des dizaines d'années. Ce qui m'importe, c'est l'opinion publique, qu'elle soit convaincue que les jugements me concernant ont été décidés à l'avance. »

Directives du président aux avocats lors de multiples réunions

Le président a fait quelques observations concernant le procès :

« Nous sommes devant une alternative : ou nous plaidons notre défense, ou nous nous opposons et ne plaidons pas ; et je préfère la seconde position.

« Je vous suis reconnaissant pour ce que vous endurez, à commencer par vos va-et-vient, et suis conscient de ce que subissent Messieurs Clark et Dopler, nos amis juristes étrangers. Vous êtes des combattants, au vrai sens du terme.

« J'approuve la lettre de Monsieur Ahmed Ben Bella, notre ami algérien, concernant l'illégalité du tribunal ; c'est pour cela qu'il faut recommencer les pourvois continuellement. Maître Khalil, fait le nécessaire pour cela.

« Le mandat d'arrêt doit émaner d'un juge irakien, et son exécution doit être assurée par une autorité irakienne ; alors que le mandat d'arrêt a été pris après six mois d'emprisonnement par les Américains.

« Sous couvert du titre de Ministère public, cette entité s'est comportée en ennemi personnel, agissant de façon provocante et immorale. Si le tribunal persiste dans cette voie, cela veut dire qu'il continue à se coucher face aux pressions du gouvernement. L'homme doit se révolter contre l'injustice lorsqu'elle devient intolérable.

« Quant à la position du tribunal, qui refuse d'accéder aux demandes de renvoi présentées par les avocats arabes et étrangers, je voudrais que votre réaction soit extrêmement forte.

« Maître Ramsey, vous avez fait plus de publicité pour l'Amérique que ne le feraient vingt ambassades et des millions de dollars, et vous avez plus rendu justice au peuple américain que ne pourraient le faire tous les médias et les télévisions satellitaires réunis.

« L'homme doit agir et non pas compter uniquement sur la volonté du Seigneur. Moi j'ai agi d'une manière militante et en profondeur. Je voudrais vous dire qu'en cas de condamnation, il ne faut pas baisser les bras. Vous avez agi pour Saddam Husseïn et l'Irak de la même manière que vous avez agi pour vos pays. Vous avez travaillé pour le présent et l'avenir de nos peuples car au moment où sera prononcé le jugement, tous seront convaincus, grâce à vous, que les décisions du tribunal ont été prises par les seuls dirigeants et non leurs peuples qui n'ont rien à voir avec ces actions malfaisantes.

« Tous les traîtres qui composent le tribunal sans exception veulent ma condamnation à mort. Pour ceux qui ne la veulent pas, ce n'est point par pitié ou compassion, mais par peur des conséquences pour eux-mêmes.

« Le grand nombre de témoins de Doujaïl enlèvera le poids qui pèse sur cette ville du fait que quelques-uns ont sali sa réputation. Il est de l'intérêt de la ville de Doujaïl que ses habitants témoignent de la réalité de l'Irak et non pour défendre Saddam Husseïn.

« Le juge Abdallah Al Amari a tenu un discours formidable sans que nous ne l'en ayons chargé, son discours constitue un K.-O. pour Bush, surtout qu'il émane de la part d'un juge qu'ils ont désigné, au sein d'un tribunal qu'ils ont constitué. Ce discours est plus fort que ne l'aurait été la perte des élections par Bush et c'est pourquoi il a été démis de ses fonctions. Le juge Razkar, quant à lui, a démissionné car il savait à l'avance que la décision était entre les mains d'autres que lui.

« Le témoignage du professeur Tarek Aziz est important, car il était membre de la délégation aux négociations et parce qu'il a des informations sur les armes chimiques et sur celui qui les utilisait.

« Des juges “ marionnette ” comme Raouf ou Laribi nous servent à démontrer au monde l'énormité de la mascarade.

« Le juge m'a renvoyé par trois fois de la salle d'audience. Ce qui peut me nuire m'importe peu depuis le temps où j'étais simple militant en 1959. Ce qui m'importe, c'est que notre peuple voie comment se déroule cette mascarade et qu'il reçoive l'image de la vérité.

« Vous devez dénoncer leurs mensonges et leurs desseins. Votre combat se déroule sur plusieurs plans : c'est un combat de l'information, c'est un combat politique et c'est enfin un combat juridique. Le maillon le plus faible est le maillon juridique : pas de justice à travers leur tribunal illégitime. Je suis persuadé que s'il y avait une peine plus dure que la mort, ils n'hésiteraient pas à nous l'infliger. Ils veulent cacher les vérités. Ils savaient qu'il n'y avait pas d'armes de destruction massive chez nous, et que l'Irak n'avait rien à voir avec Al-Qaïda. Ils ont donc monté cette parodie de procès et falsifié les vérités pour nuire à une révolution vieille de 35 ans.

« Rumsfeld est l'un des trois pôles, peut-être même l'un des deux responsables dans la prise de décision américaine. Le tribunal ne pourra pas de toute façon prononcer une décision qui contredise la volonté américaine. Il se peut que la décision ne soit pas conforme à la volonté américaine, mais elle ne lui sera pas contraire.

« Quelle est la position des Arabes ? Pourquoi se taisent-ils ? Honneur à la position du peuple palestinien, nous n'oublierons jamais la Palestine quels que soient les événements.

Où sont les Arabes ?

« Je leur ai dit au tribunal : si vous êtes en train de juger la révolution, un jour viendra, quand la révolution populaire triomphera, où le peuple vous jugera aussi.

« Conservez toutes vos observations pour l'histoire et la postérité.

Des Américains jugent « mineure » l'affaire de Doujaïl

Bien que le président Saddam Husseïn fût persuadé que le tribunal ne prononcerait pas de lourdes peines dans l'affaire de Doujaïl, il n'écartait pas l'idée que le jugement fût inique, conformément à la volonté américaine. Quant à l'autre groupe de détenus, le président était convaincu que le tribunal prononcerait à leur encontre des jugements cléments, afin de démontrer une impartialité douteuse.

Le président pensait que si Bush voulait utiliser le jugement afin d'influencer l'opinion publique américaine le tribunal l'aurait prononcé deux mois plus tôt. Mais un verdict rendu dans un laps de temps aussi court n'aurait pas d'impact sur l'opinion publique américaine ni l'opinion mondiale. Malgré cela, le président ne faisait pas confiance à ce tribunal.

Au cours de l'une de mes entrevues privées avec le président, je lui ai rapporté que certains Américains disaient que l'accusation dans l'affaire de Doujaïl était dénuée de fondements et qu'elle ne méritait pas autant de tapage. Ces personnes sont non pas juristes, mais officiers et responsables que nous rencontrons ici, dans les couloirs de la prison, ou dans ce qu'on nomme le tribunal.

Ce à quoi le président répondit :

« Après l'échec du gouvernement de George W.Bush, de sa clique de sionistes et de leurs valets sanguinaires, eux et tous ceux qui les ont applaudis, de l'intérieur et de l'extérieur de l'Irak , après leur échec dans la tentative de la falsification de la vérité autour de ce qu'ils ont appelé armes de destruction massive, et la prétendue relation de l'Irak avec le terrorisme islamiste, ils ont décidé de créer ce tribunal et ont commencé à construire une accusation mensongère. Ils ont ensuite amené des juristes dont quelques-uns sont des insultes à cette noble profession, des gens animés par de seules ambitions personnelles. Mais il y avait parmi eux des hommes qui ont honoré la famille judiciaire et ont refusé de cautionner cette mascarade. Ils avaient à leur tête le courageux et honnête maître Razkar Mohammed Amine et le juge Abdallah Al Ameri. Comme eux, d'autres juristes et avocats courageux ont été du côté de la justice, se sont portés volontaires et ont risqué leurs vies pour la justice, malgré tous les dangers, alors que nous n'avions aucun lien avec eux auparavant. Leur sens de la dignité les a poussés à prendre cette position courageuse.

Chantage à l'encontre du président Saddam Husseïn

« J'appelle mon peuple et nos valeureuses forces armées à faire la distinction entre le gouvernement des États agresseurs et leurs peuples et d'agir sur cette base avec sagesse et circonspection, loin de la haine et de la rancœur, qui rendent aveugles ».

Saddam Husseïn en captivité

J'ai demandé au président Saddam Husseïn, au début du mois d'octobre 2006, si les occupants américains avaient essayé de le soumettre à un chantage. Il répondit :

« Dix jours après mon arrestation, un général américain est venu me voir, je pense que c'était un des généraux du camp de détention, il était accompagné d'un interprète égyptien qui avait un papier dans la main. Le général me dit : Saddam, tu as une dernière occasion, ou bien tu te comportes comme Napoléon Bonaparte, ou bien comme Mussolini... Je me suis levé et j'ai frappé l'interprète sur les mains puis je lui dis : va-t'en, toi et ton maître, par Dieu, je ne serai que Saddam Husseïn et je ne demanderai à mon peuple que de continuer à résister et à se battre pour libérer l'Irak et vous chasser par la force. Si le but du général est que je demande à mon peuple de cesser le combat... Qu'ils aillent au diable !

« Pour ce qui est d'autres négociations, comme la visite éclair de Bush, ou ce qu'a publié le journal égyptien que tu m'as apporté, Maître Khalil, faisant état de prétendues négociations entre Rumsfeld et moi, par Dieu, je n'ai négocié avec personne... Ils essaient par tous les moyens de minimiser mon rôle, ou plutôt de le nier totalement, de l'annuler et de m'isoler ainsi de mon peuple, croyant que de cette manière ils pourraient me forcer à changer de position. Ils sont naïfs. Notre position est ferme et repose sur des bases claires. Quant à ce qu'on raconte à propos de négociations en cours avec certains, je dirai que nous n'avons mandaté, ni ne mandaterons personne pour négocier en notre nom. Ils nous connaissent et nous sommes entre leurs mains. Je n'ai rien demandé à l'ennemi sauf de respecter le droit des peuples à disposer d'eux-mêmes et à décider de leur propre avenir. Nous avons été élus par le peuple et nous ne le décevrons jamais, avec l'aide de Dieu.

Pas de négociation avec l'ennemi

« Je mets en garde la direction du parti, hors de prison, ainsi que les commandements militaires, et leur demande de ne pas négocier avec l'ennemi. L'ennemi est en train de chanceler sous leurs coups. Ils essaient par tous les moyens de localiser ces commandements, pour pouvoir les détruire. Alors, que celui que les Américains contacteraient, en vue de négocier, leur réponde : le commandement est entre vos mains, ainsi que le président, vous n'avez qu'à négocier avec eux. Nous disons que s'ils veulent des négociations secrètes, nous n'y voyons pas d'inconvénient et s'ils veulent des négociations publiques, ça les regarde. Mais si c'était nous qui frappions à leur porte pour négocier, cela affaiblirait notre position. Cela n'arrivera jamais.

« Celui qui recherche une solution pour la paix n'a qu'à frapper à la bonne porte et à dire ce qu'il veut négocier. La solution de la paix en Irak est la solution la plus facile pour les Américains, les Irakiens sont autant " difficiles " que " conciliants ", en même temps.

Les grands hommes de notre Histoire

« Au regard de notre Histoire, Saddam Husseïn n'est qu'un nain, face aux grands hommes que sont l'imam Ali, Abou Bakr, ou au Calife Omar, Dieu les bénisse. S'il y a réussite, ce sera grâce à Dieu, et s'il y a une erreur quelque part, ce sera ma faute. Honneur à celui qui ne se trompe jamais. Ma résistance est le moins que je puisse offrir à mon peuple. »

À ce moment, le président s'est tourné vers Maître Ramsey Clark et a dit, en plaisantant : « Monsieur Clark, je considère que Bush et l'Irak vous ont évité de vous embourber dans l'occupation du monde entier. Cela a nui à son pays avant de nuire aux autres, peut-être que notre destin était que nous essayions Bush une autre fois pour mesurer sa compétence. Est-ce que le parti républicain, avec ses principales personnalités et son président lui-même, laisseront la barque dériver jusqu'à ce qu'elle heurte un récif et s'écrase ? L'Irak a subi l'Amérique et sa nuisance ; vous devez vous méfier du danger que représente l'administration américaine pour le monde. Quant à nous, nous ne craignons plus l'Amérique.

Je suis réaliste, Maître Clark, et j'agis avec une flexibilité d'autant plus grande qu'elle n'est pas confrontée à l'irrespect et à l'insolence. Je deviens intransigeant quand on regarde mon pays avec un œil malveillant et, chaque fois que l'ennemi durcit ses rapports avec moi, je deviens plus intraitable encore.

« Cependant, un traitement plus humain de mon peuple de la part de l'autre partie ferait que je renoncerais même à une partie de mes droits.

La stabilité de l'Irak par les Irakiens

« Ils ont saisi l'état d'esprit de Saddam Husseïn et ont compris que la stabilité de l'Irak viendra des Irakiens eux-mêmes ; et que je ne négocierai pas pour avoir la vie sauve, même pour quelque chose de formel. »

À ce moment, le président commença à parler de beaucoup de choses en général, sur un ton enjoué, afin de créer un climat de détente et de sympathie entre nous, et il dit :

« Le 1er janvier 2006, les braves résistants ont touché le lieu de détention avec un missile qui est tombé dans le lac Ennour, et on voyait les

Américains détaler comme des rats ; ils ont voulu m'entraîner loin pour ma sécurité ! J'ai alors refusé et leur ai dit de me laisser écouter le bruit de ces combattants. J'ai dit à mes camarades de détention que nous sortirions au printemps, s'il pleuvait. Je suis convaincu que nous sommes nés avec un certain retard, et que nous aurions dû naître cent ans plus tôt.

CHAPITRE XI

VERBATIM RÉFLEXIONS ET COMMENTAIRES DU PRÉSIDENT EN DÉTENTION

SADDAM HUSSEÏN ET LE 11 SEPTEMBRE 2001

« On nous a demandé plus d'une fois pourquoi nous n'avions pas adressé nos condoléances à Bush, à la suite de la catastrophe du 11 septembre 2001.

« Ma réponse fut : " Ce serait une atteinte aux droits de l'Irak et des Irakiens. Les avions de Bush bombardent, détruisent tout ce qui se trouve en Irak, et tuent les Irakiens, enfants, femmes et vieillards.

« En plus, l'Amérique impose un embargo injuste à l'Irak qui a coûté au pays plus d'un million et demi de vies, et a privé les enfants de lait et les élèves de crayons, de cahiers et autres.

« J'ai dit à mes frères du commandement : qu'est-ce qui oblige Saddam à adresser un message de condoléances, sauf si l'on veut dénier à l'Irak et à l'humanité leurs droits fondamentaux, ou pire : faire preuve d'hypocrisie et de faiblesse ?

« Or, nous ne sommes ni faibles ni hypocrites. J'ai approuvé, au lieu de cela, que M. Tarez Aziz, vice-Premier ministre, envoie au nom du gouvernement irakien, un message de condoléances à notre ami Ramsey Clark et, à travers lui, aux familles frappées par ce sinistre.»

Extrait des Mémoires de
Saddam Husseïn en prison

Je demande au président comment il a vécu ce séisme.

Le président regarde au loin, comme s'il suivait le déroulement d'événements qui se profilaient à l'horizon et dit :

« Je me trouvais, en fin d'après-midi de cette journée, au bord de la piscine à un endroit couvert par les frondaisons touffues des arbres.

Pendant que je nageais, allant et venant, le volume du son de la télé fut légèrement augmenté et j'ai entendu l'un de ceux qui étaient assis au bord de la piscine annoncer qu'un événement s'était produit. Soudain, l'un des correspondants des médias est arrivé comme s'il voulait que je lui dise quelque chose. Il était, si je me souviens bien, aux environs de six heures et demie de l'après-midi. Je lui ai demandé ce qu'il voulait. "Monsieur le président, répondit-il, les journaux télévisés ont annoncé que des avions ont attaqué les États-Unis. La télévision est en train de diffuser des images de l'attaque". J'ai poursuivi ma séance de natation. Après une demi-heure, je sortis de la piscine et m'habillai. Puis, je pris le thé.

« Entre-temps, des amis sont arrivés. Tous parlaient de l'incroyable événement. Jusqu'à cet instant, je n'avais pas encore vu les images de l'attaque. Je m'installai pour suivre avec eux les péripéties de l'événement. Les commentaires allaient bon train. Pour l'un, c'était un coup étudié et les avions qui avaient attaqué les deux tours étaient téléguidés par des ondes spéciales. Pour un autre, c'étaient des avions commerciaux. D'autres observations ont été avancées. J'écoutais sans faire de commentaire. Ayant vu les gens fuir, en proie à la panique, je me demandai : "Quel crime ces innocents ont-ils commis ?".

Saddam Husseïn : le 11-Septembre, une action condamnable et injustifiée

« Pendant le dîner, nous continuions, mes hôtes et moi, à regarder les images que les télés diffusaient en boucle. Je dis : c'est, effectivement, un événement étonnant. Il a causé la mort de victimes innocentes. Quelle que soit la partie qui l'a exécutée, cette action est condamnable et injustifiée. Certes, il peut y avoir des gens qui ne sont pas d'accord avec l'administration américaine, mais ceci ne justifie pas cela. Quel crime peuvent avoir commis ces innocents ? J'ai dit à ce moment-là, que je m'attendais à ce que les États-Unis s'effondrent un jour et se désagrègent en plusieurs États comme s'est désagrégée l'Union soviétique. J'ai prévu cela depuis un certain temps et je pensais que la cause de l'effondrement serait d'ordre économique. L'économie des États-Unis a, en effet, connu une importante expansion. Cette croissance, le pays ne peut la gérer, car il s'est fourvoyé économiquement sur des voies incertaines. Je me suis dit que cet effondrement pourrait être à l'origine d'une sécession de certains États. Voilà ce que j'ai prévu. Mais que les États-Unis soient frappés de l'intérieur, de cette manière effrayante, cela ne pouvait pas se produire et ne pouvait être imaginé. On ne peut prévoir les conséquences d'un tel acte.

« Quand on accomplit ce genre d'actions terroristes, on compromet la légitimité de sa cause et on perd le soutien des peuples. Ces actes ne peuvent pas permettre à ceux qui les ont planifiés d'atteindre leurs objectifs ; bien au contraire, ils se retournent toujours contre eux.

« J'ai dit qu'il était très difficile, à ce moment-là, d'identifier, à partir d'analyses préliminaires, l'auteur, ou la partie, qui se tient derrière, qu'il était impossible pour les organes de sécurité des États-Unis, quelque performants que soient les outils dont ils disposent, d'arriver rapidement à un résultat, en se contentant de regarder la catastrophe. Je me suis attendu à ce qu'ils découvrent très tôt les auteurs, mais qu'ils pourraient échouer à identifier le véritable instigateur de la catastrophe et que l'acte pourrait être revendiqué, comme cela se fait chaque fois en pareilles circonstances. Cela leur épargnerait des investigations. Les États-Unis – et, avec eux, Israël – ont pris l'habitude d'appeler "terroriste" celui qui résiste et qui cherche à récupérer son droit spolié, alors qu'il existe une loi internationale reconnaissant les opérations de résistance comme des actions légitimes. On fait maintenant un amalgame entre ceux qui font de la résistance légitime contre l'occupant et ceux qui engendrent ces catastrophes dramatiques. Cela n'est pas innocent ; cela est voulu et procède d'un amalgame des concepts et d'une négation du droit à la résistance légitime.

« J'ai dit à mes hôtes qui souhaitaient m'entendre commenter l'événement que je n'évoquerai que les sentiments que m'inspirent ceux qui se suicident, ceux qui se sont emparés de ces avions et se sont tués avec. Ce comportement indique que, devant ce qui leur est arrivé, à eux ou à leurs proches à cause de l'attitude des États-Unis, ils ressentaient une injustice intolérable. Il ne fait pas de doute qu'ils savaient que l'argent ne pouvait remplacer la vie et qu'il ne leur serait d'aucune utilité après la mort. L'argent n'était donc pas leur mobile. Je peux affirmer que ces gens n'étaient pas des mercenaires. Mais l'injustice qui s'est abattue sur eux, a engendré dans les profondeurs de leur être une immense rancune et le puissant désir de se venger. Ne dit-on pas que l'injustice crée un climat délétère ! C'est le facteur qui incite à la vengeance. Tout en regrettant le sort des innocents qui ont perdu la vie dans cette catastrophe, je me demandais si l'Amérique était en train de prendre conscience de l'injustice de sa politique à l'égard de beaucoup de gens qu'elle poussait ainsi au suicide.

« J'aurais aimé que, au lieu de parler de "kamikazes terroristes", les services de renseignement américains cherchent à savoir qui se trouve derrière eux et qui leur a fait atteindre cette capacité à violer la sécurité du pays. Je doutais qu'ils parviennent à connaître toute la vérité. Peut-être fermaient-ils les yeux sur cette vérité, se contentant de désigner l'une des organisations terroristes.

« En tout état de cause, la vérité sera entièrement connue dans les jours à venir, car il est impossible d'accuser, avec cette rapidité et dans un laps de temps aussi court, la partie qui se trouve derrière cette grave action qui a pris pour cible le peuple américain, ce peuple qui n'accepte pas les agissements de sa maladroite administration.

« Derrière ce type d'opérations, il y a toujours des forces cachées que réunit un intérêt quelconque. Il ne sera pas aisé pour les services de renseignement américains de dénouer toutes les ficelles de ce crime... Ce qui compte, c'est que l'administration américaine prenne la mesure de ce qui s'est produit afin de changer ses politiques et ses pressions sur l'humanité. La patience des hommes et leur capacité à supporter l'injustice ont des limites. Quant aux actions-suicides, on ne peut pas les contrôler ; elles constituent le moyen ultime auquel a recours la victime pour se venger de celui qui lui inflige cette injustice. Il n'est d'aucun profit pour l'Amérique d'être prompte à accuser et à réagir, car le fait pour elle d'envisager la vengeance ne fera que pousser davantage les peuples à se venger encore.

« Cet événement m'affecte profondément. J'ai souffert à cause des destructions que subit l'humanité, à cause de la mort de ces innocents.

« Voilà ce que nous disions hier, quand la catastrophe s'est produite. Nous le redisons aujourd'hui, sans rien y changer : l'injustice et la tyrannie de l'administration américaine pousseront les gens à se venger d'une manière ou d'une autre. Nous rejetons toute action terroriste, qu'elle soit le fait d'États ou d'individus. Mais il est fort possible que les services de renseignement américains – ou le sionisme – ne soient pas innocents. C'est bien l'Amérique qui a fabriqué Al-Qaïda en Afghanistan pour qu'elle combatte l'Union Soviétique. Elle a utilisé cette catastrophe du 11 septembre comme prétexte pour attaquer l'Afghanistan et l'occuper, pour attaquer l'Irak et l'occuper. Son opinion publique a cru à la désinformation de Bush. »

Après ces dernières paroles du président, je me suis remémoré ce que faisaient les États-Unis depuis le 11 septembre 2001, pour trouver un lien entre Saddam Husseïn et Al-Qaïda. Dans une interview réalisée le 21 mars 2004, par CBS News, à la suite de la parution de son livre "Contre tous les ennemis", Richard Clarke a affirmé que Bush lui avait demandé, après le 11 septembre, de chercher un lien entre ces événements et le président Saddam Husseïn, bien qu'il l'ait déjà informé qu'il n'y en avait aucun. Il a également déclaré que Rumsfeld poussait, immédiatement après l'événement, dans le sens d'une attaque contre l'Irak. Bush lui avait demandé de chercher à savoir si l'Irak avait commis ces actes « comme si Bush souhaitait que je revienne le voir avec un rapport disant que l'Irak avait fait cela. »

L'ÉTAT ET L'OPPOSITION

Dans un entretien avec le président Saddam Husseïn au Camp Cropper, j'ai longuement parlé avec lui de l'opposition irakienne, ainsi que des erreurs qui ont été commises. Il m'a répondu :

«Tout système politique suscite des oppositions, que ce soit contre les lois, les procédures, les politiques intérieure ou extérieure de l'État. Cette opposition, nous la respectons dans la mesure où la divergence de vue s'inscrit dans le cadre de la Constitution. Nous avons traité avec de nombreuses personnalités nationales irakiennes d'opposition. L'objectif de ce genre d'opposition est, en effet, un noble objectif national et ces Irakiens sont respectables, tant qu'ils ne s'appuient pas sur l'étranger pour déstabiliser le pays. »

« Nous étions, a-t-il ajouté, sur le point de parvenir, avec certaines figures de l'opposition nationale, à une position commune pour servir l'Irak, n'eût été l'agression de l'Amérique.

« Cette opposition-là avait un projet national, sans lien aucun avec des puissances ou des ambitions étrangères. Ce sont des gens qui agissent au grand jour. À eux et à bien d'autres, nous vouons tout notre respect.

« Quant à ceux qui agissent clandestinement et depuis l'étranger, au nom d'objectifs prétendument religieux. Ceux qui sont à la solde des ennemis de l'Irak et des Arabes, l'Iran ou autre, tout cela dans un dessein personnel, sans penser à l'unité et à la paix civile, ceux-là n'ont pas leur place en Irak. Pour peu qu'ils fassent amende honorable, qu'ils mettent leur projet au service de l'intérêt national, qu'ils agissent au grand jour et qu'ils mettent fin à toute connivence avec l'étranger, l'Irak les accueillera à bras ouverts. Dans le cas contraire, nous les combattrons. Ce sont eux, en effet, qui sont venus à la traîne des chars de leurs maîtres. Ce sont eux les ennemis de l'Irak et de son peuple. »

Les exemples abondent où certaines personnes, faibles de caractère, ont conspiré contre les dévoués fils de l'Irak et les ont poussés à rejoindre, malgré eux, le camp d'en face, les mettant dans la position d'opposants comploteurs contre l'Irak. Le moment venu, nous dévoilerons les détails relatifs à l'opposition, comment beaucoup de patriotes se sont trouvés contraints d'être contre l'État et contre le régime et quelles sont les parties qui les y poussaient, le tout étayé par des documents et des preuves.

Le président d'ajouter en souriant : « Il se pourrait, mon fils, que je sois relayé par mille Saddam Husseïn. »

Mais, dis-je, il se peut bien que des gens aient été victimes d'une dénonciation ou de l'arbitraire de certains membres de l'entourage. Ce à quoi le président répondit :

« Effectivement, ce genre de choses est possible. Pour autant, j'ai toujours rendu justice à toute victime d'un acte arbitraire dont j'ai eu connaissance, j'ai toujours aidé tous ceux qui me l'ont demandé. J'ai toujours eu et j'ai encore une vision égalitaire de l'État. De nombreuses erreurs ont été commises, mais nous évitions autant que possible de les commettre. Bien que n'étant pas exempt de risques d'erreur, je n'ai pas souvenir d'avoir laissé comettre une injustice envers qui que ce soit. Cela a pu avoir lieu sans que je le sache. Je n'admets pas d'avoir parmi nous quelqu'un qui puisse nuire au peuple ou ternir l'image de notre œuvre. »

Et le président d'ajouter :

« Ceux qui qualifient ou qui qualifiaient notre régime national de dictatorial et qui étaient nos opposants, voyaient leur point de vue écouté. Il arrivait que nous soyons en accord, ou en désaccord. Il arrivait même que nous les aidions financièrement. Nous le faisions parce qu'ils sont partie intégrante de ce peuple. Si monsieur Jalal Talabani était cohérent, il en dirait beaucoup sur ce sujet. Il en va de même pour monsieur Massoud Barazani. »

De par ma proximité avec le président au cours de ces quelques années et à travers mes contacts avec beaucoup de membres de son entourage et de ses proches, j'affirme, en toute sincérité, que certains d'entre eux sont restés dévoués à la patrie et au président, alors que d'autres ne méritaient pas cette confiance. Certains se sont même montrés ingrats envers le président. D'autres, bien que recherchés par les forces américaines, ont pris des risques en témoignant en faveur du président devant le tribunal.

J'ai dit au président que beaucoup de fidèles étaient tenus à l'écart et que certains de ses proches étaient victimes des pratiques de membres de son entourage rapproché qui ont fini par lui porter préjudice, ce à quoi il a répondu : « Effectivement, ils étaient marginalisés et n'ont pas reçu ce qu'ils méritaient. »

En tant qu'irakien, j'affirme, pour l'histoire, que Saddam Husseïn a toujours œuvré en faveur de l'instauration de la justice et de l'équité. Il n'y a pas eu une seule victime de l'arbitraire l'ayant sollicité qui n'ait été rétablie dans son droit et que son bourreau n'ait été sanctionné. Il est vrai que certains lui ont caché la vérité, mais il a toujours été ferme, même avec ses propres fils et ses proches.

Le président et les erreurs de certains de ses proches

Lors d'une de mes rencontres avec le président, je lui ai posé la question de savoir comment il réagissait aux erreurs de ses fils et de ses proches. « Un jour, m'a-t-il dit, un officier s'est plaint à moi que Oudaï et un de ses oncles l'auraient agressé à coups de bâton. J'ai convoqué ces derniers sur le champ et demandé à l'officier de les frapper avec le même bâton. Devant son refus, je l'ai menacé d'une sanction et de sa dégradation. Il les frappa enfin, sans conviction. Je pris moi-même le bâton et frappai durement Oudaï.

« Un autre jour, a-t-il ajouté, Koussaï a fauté. J'ai ordonné à mes gardes personnels de le mettre aux arrêts dans une cellule. »

« Oudaï ayant tué un des gardes, le regretté Kamel Hanna, j'ai ordonné qu'il soit arrêté et jugé. Mais je constatai que le ministre de la Justice éprouvait un certain embarras devant moi. J'ai alors décidé à son encontre la peine de mort. Mais sa mère envoya, à mon insu, un émissaire auprès du roi Husseïn, que Dieu ait l'âme de ce grand homme. Le roi accourut immédiatement à bord de son avion. Je croyais qu'il était venu dans le cadre de concertations ordinaires entre les frères arabes. Mais quelle ne fut ma surprise : il me demanda de pardonner à Oudaï, allant jusqu'à jurer de ne plus jamais venir en Irak si je ne donnais pas suite à sa requête. Conformément aux traditions arabes, je me suis trouvé contraint de gracier Oudaï, sous réserve du pardon de la famille de la victime.

« Un autre jour, j'appris que mon frère Watbane, alors ministre de l'Intérieur, avait eu une attitude inconvenante et irresponsable à Bagdad. Son chauffeur s'étant arrêté à un feu rouge, Watbane descendit de voiture et, dans un geste d'humeur, tira sur le feu de signalisation occasionnant sa destruction, sous le regard des passants. Je lui demandai des explications. Il me répondit qu'il avait perdu le contrôle de lui-même, pendant un instant d'énervement et s'en est excusé. Je lui dis : « Oui mais je regrette, il n'y a pas de place dans notre direction pour les fous et les irascibles. Considère-toi, dès cet instant, comme démissionnaire. Et c'est ainsi qu'il fut limogé du ministère de l'Intérieur.

« J'ai toujours appliqué la loi de façon égalitaire.

« Je soutenais particulièrement le gouverneur de Saladin compte tenu de la présence de mes proches dans cette province. Un jour, il m'a contacté pour m'informer qu'un fils de mes proches conduisait sa luxueuse voiture d'une manière dangereuse. Je lui ai demandé de sortir lui-même et de mettre le feu à la voiture en question ou de donner des ordres pour qu'on y mette le feu !

« Quand je recevais des informations sur Oudaï, le plus turbulent de mes fils, j'étais constamment inquiet, au point de limiter ses prérogatives dans maints domaines. J'appris, alors que l'Irak était sous embargo, qu'il possédait de nombreuses automobiles, dont certaines reçues en présents de commerçants ou d'amis. Je demandai à mon aide de camp où se trouvaient les voitures en question. Dès que j'appris qu'elles étaient au parc de l'Assemblée nationale, je m'y rendis et les brûlai toutes. L'aide de camp me demanda pourquoi ne pas les distribuer au peuple. Je lui rétorquai que quiconque recevrait une de ces voitures serait la cible de la vengeance d'Oudaï et aurait des désagréments à mon insu.

« Je me fâchais quand j'apprenais qu'un de mes proches se comportait mal, car son attitude rejaillissait sur ma réputation.

« Lorsque Oudaï fut la cible de tirs à Al-Mansour, lors d'une tentative d'assassinat, je ne me suis même pas enquis de l'incident, je le jure. Je n'ai même pas cherché à savoir si une enquête avait eu lieu ou pas, jusqu'à ce que le directeur des services de renseignement vienne me voir et relate certains détails des faits. Je me suis contenté de me rendre à son chevet, à l'hôpital, avec quelques membres de la famille. »

J'ai alors demandé au président si ses fils avaient un rôle dans le pouvoir de décision politique. Il me répondit ceci : « Ni ma petite famille ni mes fils n'avaient un rôle ni dans la politique ni dans le processus décisionnel politique. Le pouvoir de décision était de notre ressort, mes compagnons et moi. Pour autant, mon avis, lors de la prise de décision, ne résultait pas forcément de la somme des voix. En effet, pour décider, le dirigeant ne doit pas tergiverser. Car je n'aime pas les gens hésitants. »

Les décisions de justice sous la présidence de Saddam Husseïn

À propos des condamnations à mort qui furent prononcées quand il était au pouvoir, le président me répondit un jour :

« La peine capitale est conforme à la Constitution de l'Irak et aux lois qui en sont issues. Cette sentence est appliquée dans la plupart des pays du monde, y compris aux États-Unis. Elle sanctionne les grands criminels, les coupables de haute trahison, mais aussi tous ceux qu'on juge irrécupérables, qui ont commis des assassinats ou attenté gravement à l'honneur d'autrui.

« On ne peut rien attendre de celui qui a trahi son pays. Le laisser impuni serait l'encourager dans la voie qu'il a choisie. Les Irakiens sont témoins que j'ai gracié de nombreux condamnés à la peine capitale. Depuis, certains se sont rachetés et ont même assumé de hautes responsabilités à la tête de l'État. Mais d'autres, parce qu'ils étaient dépourvus de toute humanité, n'ont pas su saisir cette chance. Peut-être trouvera-t-on des cas pour lesquels cette peine n'était pas juste. Mais ce n'était pas ma responsabilité, plutôt la conséquence d'une instruction mal conduite. Nous donnions alors au condamné le statut de héros de la Nation, ce qui évitait de léser ses descendants, ses parents et son clan. Et dans certains cas, où aucun doute ne pouvait être permis, nous allions jusqu'à considérer les condamnés comme des héros tant nous voulions éviter de nuire aux parents. Mais en réalité, parmi ceux que nous avons considérés comme des martyrs, beaucoup n'étaient pas innocents.

« Mes charges étant lourdes et fatigantes, j'ai toujours exigé de mon secrétaire de ne me présenter les sentences d'exécution que lorsque j'étais au mieux de ma forme psychologique et physique. J'ai examiné tous les cas avec attention et il m'est souvent arrivé d'ordonner de reprendre à zéro la procédure de l'instruction. Même si je n'apprécie guère les hésitants, apposer ma signature au bas d'une sentence d'exécution m'a toujours fait réfléchir. Je n'oubliais jamais que j'agissais au nom de la mission constitutionnelle que le peuple m'avait confiée et que j'avais juré d'honorer pour défendre ses intérêts. Quand je signais la sentence, je ressentais souvent un profond malaise parce que nous venions de perdre un Irakien. C'est ainsi que nous agissions avec notre peuple.

« Nous avons prononcé des dizaines d'amnisties générales ou particulières, et nous avons, plus d'une fois, vidé nos prisons. Nous avons toujours donné plus d'une chance à ceux qui le méritaient. Car le peuple d'Irak mérite qu'on se sacrifie pour lui. J'ai même dû, après l'occupation de Bagdad, affronter plus d'un reproche au regard des amnisties que j'avais ordonnées, des camarades ne voulant pas en entendre parler pour certains criminels et récidivistes. »

Le président m'a rapporté cette histoire, qui remonte au lendemain de la Révolution :

« En 1959, le Parti communiste s'est allié à Abddelkarim Kaçem. Les massacres se répandirent en Irak et notre parti y fit face avec beaucoup de bravoure. Arrêté, je fus traduit devant une cour martiale et condamné à la peine de mort. J'étais en terminale, au lycée, et on a fait comparaître quatre-vingt-dix faux témoins, à l'instar de ceux convoqués aujourd'hui devant cette Cour maudite. Cela n'a pas empêché notre Révolution d'aboutir. Dès lors, mes accusateurs étaient à ma merci. Mais je ne me vengeai pas, Dieu m'en est témoin. L'un des officiers, nommé Abd Al Hadi, natif d'Al Mawsil, avait osé me frapper pendant ma détention. Il fut arrêté pendant quatorze jours... ou quarante, je ne sais plus. On l'avait surtout arrêté pour le protéger. Quand sa famille vint me voir, je l'accueillis comme ma propre famille. Puis j'ai libéré Abd Al Hadi et l'ai nommé directeur général adjoint au ministère du Travail et des Affaires sociales. Dieu merci, nous n'avons gardé aucun ressentiment contre lui et nous n'avons exercé aucune vengeance. »

LE PRÉSIDENT ET LES AUTORITÉS RELIGIEUSES CHIITES

Après ma première rencontre avec le président Saddam Husseïn en 2004, je reçus, dans ma maison d'Al Anbar, la visite d'un dignitaire accompagné du cheikh de l'un de grands clans du pays. Il se présenta comme un proche de Moktada Al Sadr et voulait s'enquérir du rôle du président dans l'assassinat du père de Moktada. Il promettait de rapporter fidèlement l'information, affirmant sa détermination de vouloir tuer dans l'œuf le conflit qui se tramait entre sunnites et chiites.

Informé de cette démarche, le président me répondit :

« Toutes les informations que j'ai pu recueillir auprès des services de sécurité convergent : le père de Moktada tentait de réunir tous les Irakiens et d'être à leur tête pour la grande prière du vendredi. Après coup, il est apparu clairement que c'était l'Iran qui, comme à l'accoutumée, avait fomenté son assassinat afin de jeter le trouble, susciter la division et provoquer la sédition dans nos rangs. Il est notoire que c'est la façon d'agir des Perses, pour mieux jeter la discorde entre les musulmans d'un même pays. Je n'étais pas moi-même au courant de ce qui se tramait et, quand j'ai demandé des explications aux responsables de la sécurité, ils m'ont informé qu'eux non plus n'en avaient rien su. Nous eûmes alors la certitude que c'était bien l'Iran qui était derrière cette machination, avec pour seul but de nous faire accuser et de déclencher un conflit fratricide. Nous avons d'ailleurs, par la suite, présenté toutes nos condoléances à Moktada. »

« Nous avons toujours, ajouta-t-il, respecté les hommes de religion, de quelque confession qu'ils fussent, musulmans, chrétiens, sabéens, etc. Ils n'ont jamais fait l'objet d'une discrimination quelconque, sauf s'ils remettaient en cause les bases du patriotisme et de la fidélité à l'Irak. »

Comment le président Saddam Husseïn voit-il l'avenir ?

La scène arabe apparaît aujourd'hui, comme une grande terre jonchée de mines, réparties entre l'Irak, la Palestine, le Liban, le Soudan et la Somalie, sans compter les menaces à l'adresse de la Syrie, dans une tentative d'embraser l'ensemble de la région, pour préparer un «nouveau Proche-Orient », ou ce qu'on appelle un nouveau Sykes-Picot, un nouveau partage des zones d'influences, à la mesure de ce que désirent l'Amérique et ses alliés. L'Amérique a commencé à menacer l'Iran pour qu'il arrête son programme nucléaire, d'où ce début de tentatives de pression et de contre-pression. Beaucoup de gens se sont demandés alors si l'Amérique et Israël allaient vraiment frapper l'Iran, leur allié qui a comploté avec elles pour détruire l'Irak.

L'Amérique et l'Iran

J'ai interrogé, à ce propos, le président, lui qui sait plus que quiconque ce qu'est l'Iran qui, avec les « Safaoui », les chiites à sa solde, en ont fait voir de toutes les couleurs à l'Irak, tout au long de son histoire. Il dit :

« L'Amérique ne frappera pas l'Iran, Israël non plus. Pour l'Amérique qui a permis à l'Iran de jouer un grand rôle dans la destruction de l'Irak, le principal ennemi est la résistance irakienne, pas l'Iran. Durant la guerre irako-iranienne, je me suis rendu partout dans le pays, inspectant la force dont nous disposions dans chaque escadron, apprenant par cœur la nature de nos armes. Je puis dire que je connais tous les complots de l'Iran. Et puis les chiites d'Irak, majoritaires dans notre vaillante armée, sont des patriotes.

« Ce qui m'afflige, c'est l'attitude des Arabes qui ont assisté en spectateurs à l'agression du Liban en juillet 2006, offrant à l'Iran l'occasion de jouer sur les sentiments. Nos frères arabes sont bien loin de ce que nous fûmes par le passé !

« Quant aux menaces d'Israël contre l'Iran, nous avons une expérience, à ce propos. Quand les Iraniens ont demandé à passer par l'Irak, pour combattre Israël, nous leur avons fait rater cette possibilité, en leur répliquant que pour leur permettre de traverser nos terres vers Jérusalem, il fallait d'abord conclure la paix ! Ils ont dit : Bagdad d'abord, Jérusalem ensuite.

« Lors de la guerre irako-iranienne, j'étais enchanté lorsqu'on me disait que tel officier était kurde, beaucoup plus que s'il était arabe. Nous avons combattu l'Iran, loin de tout esprit ethnique, alors qu'il voulait imposer à notre peuple une guerre confessionnelle et ethnique qui déchirerait son tissu national. Les deux principaux bénéficiaires de la destruction de l'Irak et des Arabes seraient l'Iran et Israël.

« Contrairement à ceux qui disent que l'Amérique va frapper l'Iran, je dis qu'elle ne le fera pas. C'est que si l'Amérique décide le faire, il lui faut préparer une force terrestre au détroit d'Ormuz et à l'est du golfe arabe. Sinon l'Iran fermera le détroit par ses canons et missiles. Toute frappe de l'Amérique contre l'Iran fera grimper le prix du baril de pétrole vers les 200 dollars. Trop cher…

La Syrie doit se méfier de l'Iran

« En ce qui concerne la Syrie, elle doit se tenir sur ses gardes, l'Iran étant plus apte à étendre son influence au Liban. La Syrie est politiquement mûre et il est vrai qu'elle craint la résistance, parce que ses conditions intérieures sont particulières. Il n'est pas dans son intérêt d'ouvrir le front du Golan, qu'ils ne considèrent, d'ailleurs, pas comme leur but essentiel. Mais la Syrie a tout à gagner à ouvrir ses frontières avec le Liban, à soutenir la résistance libanaise et à laisser les portes grand ouvertes aux volontaires. Et puis, les relations ont toujours été bonnes entre le Liban et la Syrie, mais lorsqu'une partie étrangère intervient, elles se détériorent. Nos frères au Liban devraient trouver une solution avec leurs frères syriens, en dehors de l'emprise américaine, cette dernière étant vouée à être annihilée, grâce à la résistance irakienne, beaucoup plus vite que ne le pensent certains.

« Et je dis qu'Israël attend le feu vert pour frapper le réacteur nucléaire iranien. Mais elle ne peut frapper des sites iraniens à la place de l'Amérique, tant que l'Iran dispose de missiles capables d'atteindre Israël.

« Quant à la Turquie, je crois qu'elle ne peut agir en dehors de ce qui est permis par l'Amérique. Et celle-ci n'a pas d'intérêt à ce qu'il y ait animosité entre Turcs et Kurdes d'Irak.

« Je crois que l'Occident ne peut frapper l'Iran, cela serait fatal pour lui. Par conséquent, les États-Unis trouveront un accord avec l'Iran, selon leurs intérêts. Le peuple irakien paiera de ses richesses, de son indépendance et de son unité nationale, le prix de cet accord. Tout ce remue ménage autour de l'Iran n'est destiné qu'à occuper les Arabes par cette question. Le sionisme ne veut pas que l'Iran soit frappé. L'Amérique n'est pas seulement venue en Irak pour écarter Saddam Husseïn du pouvoir, même si cet objectif était caché, mais pour exécuter une stratégie à long terme qui permettrait la réalisation des objectifs sionistes. Et si l'Amérique considérait le réacteur nucléaire iranien comme un danger menaçant l'entité sioniste elle ou l'entité sioniste l'aurait frappé avant que l'Iran n'arrive à la phase de l'enrichissement de l'uranium, comme le fit l'ennemi sioniste avec le réacteur irakien de Tamouz. Aussi, l'Amérique voit-elle en la résistance irakienne le vrai danger et non ce qui a trait à l'Iran ou l'intervention iranienne en Irak.

« Le maximum que je puisse imaginer, c'est que des avions américains procèdent, pendant une période assez courte, à des frappes sur des cibles déterminées, avant que soit annoncé un cessez-le-feu. C'est peu probable, mais il se peut également que la frappe vienne des Démocrates. Ce serait par décision du Conseil de Sécurité et non par décision américaine, comme ce fut le cas en Irak.

Iran et Israël, ennemis héréditaires

« Je leur ai montré le danger iranien dans la réalité, c'est-à-dire que je leur ai permis une bonne répétition. Les Américains et les décideurs arabes ont mieux compris le danger que l'Iran représente. J'affirme que si les Américains arrivent à résoudre leurs problématiques en Irak, ils pourront alors porter des frappes contre l'Iran. L'Amérique ne s'engagera pas seule en guerre, mais en s'alliant à des pays européens. L'Iran, pour nous Arabes, est plus dangereux qu'Israël ; les Arabes doivent le comprendre. Vous n'ignorez pas qu'il y a une alliance historique entre l'Iran et les Juifs, depuis que le roi Nabuchodonosor avait asservi les Juifs à Babylone, suivie de l'alliance avec la Perse qui a ramené les Juifs en Palestine... Mais si l'Iran dispose de la bombe atomique, il sera difficile de l'affronter . Le président a poursuivi ses propos : « Ce qui nous entoure ne nous enchante pas. Nous n'en sommes pas responsables et nous ne pouvions l'empêcher, mais nous sommes capables de nous y opposer. Voici la guerre au sud du Liban, c'est Israël qui l'a commencée et qui a ouvert un large front, à l'instigation de l'Amérique pour détourner l'attention de ce qui se passe en Irak. Mais il s'est trouvé dans un vrai pétrin et le résultat final sera en faveur de la lutte humanitaire et arabe. Israël ne peut pas endurer une longue guerre et il essaiera de pousser à l'exil les gens du Sud-Liban, pensant s'assurer un espace sécurisé qui le sépare des combattants, ce qui handicaperait les canons et les armes de la résistance. Le Hezbollah continuera de bombarder l'ennemi sioniste malgré le déséquilibre entre les deux forces. D'après ces facteurs et d'autres, Israël demandera un cessez-le-feu, non pas directement, mais par le biais de quelques chefs arabes.

« Nous ne cessions de dire que ce n'était pas la peine d'envoyer des armées pour combattre Israël, et qu'il suffisait de placer des pièces d'artillerie sur la frontière sans la franchir, du côté de la Jordanie, pour le menacer, dans un premier temps, d'un retour aux frontières de 1967. Et si le seul Hezbollah a fait voler en éclats la réputation d'Israël, quelle serait la situation si les Arabes s'unissaient face à lui ? J'ai affirmé que l'armée irakienne était prête à se positionner sur les frontières et à dire : frappez avec vos canons et vos missiles et ne comptez pas sur une fin de la guerre avant six mois. C'est qu'Israël est incapable de soutenir les obus des canons tout ce temps, mais l'essentiel c'est que les Arabes frappent de toutes leurs forces sans discontinuer, de terre comme de mer, même s'ils n'avancent pas de deux mètres. Il sera alors exténué et suppliera pour signer la paix avec les Arabes.

« La résistance libanaise et la résistance irakienne donneront à l'Amérique une leçon dans la compréhension de la personnalité arabe. Elles éveilleront aussi la mémoire occidentale qui connaîtra l'histoire de la lutte arabe. La tension monte dans la région arabe et je crains une grande explosion qui lui succéderait. Je crois que l'Égypte, l'Arabie Saoudite, puis le Maroc y sont exposés. Si quelque chose arrive en Arabie Saoudite, on exploitera la dissension ethnique et ce sera le même cas en Égypte et au Liban. »

La contagion aux pays arabes

Après un long moment de silence, pendant lequel le président regardait au loin, comme s'il puisait dans sa mémoire, il dit : « J'ai déclaré aux Arabes que si l'Irak en arrivait à être divisé, l'Égypte et d'autres pays connaîtraient le même sort. Si une épée est brandie pour une cause juste, celles de quatorze Irakiens s'y joignent. J'avais dit aux Arabes que Bagdad les soutenait, du premier point de l'Occident arabe jusqu'aux limites de l'orient. À l'époque, quelques pays arabes ont été leurrés par la révolution de Khomeïni, croyant qu'elle était dans l'intérêt des Arabes et des Musulmans. Je me souviens encore qu'au cours de la guerre irako-iranienne, la Libye avait fourni des missiles à l'Iran. Ces missiles ont frappé Bagdad. Plus tard, un émissaire libyen s'est rendu en Tunisie et feu Habib

Bourguiba, paix à son âme, l'a réprimandé en lui disant : "Comment Bagdad peut-elle être frappée par vos missiles ? "

Et le président d'évoquer ceux qui continuent à le calomnier sur sa gouvernance, ignorant l'extraordinaire parcours de l'Irak :

« Quant à ceux qui parlent d'erreurs commises dans un parcours de 35 ans, je leur dis que seul celui qui ne travaille pas ne commet pas de faute. Est-il possible qu'une révolution qui compte toutes ces réalisations et valeurs ne soit accompagnée d'erreurs, ici ou là ? Les révolutions qui ont eu lieu dans le monde en étaient-elles exemptes ? Est-ce qu'une révolution comme celle-ci, avec tous ses programmes économiques, scientifiques, de ressources humaines et de développement peut exister sans que des erreurs ne soient commises ? Nous sommes conscients que, dès le début, on a comploté contre cette révolution grandiose et nous savons que les conspirations ont commencé depuis que la révolution a nationalisé le pétrole en 1972. À propos de notre peuple kurde et de l'autonomie dont il jouissait, nous demandons : est-ce que les Kurdes dans les pays voisins, plusieurs fois plus nombreux que ceux de l'Irak, ont les mêmes droits que ceux dont jouit notre peuple ? Et lequel des pays dit du Tiers-Monde a pu, comme l'Irak, venir à bout de l'analphabétisme, en une période aussi courte ?

« Le système de santé en Irak dépassait de loin ceux de certains pays développés. À l'ère de la révolution, nous avons formé, toutes spécialités confondues, une armée de scientifiques, penseurs, enseignants, juges, avocats. Ils constituent la richesse du peuple et de la nation.

« Quant à ceux qui parlent de démocratie, ils ont été les premiers à l'entraver. Depuis que l'honneur du pouvoir nous a échu, il ne m'est jamais arrivé de prendre une décision sans la participation de nos frères du commandement, quel que soit le domaine. Où est donc la démocratie de l'Occident, lorsque des millions de leurs peuples ont manifesté contre la guerre en Irak, sans que leurs voix et leurs appels ne soient écoutés ?

« Les juges avaient une situation convenable et un bon niveau de vie. Nous les entourions particulièrement de notre sollicitude pour qu'ils assurent l'équité et rendent justice aux victimes. Pour qu'ils soient insensibles à la corruption. Grâce à Dieu, le domaine de la justice n'a enregistré aucune transgression ou abus. Le peuple vivait en paix et en sécurité dans un État de droit et d'institutions.

« En 1990, l'Irak avait préparé un programme pour le multipartisme. Nous allions le mettre en œuvre et l'appliquer, mais les circonstances imposées par l'Amérique, le sionisme mondial, leurs agents et leurs hommes de main, nous en ont empêchés.

« Oui, aujourd'hui comme hier, nous sommes soucieux de notre peuple plus que de nous-mêmes et nous sommes attachés à son droit de choisir, comme nous l'avons juré devant lui.

« Ce qui arrive aujourd'hui à notre peuple, patient et stoïque, rien que pour son rôle pionnier et avant-gardiste dans le service des valeurs de sa nation, fait mal au cœur. Qu'a fait l'Irak ? Avons-nous traversé les océans et agressé l'Amérique ? Est-ce que nous avons des visées contre l'Amérique ? Ce sont, je le jure, leurs rancunes et les rancunes des Perses, depuis la nuit des temps.

Le président et la position arabe et internationale

Un très fort sentiment de frustration persiste après ce qui s'est passé en Irak. Où sont les chefs d'État avec lesquels l'Irak avait des intérêts communs, où sont passés les chefs d'État arabes et la prétendue solidarité qui unit nos peuples ? Pourquoi la majorité s'est-elle tue, et pourquoi l'Irak a été abandonné et abattu devant des millions de témoins ?

Certains ont pudiquement tourné la tête. D'autres ont participé à la destruction de l'Irak. Jamais pourtant – pour aucun d'entre eux – Saddam n'a ménagé ses efforts.

J'ai demandé au président s'il avait anticipé la position internationale et arabe avant la guerre et s'il avait présumé qu'un des États eût élevé la voix pour s'opposer à ce que faisait l'Amérique.

« Bien sûr mon fils, nous ne vivons pas sur une île déserte, isolée du reste du monde. L'Irak est considéré comme une région vitale, ou plutôt une zone d'intérêts internationaux et non une zone d'intérêts particuliers à un seul État, quelle que soit sa puissance. L'Irak avait des relations fortes et étroites avec quelques États, des relations d'intérêts légitimes mais aussi des traités de défense commune avec les États arabes.

Mais la prise de position de l'Union soviétique en faveur de la cause arabe n'a pas été à la hauteur de notre attente. La Russie a fini par faire faux bond à l'Irak et aux Arabes, elle aurait dû, au moins, protéger ses propres intérêts en Irak.

« Il est vrai que l'effondrement de l'Union soviétique et les événements qui s'en sont suivis ont rendu l'Amérique – désormais seule hyperpuissance mondiale –, plus arrogante. La Russie actuelle est plus faible que ce qu'elle était auparavant au sein du bloc soviétique, mais demeure la deuxième puissance mondiale. Elle peut encore agir et protéger ses intérêts ainsi que ceux de ses satellites par des traités et des conventions.

« Quant à la France, elle a été influencée par les prises de position de certains pays occidentaux qui se sont rangés derrière les États-Unis. La France s'est même éloignée de ses positions du temps du général De Gaulle. Je suis convaincu, étant donné que l'Amérique s'est retrouvée seule à diriger le monde, que la France continuera à subir les influences de la politique américaine jusqu'à l'émergence d'un autre grand pôle comme la Chine et ses alliés.

« Les différentes prises de position à l'échelle internationale n'ont malheureusement pas été à la hauteur de nos attentes – même les plus infimes – pour interdire les agressions de 1991 et de 2003. Mais je considère qu'après l'effondrement des États Unis,– et ils s'effondreront par la grâce de Dieu –, l'Europe unie s'imposera comme le pôle principal et le plus influent de la politique internationale. Avec des positions indépendantes. Les États européens s'affranchiront du suivisme actuel vis-à-vis de la politique américaine.

« Avant 1990, j'avais prévu l'effondrement de l'URSS et du bloc de l'Est. J'avais prédit le déséquilibre des rapports des forces qui en découlerait, érigeant les États-Unis en hyperpuissance que nul contrepoids ne pourrait contrôler. J'avais prédit que le monde arabe en pâtirait.

Des espions inspectent l'Irak

« Quand les inspecteurs commencèrent à fouiller l'Irak en long et en large, nous étions confiants. Nous ne possédions rien de ce qu'ils prétendaient. Malgré notre conviction – mes frères du commandement et moi-même – que ces inspecteurs étaient en fait des espions à la solde des Américains, nous espérions que nos frères arabes et nos amis, comme la France et la Russie, ainsi que d'autres États importants en Europe et en Asie, seraient un recours pour que la vérité triomphe. Qu'ils empêcheraient l'éclatement de la guerre, ou, tout au moins, conseilleraient aux Américains de ne pas se laisser emporter par leur bêtise et de réfléchir. En outre, l'opinion publique internationale – en particulier dans les États qui appelaient à son déclenchement comme les États-Unis ou la Grande-Bretagne – était contre la guerre. Nous espérions que le gouvernement américain recouvrerait sa lucidité et prendrait cette réticence en considération. Nous pensions aussi que certains États feraient rempart ne serait-ce qu'en raison de leurs intérêts en Irak, qui possède la deuxième réserve de pétrole au monde. Je pense à la France, à la Russie, à la Chine et même au Japon.

Une brutalité inattendue

« Sur cette base, compte tenu de la compétition d'intérêts entre les États, nous espérions qu'ils ne laisseraient pas les États-Unis céder à la folie de leurs dirigeants et commettre une telle bêtise. Cet espoir est demeuré vivace, même après l'occupation de villes importantes en Irak.

« En raison de ces intérêts internationaux, notre conviction était que la guerre n'aurait pas lieu, ou au moins que son déclenchement serait retardé. Et que, si elle devait avoir lieu, elle n'évoluerait pas dangereusement et n'aboutirait pas à ce qu'on a connu. Nous étions préparés à son éclatement, mais pas à ce niveau de brutalité.

« L'Irak supportait un embargo depuis plus de treize ans. Il avait subi un assaut des États-Unis et des armées de vingt-cinq pays pendant plus de quarante jours en 1991, des attaques aériennes quotidiennes. En tout, l'Irak avait connu quatre agressions d'envergure de la part des forces américaines et britanniques durant la période 1991-2003. Comment aurait-il pu s'opposer à une telle armée avec un rapport des forces aussi déséquilibré. »

L'Onu bafouée

Le président ressassait la même question : « Comment la communauté internationale et nos amis pouvaient-ils permettre aux États-Unis d'Amérique d'attaquer l'Irak, alors que leurs intérêts se trouvaient chez nous? En outre, les États-Unis ne devaient-ils pas obtenir – au préalable – une résolution du Conseil de Sécurité de l'Onu les autorisant à attaquer l'Irak ? Les amis russes, chinois et français allaient donc assister à cette manœuvre en spectateurs ?

« L'Amérique est un État qui ne connaît pas de limites à sa puissance. Mais nous ne vivons pas dans un monde régi par la loi de la jungle. Où est donc le droit international avec ses conventions et ses coutumes ? Il est bafoué ! Où est le monde, où sont nos frères arabes ? Je n'exclus pas que quelques gouvernements arabes, par leur silence, aient avalisé l'agression contre l'Irak.

« Je n'aurais jamais imaginé que les États-Unis nous envahiraient avec ses armées de fantassins, de marines, et autres. Si invasion il devait y avoir, elle serait limitée ou, en tout cas, pas de ce type croyais-je.

RENCONTRE DU PRÉSIDENT AVEC UN MINISTRE IRANIEN

Le président m'a rapporté plusieurs anecdotes sur ses rencontres avec les chefs d'État et responsables politiques d'États arabes ou voisins, dont celle-ci :

« En marge du sommet des non-alignés à Cuba en 1979, le ministre des Affaires étrangères de l'Iran – dont je ne me rappelle pas le nom avec exactitude – souhaita un jour me rencontrer. Il essayait d'exporter la révolution de Khomeïni. Il avait évoqué l'alliance du Shah avec Israël. Il nous demandait, à nous Arabes, de soutenir la révolution islamique. Et, parmi ses demandes étranges et provocantes, que l'Irak ne s'ingère pas dans les affaires iraniennes.

« Ce à quoi je lui répondis : gardez votre révolution pour vous et laissez les peuples des États voisins décider tous seuls de leur destin. Par ailleurs, vous devez quitter les trois îles arabes. »

Il me répondit avec impertinence : « Vous n'avez pas le droit de vous ingérer dans le destin des trois îles. Personne ne vous a mandaté pour parler au nom de l'État des Émirats et nous ne sommes pas prêts à discuter avec vous de cette question. »

« Je lui ai alors signifié qu'il leur faudrait bien analyser nos intentions pour ne pas se tromper, qu'il leur faudrait se rappeler que nous étions des Baassistes, que toute cause arabe était la nôtre, que nous n'avions besoin de l'autorisation de personne.

« Aussi, nos frères arabes – et leurs dirigeants en particulier – doivent se rappeler que l'Irak a joué un rôle de rempart face aux Perses et à leurs intentions malfaisantes.

« L'Iran rêve, planifie l'occupation du golfe arabe après que l'Irak en sera écarté.

« Quand Khomeïni s'est emparé du pouvoir, avec l'aide des États-Unis, ses partisans ont provoqué de graves désordres. Nous déclarâmes alors : «“ Ce n'est pas une révolution, mais une anarchie. ”

« Nos frères arabes doivent toujours se rappeler le testament du shah à son fils : «“ Mon fils, je t'ai garanti la rive Est du Chatt el Arab et du golfe Persique, il ne te reste qu'à garantir la côte ouest. ”

« Bien entendu, le Koweït sera le premier perdant. La paix soit sur le calife Omar quand il a dit : “ Si seulement il y avait une montagne de feu entre la Perse et nous. ”

SOUVENIRS AVEC QUELQUES FRÈRES

Je poussai le président à évoquer certains souvenirs avec ses frères arabes. « En 1990, nous avons signé avec l'Arabie Saoudite un appel pour que les États ne transfèrent pas leur ambassade à El Qods (Jérusalem). Avant même mon retour à Bagdad, ils avaient commencé à rapatrier leurs ambassades à Tel-Aviv. Il nous avait suffi de brandir l'arme du pétrole. Bien qu'il concernât seulement deux États, cet appel avait eu un gros impact.

« Nos relations avec l'Arabie Saoudite étaient excellentes. Mon frère, feu le roi Fahd, me dit un jour : “ Écoute, que dirais-tu si nous réglions définitivement la question des zones frontalières entre l'Irak et l'Arabie Saoudite ? ” J'en ai alors chargé le ministre des Affaires Étrangères. »

VISITE DU PRÉSIDENT EN ARABIE SAOUDITE EN 1990

En 1988, l'Irak sortait à peine de la guerre féroce imposée par le régime iranien.

Quand le roi Fahd Ibn Abdelaziz apprit que le président Saddam Husseïn arrivait au royaume, son avion n'avait pas encore atterri qu'il s'empressa de venir à la rencontre de son hôte, avec qui il avait des liens étroits depuis 1990, alors qu'il était prince héritier.

Sitôt le président arrivé à l'aéroport, le roi lui donna une accolade chaleureuse. Le hasard voulut qu'il pleuve. Le roi dit au président : « Par Dieu, Abou Oudaï, même le ciel vous reçoit avec ses bienfaits. »

Ils eurent un long entretien à propos des problèmes de la nation arabe, des relations étroites entre l'Irak et l'Arabie Saoudite, de l'avenir de la région, en particulier de la question palestinienne, cœur du conflit du Proche-Orient.

Le président Saddam fit part au roi de sa grande irritation à propos des agissements du Koweït, dont les provocations semblaient dictées depuis l'étranger. Il lui assura que l'Irak se chargerait, en cas d'agression étrangère, de la défense du royaume et des autres États du Golfe.

Le roi demanda au président d'agir dans le sens de l'apaisement, et lui assura que le royaume ferait le maximum d'efforts afin de régler tous les problèmes de la région, particulièrement les problèmes entre le Koweït et l'Irak ; qu'il s'attellerait à améliorer l'économie de l'Irak afin de l'aider à se relever qu'il demanderait, également, aux États du golfe d'aider l'Irak, et dit : « Abou Oudaï, j'espère que ni vous ni nous n'entreprendrons d'actes susceptibles d'accentuer la tension dans la région, cela servirait de prétexte à la venue d'armées étrangères. Ou alors, ce serait une catastrophe pour toute la région qui menacerait le présent de la Nation arabe et hypothéquerait son avenir. »

Il demanda au président de ne pas prêter attention aux provocations du Koweït. Il s'agissait d'un petit État dans lequel l'Occident et les États-Unis avaient de grands intérêts : les menacer amènerait le malheur dans la région.

Relation entre l'Irak et la Jordanie

Le président poursuivit : « Je me rappelle que la Jordanie sœur avait connu, pendant une année, des difficultés financières. J'appris que le roi Husseïn se rendait au Koweït. Les Koweïtiens avaient informé le roi que leur ministre des Affaires étrangères serait à l'aéroport pour le recevoir, malgré la présence à Koweït de l'émir Jaber, qui n'était pas occupé et donc n'avait aucun prétexte pour ne pas l'accueillir lui-même. Ce comportement est incompatible avec le protocole diplomatique et nos mœurs arabes.

« Le roi en a été gêné. Je l'ai donc contacté et lui ai demandé de changer de destination et de mettre le cap sur Bagdad. Et je suis allé immédiatement à l'aéroport pour le recevoir, au point que quelques camarades ont été pris de court, n'ayant pas eu connaissance de cette visite. L'Irak était alors sous embargo illégal et, dans un souci de célérité, j'ai demandé à mon secrétaire de convoquer le gouverneur de la Banque centrale et le ministre des Finances. Je leur ai demandé quelles étaient les réserves réelles en devises disponibles au trésor irakien. Puis je leur ai dit de partager ce montant en deux, la moitié devant demeurer dans nos caisses, l'autre moitié devant être remise à nos frères jordaniens. Les requêtes du roi Husseïn étaient acceptées d'emblée. Nous considérons que l'Irak et la Jordanie sont dans la même situation.

« Une situation analogue a eu lieu avec le président Hosni Moubarak, l'Égypte connaissant alors des difficultés financières. Nous avions adopté une position qu'il est inutile de décrire dans le détail. Ce qui est étonnant, c'est qu'il prenne position contre nous, alors que rien ne justifie un tel comportement.

« Quand nous rappelons ces situations, ce n'est pas pour nous en vanter ou pour dire que nous avons aidé les uns ou les autres, mais parce que nous estimons que l'argent arabe est un, que les richesses de la nation doivent être utilisées pour les peuples arabes. Nous n'avons jamais été des nationalistes étriqués et notre vision n'a jamais été étroite. Nous regardons d'un même œil l'Irakien et le Mauritanien, comme le Palestinien, l'Égyptien, le Jordanien, le citoyen du Golfe et tous les autres. Cette vision n'était pas du goût de nos adversaires pour la bonne raison qu'elle va à l'encontre de l'état actuel de division, de morcellement et de nationalisme étroit que nous ont imposé les Français et Anglais par leur accord Sykes-Picot.

« Dans les réunions des sommets arabes, l'Amérique s'ingérait de manière subreptice, soit par des missives écrites soit par le biais de ses envoyés. Nous disions à nos frères dirigeants arabes : « N'écoutez pas l'Amérique, assez de déshonneur ! » Il semble que certains subissaient des pressions, le pouvoir cèdant parfois pour assurer sa pérennité.

« Il y a des rivalités entre les dirigeants, tout le monde arabe le sait. Quand l'un d'eux apparaît charismatique, les flèches de la jalousie commencent à lui être décochées.

« C'est pour cela que nous exhortons nos frères arabes – en particulier ceux qui ont de l'influence – à assumer leur responsabilité envers la Nation. Quant à moi, je puis leur assurer que je suis et resterai toujours fidèle à la Nation. »

CONVERSATIONS À PROPOS DES AMÉRICAINS ET DES AUTRES PUISSANCES

Alors que nous étions en réunion de travail pour sa défense, le président se retourna vers Maître Ramsey Clark, pour l'entretenir des élections américaines au Congrès :

« Je suis persuadé que les Démocrates pourront arriver à une solution honorable de sauvetage, à condition qu'ils acceptent l'aide des Arabes. Surtout que ces derniers sont convaincus que l'Irak de Saddam Husseïn, quels que soient ses défauts, vaut mieux qu'un Irak à feu et à sang. Mais les Arabes ne peuvent donner clairement leur avis, sauf autorisation des Américains. Si les Démocrates acquièrent la majorité aux élections, ils lanceront l'idée de destituer Bush. Il sera impossible de le sauver : il a perdu sa crédibilité. À l'étranger et dans son propre pays.

« Jadis, les États-Unis étaient haïs à cause de leur soutien à Israël qui faisait la guerre à leur place. Aujourd'hui, ils sont plus haïs que jamais car ils la font eux-mêmes, en tuant des Irakiens et des musulmans partout. Ils ont prétendu que la guerre en Irak était justifiée par la présence d'armes de destruction massive. Ils ont menti à leur peuple et à la communauté internationale : il ne leur reste plus qu'à faire tomber leur gouvernement. Maintenant qu'ils sont embourbés en Irak, ils doivent se dire : " Celui qui nous a mis dans ce pétrin doit nous en sortir. "

Le président fit une digression :

« En général, tous les grands États dans le monde ne veulent pas qu'un pays qui possède du pétrole et qui veut agir dans le sens de l'unité et du développement, demeure stable, que ce pays soit l'Iran ou un autre. Ils sont cependant plus durs et plus intransigeants envers les Arabes du fait de leur frilosité vis-à-vis de la cause palestinienne. Mais je dis à ces grands États que, s'ils veulent éviter d'autres guerres, mieux vaut utiliser la menace de l'emploi de la force, que la force elle-même. Cependant, s'ils utilisent la menace sans avoir de résultats, cela devient un problème très grave.

« En ce qui concerne les publications, je vous informe que les journaux qui commencent à me parvenir sont incomplets. En effet, ils omettent de nombreux événements afin que je ne sois pas au courant de ce qui se passe. Notamment la révolte actuelle des tribus irakiennes. »

Autre incise du président à propos des États-Unis :

« Au printemps 1990, je reçus la visite d'une délégation du Sénat américain, accompagnée de personnalités, conduite par le sénateur Bob Dole. Je les avais invités à Mossoul où je me trouvais, à bord d'un avion spécial. Lors de notre rencontre, je leur proposai de faire du Proche-Orient une zone d'interdiction des armes de destruction massive, comme prélude à leur disparition dans le monde entier. Mon idée était que les États-Unis devaient assumer le rôle principal de cette initiative. L'Irak, alors, n'était pas en guerre avec les États-Unis, au contraire. Il sortait victorieux de sa guerre contre l'Iran. Quand je reçus la visite du président Hosni Moubarak, je lui demandai de parler au nom de l'Irak et de l'Égypte. Et quand je lui dis que nous voulions que le Proche-Orient soit une zone démunie d'armes de destruction massive, Israël y compris, il fut étonné et dit : « C'est toi qui dis cela ? » Je répondis : " Tu peux parler de cela en notre nom. " Nous avons même mis cette discussion par écrit dans une lettre remise à l'ambassade américaine. J'avais expliqué au sénateur la nécessité de réaliser cela, et lui avais demandé : " Que feriez-vous si un terroriste mettait des armes de destruction massive dans une voiture et la faisait exploser à Washington ? " Je lui conseillai de faire en sorte que les États-Unis cessent d'exercer des pressions à l'encontre des organisations palestiniennes, en soutenant Israël contre les Arabes. Je lui ai dit : " Si Israël nous attaquait, nous répliquerions. " Mes paroles étaient claires et je leur ai dit que, malgré notre demande de faire de la région une zone démunie d'armes de destruction massive, il était du droit des Arabes de posséder n'importe quelle arme dont disposait l'ennemi. Certains ont considéré nos paroles comme une menace pour Israël. Ce discours a été tenu avant la guerre, c'est-à-dire avant l'offensive au Koweït et avant que le problème des armes de destruction massive soit soulevé.

« Par Dieu, les projecteurs étaient braqués sur Saddam Husseïn depuis 1959. Le populisme dominait alors le pouvoir, c'était une réalité, du fait de ce maudit voisinage avec l'Iran. Mais le populisme, à la longue, s'avère lâche et peureux, et finit dans la tyrannie, dans les tueries. Le populisme en Irak était un choix sanguinaire. Ces populistes sont un couteau planté dans le dos de la nation. Ils ont été défaits et sont apparus faibles. Nos héros les ont frappés et leur ont infligé des défaites successives.
La pensée nationaliste n'avait alors aucune capacité d'organisation.

J'informai le président de l'enlèvement de diplomates russes, il dit :

« Je suis persuadé qu'ils ont été enlevés par les Américains, afin de les empêcher de révéler que l'Irak n'a pas d'armes et les motivations réelles des Américains à occuper l'Irak. »

Lettre à Washington

L'habitude était que les réunions tenues entre le président Saddam Husseïn et le comité de défense, avec tous leurs côtés protocolaires, soient scindées en deux : les unes étaient générales et regroupaient tous les avocats. Les autres réunions, privées à la demande de la partie américaine, se tenaient entre le président et le président du comité de défense.

Le 7 juillet 2006, le comité de défense s'envola de l'aéroport international de la reine Alya en Jordanie vers l'aéroport international de Bagdad. On amena le groupe de défense vers le lieu réservé aux rencontres présidentielles, situé au sud de l'aéroport, dans l'un des camps de la garde républicaine, dans la zone de Radhouania. Ce lieu sert actuellement de quartier général au corps des marines. Des membres du commandement y sont détenus. Le président Saddam Husseïn arriva à bord d'un des véhicules blindés américains camouflés, dont l'un portait le sigle de la Croix-Rouge. Le commandant américain demanda au groupe de défense de ne pas pénétrer dans le lieu de la réunion, le président voulant uniquement rencontrer le président du comité de défense, moi-même, et Monsieur Ramsey Clark.

Le président Saddam Husseïn nous accueillit chaleureusement. Il salua, à notre demande, les autres membres du comité de défense, puis ils sortirent, nous laissant tous les trois. Monsieur Clark avait besoin d'un traducteur. Le président était persuadé que je connaissais très bien l'anglais.

Il tenait à ce que nos propos soient tenus à l'abri des médias et des analyses de personnes tendancieuses : son intention était de transmettre une lettre explicative orale au gouvernement américain, par l'entremise de monsieur Clark. Personne, en dehors de Maître Ramsey Clark et moi-même, ne devait en connaître le contenu. Mais il se heurta au problème de la traduction. Nous n'avions d'autre choix que de recourir à un confrère arabe qui connaissait l'anglais. Cela força le président à se contenter d'une lettre à l'intention du peuple américain. Il laissa à monsieur Clark totale liberté quant à son moyen de diffusion.

Quant au message oral, il concernait un règlement global de la question irakienne et de la région tout entière.

Comme je l'ai affirmé précédemment, il n'y a jamais eu de négociation avec le président Saddam Husseïn. Quand je lui rendis visite avec l'un de mes confrères à Camp Cropper, je lui demandai la permission de lui parler, pour une fois, en toute franchise, sans mauvaise interprétation. Je lui suggérai de s'ouvrir vers la partie américaine et de s'entendre avec elle pour sauvegarder ce qui restait de l'Irak, pour sauvegarder son unité nationale et sa propre existence menacée. Ma demande était motivée par l'insistance des personnes pour qui le sort du président importait beaucoup et par leurs lettres.

Après mon exposé insistant, le président dit :

« Je ferai mon possible – si Dieu le veut – mais ils ne sont pas venus à moi jusqu'à présent. Tous mes camarades de détention qui ont été contactés ont refusé de coopérer avec les autorités américaines. Ils savent que Saddam Husseïn est la clé. »

Prévisions, sentiments et lettres

Notre parti est un grand parti par son histoire, son cheminement, ses acquis, ses choix nationaux et humanitaires. J'ai mal au cœur, lorsque j'entends les voix de nos ennemis et de tous ceux que le sentimentalisme et la rancune ont aveuglés, dire qu'il faut changer le nom de cette citadelle militante dont nous sommes partie intégrante et qui est partie intégrante du peuple irakien et de son voisinage arabe.

Saddam Husseïn en détention

Au cours de plusieurs entretiens, le président Saddam Husseïn a émis plusieurs prévisions, et fait part de divers sentiments envers ses frères et enfants irakiens. Puis il dit:

« Ce que je prévois, c'est qu'un nouveau gouvernement succédera à celui d'Al Maliki. Après quoi Bush ou le gouvernement américain viendront frapper à la bonne porte. Ils mettront au pouvoir des gens non affiliés au parti Baas, et diront que c'est le gouvernement qui représente le peuple. C'est ce qui arrivera dans les six mois qui viennent, j'en suis persuadé.

« Il y a quatre jours le 28 septembre 2006, je discutai avec mes camarades de détention dans l'enceinte du tribunal. Je leur disais que si la crise cessait et que l'Irak était libéré, les choses se dérouleraient ainsi :

• Premièrement, l'amnistie sera accordée à tous ceux qui reviendront en Irak, y compris ceux qui ont dénoncé les enfants de Saddam Husseïn. Une amnistie générale, en somme.

• Deuxièmement, celui qui prendra les armes sera combattu jusqu'à la mort, sauf s'il renonce. Il sera alors traité selon la loi relative à l'infraction commise. Nous ne pouvons changer au point de devenir des imbéciles, après avoir été sévères et décidés, cela n'est pas possible. Nous prévenons, nous dirigeons, nous pardonnons, mais le sérieux est indispensable.

« Un jour, j'ai senti du fond de ma prison, que la situation était anormale à Bagdad. J'appris que le gouvernement avait institué un plan de sécurité, ce qui me fit rire. Imaginez, après plus de trois ans d'occupation, les Américains et leurs valets du gouvernement veulent instituer un plan de sécurité. Ils ont amené des renforts américains d'Al Anbar. Qu'a fait alors l'armée de 150 000 hommes et qu'attendent-ils de ce groupe ou de ce bataillon ? Bagdad les engloutira et en engloutira des milliers encore.

« Je dis à ceux qui veulent adopter une nouvelle constitution, que tout acte accompli sous l'occupation est une reconnaissance de cette occupation. Je leur dis : celui qui n'a pas le peuple avec lui ne peut rien réussir.

« En Irak, il n'y a pas eu un seul jour de couvre-feu depuis la révolution des 17 au 30 juillet 1968. Je souffre pour le sang versé pour mon peuple, car il est cher à notre cœur. Je comprends mon peuple mieux que tout autre, car j'ai combattu l'Iran avec lui, et il m'importe qu'il soit victorieux. Que représente la vie dans l'humiliation ? Nous ne voulons pas d'une vie humiliante. Plutôt aller en enfer, avec sa dignité. C'est ce que disaient nos anciens.

« Avant mon arrivée au pouvoir, les gens vivaient dans la pauvreté. Je leur ai assuré une vie digne. Saddam vivait jusqu'à présent avec le revenu de vice-président du conseil de commandement de la révolution. J'aurais honte de moi et de mes camarades si nous demandions à reconsidérer nos revenus. Quand le prix de la tomate augmentait, Saddam ne dormait pas la nuit. Mais maintenant... »

L'Irak peut redevenir florissant

Il s'adressa aux avocats en disant :

« Dites aux Irakiens : vous avez vécu unis comme un seul peuple, vous devez à nouveau vivre ainsi et chasser les occupants. S'il m'était donné de revenir, je serais capable de rendre l'Irak florissant sans l'aide de personne en sept ans. Et si quelqu'un devait nous aider, je lui rendrais sa splendeur dans les cinq ans.

« Je suis persuadé que les Américains n'oseront plus détruire aucun État pendant les cinquante prochaines années. Contrairement à celles des anciens Empires, la mainmise américaine disparaîtra rapidement.

« Je vous demande toujours des nouvelles du peuple lors de vos visites. Je vous dis dans le dialecte irakien, avec l'aide de Dieu, même mes os combattront les Américains et libéreront l'Irak.

Le Bédouin s'est vengé après quarante années

« Le Bédouin s'est vengé après quarante années et a dit : j'ai été rapide. Ce qui me chagrine, c'est que les enfants de notre peuple s'entre-déchirent avec une *fitna* (discorde)religieuse. Il m'importait peu que quelqu'un soit membre du parti ou non, chiite ou sunnite, chrétien ou autre, car les particularismes étroits ne m'intéressent pas. J'ai dit un jour au chef du cabinet Ahmed Husseïn : vous devez agir avec les gens en fonction de leur " irakité ". Certes, il est nécessaire de reconnaître les particularismes, mais nous devons agir uniquement sur la base du mérite. Et quand je parle de la secte chiite des «Safaoui », je dis qu'ils ne sont pas dupes, car leur relation avec l'Iran fait d'eux des ennemis du peuple. L'action clandestine qu'ils entreprennent ne représente pas la bonne voie.

« Peut-être est-il nécessaire que les Sefaoui prennent le pouvoir pour un temps, afin de montrer leur vrai visage. Même l'action de ceux qu'on nomme " terroristes ", comme Zarkaoui et d'autres, est moins dangereuse que les agissements de ces envieux.

« En ce qui concerne ma vision de l'avenir, j'affirme que si Bush reconnaît son erreur, il doit réparer le mal qu'il a fait. L'Amérique perdra beaucoup et paiera le prix de ses crimes. À mon avis, ni le capitalisme ni le communisme ne sont profitables aux peuples. La Justice seule est garante de la stabilité.

Lettre du président à Talabani

Monsieur Jalal Talabani, qui deviendra président de la République en 2005, a annoncé après l'emprisonnement de Saddam, qu'il était disposé à inviter la famille du président. J'ai su par Maître Khemaïs Labidi – qui fut assassiné plus tard par les milices alliées à l'Iran – que Jalal Talabani voulait rencontrer le président du comité de défense et son vice-président, l'avocat Khémaïs Labidi. Nous avons demandé au président Saddam Husseïn son avis sur la question :

« Je pense que la simple annonce de sa disponibilité à héberger ma famille dans le nord de l'Irak est le signe d'intentions d'honnêtes, à condition qu'elles soient suivies d'effets. Cela mérite considération. En ce qui concerne la rencontre avec le président du comité de défense et son vice-président, la décision vous revient. Je pense que Jalal pressent que les Américains sont convaincus que l'Irak s'entre-déchirera sans Saddam Husseïn. La possibilité qu'ils veuillent régler ce problème avec sérieux est vraisemblable, s'ils pensent que le démantèlement de l'Irak, ou l'influence de l'Iran en Irak menace leurs intérêts. Si Jalal a constaté cette attitude ou l'a pressentie, son offre de rapprochement mérite d'être étudiée. S'il demande à vous voir, dites-lui :

" Saddam Husseïn vous salue et vous dit : les Irakiens peuvent avoir des divergences entre eux, mais l'étranger exploite ces divergences pour allumer le feu de la guerre civile. Et vous savez que ce qui chagrine le plus Saddam Husseïn, c'est que les Irakiens se fassent la guerre, quelle qu'en soit la cause. C'est pour cela que j'ai laissé la situation au Kurdistan comme vous la connaissez, sans accord préalable avec vous. La force militaire n'a pas été utilisée, sauf pour l'affaire d'Erbil, et vous en connaissez les causes. J'apprécie votre attitude visant à éteindre la discorde entre les Irakiens, même si, comme d'habitude, vous avez encore pris position par calcul politique. "

Cependant, la rencontre précitée n'eut pas lieu et la lettre du président ne parvint jamais à Jalal Talabani.

Le président mit fin à l'entretien, en répondant à des questions à propos de Jalal Talabani :

« Jalal est un homme intelligent, mais parfois il fait preuve de précipitation pour certaines affaires… Je n'ai pas grand-chose à dire car je suis en prison, mais si j'étais libre, j'aurais beaucoup de choses à dire aussi à monsieur Messaoud Barazani. Si je le disais maintenant, cela serait interprété comme un signe de faiblesse du fait que je suis en détention.

Fierté de l'attitude des Arabes et des Irakiens

« Je salue l'héroïque Al Anbar, je suis content des gens de Al Diwania, Al Amara et Assamaoua, ils sont le cœur des Arabes. Je vous demande de m'abreuver de nouvelles de mon peuple. Je suis heureux de l'attitude de l'imam Hosni, car il a annoncé clairement qu'il était aux côtés de la résistance. Quand à l'imam Al Baghdadi, j'avais déjà dit à mes camarades que les Baassistes se rallieraient à lui, car il ne fait pas de différence entre les diverses composantes du peuple. »

Le président se tut un moment. L'Irak était toujours présent avec nous, avec toutes ses régions, ses villes, ses hommes valeureux, ses femmes remarquables. Mais Al Anbar était particulièrement chérie, plus que la région de Saladin. Il poursuivit :

« Al Anbar a modifié notre point de vue quand il a dérapé en 1991. Et maintenant, maître Khalil, les gens de la région essaient de corriger ce dérapage et de nous rendre notre lucidité. Eux et tous les Irakiens sont pour nous une source de grande fierté. Les régions d'Al Anbar, Saladin, Diali et Ninoua étaient parmi les premières à prendre les armes pour la nationalisation de pétrole. »

Il poursuit :

« Je ne parle pas beaucoup de la région de Saladin, puisque c'est mon pays d'origine. Si les gens de Diali combattent avec courage, ceux de Saladin sont censés se battre avec encore plus d'acharnement. Pour cette raison, la région de Saladin était la dernière à bénéficier du développement. À El Ouja, mon village d'origine, je leur ai dit que je n'accepterai pas qu'elle bénéficie d'une priorité par rapport aux autres villages et j'ai moi-même annulé la décision l'érigeant en commune.

« À propos de notre peuple kurde, je dis que j'étais heureux chaque fois que je trouvai un dirigeant parmi les Kurdes, je suivais son évolution jusqu'à ce qu'il se distingue et devienne un dirigeant remarquable. »

« À cause du pillage de nos richesses par le colonisateur, avant la nationalisation du pétrole, bien des gens en Irak étaient très pauvres, ils allaient pieds nus. Quelques-uns, qui vivaient dans les villes, en étaient très gênés, d'autres n'y croyaient pas. Mais je l'affirme sincèrement et avec force, malgré mon jeune âge alors, j'allais pieds nus la plupart du temps, dans les années 1968 et 1969. Les gens ne possédaient rien. Jusqu'à la fin des années 1960, nous lisions et étudiions à la lumière des lampes à pétrole, nous n'avions ni eau courante ni prestations sociales convenables. Mais l'Irak, au temps du président Saddam Husseïn, est passé du côté des États avancés sur tous les plans.

CHAPITRE XII

LE VERDICT : LA PEINE CAPITALE

« La paix soit sur le calife Omar quand il a dit : " Si seulement il y avait une montagne de feu entre la Perse et nous ." »

Saddam Husseïn en captivité

« Je recommande à tous les Irakiens de préserver l'unité du pays et d'être tolérants les uns envers les autres. La scission est l'objectif premier de nos ennemis, qu'ils n'atteindront qu'en encourageant les haines enfouies et les particularismes que nous rejetons tous. Et je vous dis : Dieu vous bénisse, vous êtes, vous, des citoyens fidèles, emplis de foi et d'abnégation au prix de votre vie et de votre sécurité… Je n'ai jamais trouvé auprès de vous que la preuve vivante de l'endurance, de la persévérance et du sacrifice de soi… »

Saddam Husseïn en captivité

Voici le texte du télégramme envoyé par Moktada Al Saar, publié dans le quotidien *El Qadissiya* du 2 mars 1999. Aprés ces louanges, Moktada fut, d'aprés nous, l'instigateur de l'exécution de Saddam

« Au nom de Dieu, le Clément, le Miséricordieux

Nous sommes à Dieu et vers lui nous retournons

Au chef insigne, Saddam Husseïn, président de la République irakienne, que Dieu le préserve et l'entoure de sa protection.

Votre message de condoléances pour la mort de son Excellence l'Ayatollah Mohammed Al Sadr et de ses deux fils a laissé en nous le plus grand des effets. Dieu vous préserve de tout mal et épargne à notre Irak chéri la destruction et l'humiliation que lui souhaitent les iniques.

Dieu vous garde et vous guide vers le bien pour que vous demeuriez le gardien de l'autorité religieuse et de ses porte-parole fidèles à notre nation, qui fut et qui demeure un foyer vivace de la lumière des descendants de la famille du Prophète, Dieu les bénisse, qui restera un vif foyer d'inspiration pour les générations à venir, si Dieu le veut.

Dieu vous donne longue vie. Que la paix et la bénédiction de Dieu soient avec vous. »

Moktada Al Sadr et sa famille
Le 13 du mois saint de Dhi-l-Ki'da

Pourquoi la peine de mort devient inéluctable

Les Américains ne tardèrent pas à prendre conscience de la solidité et de la cohérence de la position de Saddam Husseïn qui, du fond de sa prison, continuait à être en contact avec les chefs de la résistance et à influer sur l'opinion irakienne. Sa fermeté, sa foi dans la justice de sa cause et son courage face à la cour avaient le plus grand effet – non seulement sur ses compagnons de détention mais aussi sur l'opinion arabe et, au-delà, sur toutes les consciences libres du monde : journalistes, écrivains, parlementaires, hommes politiques et chefs d'États. Parmi les officiers américains qui le rencontraient dans sa prison, certains commençaient à être touchés par son état et à éprouver de l'admiration pour lui.

On peut expliquer de plusieurs façons la précipitation avec laquelle on a utilisé l'accusation d'Al-Doujaïl pour hâter l'exécution de Saddam Husseïn.

Al-Anfal

Si le président avait été présent lors de l'accusation d'Al-Anfal[1], il est probable qu'il aurait évoqué des aspects trés embarrassant pour bien des gouvernements, en premier lieu celui des États-Unis, qui fournissaient à l'Irak, par le biais de certains États arabes, des informations fausses sur les positions et les mouvements de l'armée iranienne. Au même moment, Israël et les États-Unis fournissaient des armes à l'Iran (Irangate). On voit

1. Rappelons que l'opération «Al-Anfal» concerne les événements meurtriers dont fut victime la population du Kurdistan irakien. Il s'agissait de déplacer des populations accusées de liens avec l'Iran. Une composante de «Al-Anfal» fut le gazage du village de Halabja. Dans cette affaire complexe, l'Irak accusait l'Iran de ces sévices tandis que certaines factions kurdes et l'Iran accusaient Saddam. (N.d.T.)

donc comment ces derniers suivaient une politique ambivalente et faisait tout leur possible pour épuiser l'énergie et les ressources tant de l'Irak que de l'Iran. Leur but était de contrôler les réserves des pays du Golfe, de se rapprocher de l'Asie centrale de contrôler la Russie et la Chine, de manière à faire de l'entité sioniste la seule puissance militaire de la région.

Il est par ailleurs probable que le président aurait évoqué les négociations menées par les deux chefs de parti kurdes avec le gouvernement irakien légitime, il avait, à cet égard, demandé la comparution de Jalal Talabani comme témoin dans l'affaire d'Al Anfal. Le président aurait aussi pu parler des documents relatifs à Halabja, déposés au ministère des Affaires étrangères irakien, qui auraient pu gêner à la fois les Américains, les Allemands et les autres gouvernements impliqués dans cette affaire. Talabani aurait eu en sa possession un document secret, dont il avait connaissance et qu'il aurait pu révéler s'il avait été présent au procès de l'affaire Halabja. C'est pour ces raisons que l'Amérique, et tous ceux qui s'étaient alignés sur elle, tenaient à séparer l'affaire d'Al Anfal de celle de Halabja.

Signalons au passage que l'Iran insistait lourdement pour que l'affaire de Halabja ne fût jamais évoquée devant la Cour de justice. Nous avons eu connaissance des contacts que l'Iran avait établis avec des avocats arabes du Comité de défense de Saddam. Ceux-ci s'étaient vus proposer des millions de dollars contre la promesse de ne pas évoquer l'affaire ou, dans le cas où ils seraient amenés à en discuter, de se contenter d'en attribuer la responsabilité aux Moujahidin de Khalk.

Les traces de gaz iraniens et non irakiens

Les services de renseignement américains ont envoyé une équipe à Halabja pour prélever des échantillons de terre et de plantes contaminées. Les résultats des analyses ont montré que l'Irak ne possédait pas le gaz utilisé – de l'acide cyanhydrique, selon le général américain Stephen Belter – gaz qui était, en revanche, utilisé par les forces armées iraniennes. Tout le monde sait aussi ce que Saddam Husseïn avait répondu au sénateur Bob Doyle en 1990, quand ce dernier l'avait interrogé sur l'utilisation de gaz de combat à Halabja : il lui avait proposé de mettre des hélicoptères à la disposition de la délégation américaine et de les conduire sur place pour interroger la population et prélever des échantillons de terre. On aurait pu alors s'assurer que l'Irak n'était pour rien dans l'utilisation de ce gaz de combat.

SADDAM REFUSE TOUT MARCHANDAGE

Les Américains ont compris rapidement que Saddam serait imperméable à tout marchandage et à tout compromis. Ils ne pouvaient que constater l'intensification et le développement de la résistance, des confins du nord aux frontières du Sud. Ils percevaient également que l'hypothèse d'une guerre civile déclenchée par la chute de Saddam devenait improbable et que la nation irakienne demeurait solidaire. Tous les anciens responsables politiques emprisonnés dans leurs camps restaient fidèles au président et refusaient de témoigner contre lui, malgré les promesses, menaces ou violences que l'on exerçait sur eux. Et même si d'énormes pressions pouvaient dans un premier temps, en faire fléchir certains, ils finissaient par se reprendre suivant l'exemple de leur président pour montrer aux Américains que la terre irakienne et la liberté des Irakiens ne pouvaient faire l'objet d'aucun marchandage. C'était là l'une des directives de Saddam aux Irakiens militaires, partisans du Baas, résistants –, que de refuser toute négociation avec les Américains, de les priver de la possibilité de diviser la résistance et d'identifier ses chefs. Les Américains furent donc progressivement convaincus qu'aucun marchandage ne pourrait entamer la volonté du président et servir leur volonté de s'approprier l'Irak.

L'EXÉCUTION DU PRÉSIDENT AU CENTRE DES PRÉOCCUPATIONS

La question de l'exécution du président est alors devenue l'objet de toute une série de réunions impliquant l'administration américaine, Israël, le régime chiite iranien, des représentants des deux partis kurdes, des milices iraniennes agissant au service de l'occupation américaine en Irak ou des agents de l'Amérique et du Royaume-Uni.

En contradiction avec ses responsabilités juridiques de puissance occupante telles qu'elles sont définies dans les accords de Genève, l'Amérique livra le prisonnier de guerre Saddam Husseïn à ses ennemis. Ils le firent en toute connaissance de cause, pour qu'ils l'exécutent le jour le plus saint aux yeux des musulmans du monde, les humiliant eux et tous les Arabes. Ils adressaient par la même occasion un signe fort à tous les dirigeants arabes pour leur faire comprendre, de la manière la plus claire, quel serait le sort réservé à tous ceux qui s'opposeraient à la volonté américaine. Leur intention était également de jeter le trouble dans les rangs du peuple irakien, et de briser la foi et la cohésion de la résistance. Mais il advint l'inverse. Et l'on vit que le peuple d'Irak, avec toutes les tendances des résistances, devenait plus solidaire, plus fort et plus fervent que jamais.

Mon épreuve, la veille du verdict

L'un des moments les plus difficiles pour le président fut celui qui eut lieu lors de l'entrevue du 4 novembre 2006, veille du verdict, avec mes confrères. Nos regards étaient inquiets, comme si nous sentions qu'il s'agissait d'adieux. Une tension sensible enveloppait la salle. Nous avions obtenu une visite au président et nous attendions tous ce que le destin nous réservait pour le lendemain matin. Le président était assis sur un siège doté d'accoudoirs mais dont les pieds étaient fragiles. Pendant nos échanges, il se penchait, tantôt vers l'arrière, tantôt vers l'avant. Brusquement le siège se brisa net et il tomba à la renverse. Je me précipitai vers lui pour le prendre sous les épaules et l'aider à se relever. L'officier américain vint à mon aide et le siège fut changé. L'incident me laissa le goût d'un sombre pressentiment. Puis l'officier nous prévint que le temps de l'entrevue était terminé. Mes confrères quittèrent la salle et je demandai au président s'il voulait que je reste seul avec lui. Je le faisais chaque jour. Il me jeta un regard étrange que je crois n'avoir jamais remarqué auparavant. Je le pris comme un poignant signe d'adieu. Il me transperça jusqu'au tréfonds de mon âme et révéla ce lien particulier qui s'était noué entre nous au cours de ces jours difficiles. En mon for intérieur, je souhaitais qu'il ne me demandât pas de m'isoler avec lui. Il m'en dispensa, comme si son intuition et sa perspicacité lui avaient fait deviner ma pensée. Nous nous dîmes adieu du regard, avec le sentiment que c'était bien la dernière fois. Je contins ma douleur, mais dès que nous fûmes séparés, j'éclatai en sanglots. Sans retenue, contrairement à mon habitude. Les Américains accoururent vers moi et tentèrent de me consoler. Mais j'appelai aussitôt mes confrères : je ne voulais pas me faire consoler par les Américains qui étaient la cause de tous les malheurs de l'Irak.

Le 5 novembre 2006, le verdict tombe : la peine capitale.

Le verdict est confirmé le 26 décembre

Confirmation par Nouri Al Maliki, Premier ministre de l'Irak occupé, de la sentence de la peine capitale prononcée contre le président Saddam Husseïn, le 26 décembre 2006.

Lorsque les Américains m'annoncèrent que la cour avait entériné le jugement, ils m'empêchèrent, pour une raison que j'ignore encore, de rendre visite au président.

Je demandai aux Américains d'organiser, dès le lendemain, une rencontre entre le président et ses avocats afin qu'ils l'informent solennellement de la confirmation du jugement. Cette dernière rencontre était prévue pour le 28 décembre 2006, soit deux jours avant l'exécution.

C'est donc le 28 décembre, dans une base américaine proche de l'aéroport, qu'eut lieu la dernière rencontre entre le président Saddam Husseïn et mes confrères. La peine capitale avait été confirmée pour lui et pour Barazan Al Takriti et Awwad Al Bandar.

Saddam Husseïn accueillit les avocats. Quand il apprit la nouvelle, il fit preuve de courage et parut parfaitement sûr de lui-même. Il donnait même l'impression de s'en moquer. Il ajouta :

« Cela ne me perturbe guère et je remercie Dieu. Pour tout. Car, quel que soit le prix à payer, c'est toujours trop peu quand il s'agit du sort de l'Irak. Nos ennemis se sont trahis et ont révélé l'étendue de leur faiblesse, contrairement à ce que peuvent penser leurs zélateurs. Nos hommes n'arrêtent pas de les frapper et de les vaincre. Rendons grâce à Dieu et demandons-lui de nous assurer une issue favorable. »

Puis le président les regarda et poursuivit :

« Je savais qu'ils allaient mettre cette sentence injuste à exécution, parce qu'ils ont coupé la radio sur laquelle j'écoutais les informations. Ils voulaient me cacher la nouvelle. Ils m'ont apporté une autre radio, que le traducteur allume ou ferme à sa guise. Avec le durcissement des mesures de sécurité et le renforcement des tours de garde, j'ai senti que quelque chose se tramait et que leur décision était prise. »

L'un des avocats lui demanda s'il voulait adresser un message ou une lettre pour faire appel de la sentence. Il répondit :

Saddam refuse l'appel

« À quoi bon ? À qui vais-je adresser l'appel ? À mes ennemis ? Ils ont monté ce procès inéquitable, et ils en ont écrit le scénario, du début à la fin. Mais je vous affirme que je suis en paix. En paix parce que je vais à la rencontre de Dieu, le cœur pur et ferme, les mains propres, la conscience tranquille ; parce que j'ai toujours fait mon devoir en mon âme et conscience et que je me suis toujours tenu du côté de la justice et du droit. J'ai affronté l'injustice et je lui ai barré la route. J'aurais pu me trouver une excuse, passer un marché avec eux. C'était possible, mais j'ai juré devant Dieu de n'agir que selon ma conscience, ma religion, mon amour et ma loyauté pour la nation irakienne. Après tous ces défis, après le refus systématique de toutes les propositions qu'ils ont pu me faire, pensez-vous que Saddam Husseïn puisse encore marchander pour sauver sa tête et demander sa libération ? Le Saddam Husseïn que vous connaissez ne peut s'y résoudre… Et si je le faisais, que pourrais-je dire devant Dieu et devant les combattants ? Allez dire à celui qui vous a suggéré cette proposition, que Saddam Husseïn ne prie que son Dieu et qu'il ne priera personne d'autre de lui accorder quoi que ce soit. Que Dieu confonde nos ennemis et fasse triompher les fidèles !

Saddam refuse les calmants

« Après la confirmation de la sentence, le chirurgien-dentiste est venu me demander si je souhaitais des calmants. Je lui ai répondu qu'une montagne n'avait nul besoin de calmants. Dieu nous a donné assez de foi pour nous passer de ce genre de choses. Les calmants sont pour les faibles qui veulent sauver leur vie à tout prix. Pour ce qui me concerne, j'irai dignement vers la mort, en remerciant Dieu de la foi qu'il me donne…

« N'oubliez jamais que la justice est dans l'équité, pas dans la loi, que c'est la loi qui doit s'appuyer sur l'équité, sans quoi elle ne peut garantir la justice.

« Dès que j'ai été fixé sur mon sort, je me suis mis au vélo d'appartement, celui qu'ils ont mis à ma disposition pour les exercices physiques. Je le fais avec détermination, pour leur montrer la vraie nature d'un Arabe guidé par sa foi. Je suis passé de douze minutes d'exercice quotidien à trente-cinq. Il faut leur faire savoir que nous sommes issus d'une nation qui aime la vie mais qui n'hésite pas, quand arrive l'heure du sacrifice, à affronter la mort sans peur. »

C'est là que le président leur parla de sa traversée du Tigre, avant son arrestation en décembre 2003, puis il ajouta :

Même Halabja résiste

« J'espère que le désespoir ne gagnera pas vos cœurs, car c'est la volonté de Dieu. Ce qui doit prévaloir, c'est l'Irak, la résistance aux colonisateurs et leur défaite. Je suis sûr que le printemps prochain sera déterminant. Ils sont presque paralysés et nos troupes ont désormais l'initiative. Nous pouvons désormais les voir se débattre dans la confusion la plus totale et accuser les lourdes pertes que leur inflige la résistance héroïque de notre peuple. Ils ont tenté de semer la discorde entre les enfants de l'Irak unifié et ils ont oublié que notre peuple, riche de sa civilisation et de son histoire, a vécu, depuis de très longs siècles, tel un tissu solide à la trame robuste, à l'abri des conflits ethniques, des dissensions confessionnelles ou idéologiques.

« Les nouvelles des opérations menées dans le sud contre les forces d'occupation me réjouissent le cœur. De même que les excellentes nouvelles qui nous parviennent des nôtres dans la zone autonome de Halabja. Les arrestations se multiplient parmi les citoyens kurdes qui refusent l'occupation et demeurent attachés à un Irak unifié.

« Je dis à mon peuple : patience ! La situation mondiale va évoluer et l'heure de la victoire est proche. La politique américaine a délibérément fait avorter toutes les solutions, la résistance est notre seule issue. Ils ont souvent parlé de réconciliation, et je leur ai toujours répondu que ce n'était pas envisageable. Et quand bien même Saddam Husseïn aurait accepté seul la réconciliation, cela n'aurait abouti à rien. Car tout dialogue, toute négociation qui n'intégrerait pas le parti Baas en tant qu'institution officielle du processus de paix n'aurait aucune valeur, ni aucune efficacité. Et ceux qui accèdent aux responsabilités en dehors du parti ne peuvent pas le représenter.

« Les Américains sont incapables de corriger leurs erreurs : ils ne réussissent toujours pas à frapper aux bonnes portes et à identifier les revendications des enfants du peuple irakien. Mais je vous le dis, et avec la plus grande confiance : bientôt, la révolution se présentera sous un jour nouveau, et la situation des occupants sera différente de celle que vous connaissez aujourd'hui. Les démocrates seront au pouvoir et ils prendront connaissance de tous les documents secrets. Ils travailleront alors de toutes leurs forces pour trouver une solution juste à la situation irakienne. Cela se fera dans les trois mois à venir.

PAS DE HAINE !

« Je dis aux enfants de notre peuple : ne vous laissez pas gagner par la haine. J'ai combattu Khomeïni pendant huit ans pour défendre l'Irak et la nation, pour faire face aux projets expansionnistes et doctrinaires. Mais jamais je n'ai haï mon ennemi. Je le jure sur le sang de mes propres enfants. Il était mon ennemi, je le combattais en le respectant, comme c'était le cas pour le président George Bush. Bush a détruit mon peuple, il l'a poussé à l'exode. Je l'ai combattu en y mettant toute ma volonté et j'appelle encore à le combattre et à le vaincre. Mais ce n'est jamais la rancœur qui me guide. Une ligne de démarcation doit toujours séparer la haine du combat.

« Je vous invite aussi à ne jamais oublier que Saddam commença sa vie en combattant, qu'il adhéra au parti Baas, qu'il arracha le pouvoir au cercle fatal du chaos et de la destruction. Nous avons édifié l'Irak, pierre par pierre et, quand l'heure fatale a sonné, j'ai affronté les ennemis de la nation avec une âme de combattant et de résistant.

« J'ai disparu pendant huit mois, et je les ai passés à parcourir toutes les régions de l'Irak. J'ai soutenu les actions de la résistance, en demeurant à son contact. J'ai dormi chez des inconnus. Après seulement trois mois d'occupation de Bagdad, j'ai libéré tous les soldats de ma garde personnelle à l'exception d'un seul, qui est resté avec moi.

« Je me suis déguisé au cours de mes déplacements, j'ai changé de vêtements et d'apparence, j'ai parcouru des fermes, des champs, des plantations, j'ai gravi des montagnes. J'ai toujours été porté par une mentalité de combattant. Je l'ai gardée pendant mes années de détention, même si, au cours du procès, on a essayé de me nuire par des allégations et des photos mensongères .

« Lorsque la révolution a éclaté, en 1968, il n'y avait que 770 membres au sein du parti Baas. Il nous fallait alors un haut degré de conscience et de militantisme. Le chemin de la victoire n'est jamais facile. Ce fut la situation la plus délicate que le parti ait jamais connue avant l'occupation actuelle.

« Peut-être vous ai-je ennuyé avec mes propos. Mais je vous le dis : Dieu vous bénisse, vous êtes des hommes de foi et de loyauté et vous avez exposé vos vies au danger qui vous guette à tout instant. Je n'ai trouvé en vous que patience, persévérance et sacrifice personnel. Dieu vous bénisse et qu'il bénisse aussi vos familles qui ne vous ont pas abandonnés quand vous avez décidé d'assurer ma défense et celle de mes camarades. Louange à Dieu, le maître du monde, je l'implore de vous récompenser, dans cette vie et dans l'au-delà, d'accorder sa miséricorde au martyr Khémaies Al Abidi et de glorifier nos armées et notre peuple.

« Transmettez mes salutations à Um Ali, à sa mère et à ses sœurs, à leurs enfants, à mes petits-fils, à toute la famille. À chacun son destin et ses échéances. Qu'ils acceptent, dans leur foi, ce que Dieu nous a prescrit. Qu'ils se souviennent que leur père a lutté et combattu en homme d'honneur, non pour gagner quelque faveur, mais pour mériter l'honneur d'être issu de ce peuple et de cette nation. L'image que je garde en moi aujourd'hui est celle d'un peuple et de ses forces armées, qui ont toute ma confiance, même si certains paraissent hésitants. Il y a toujours une avant-garde et une arrière-garde… Notre expérience est riche et immense. Notre peuple est fils de culture et de civilisation, et notre parti reste fidèle à ses principes, à la justice et à l'équité. »

Au cours de ce dernier entretien, le président ne manqua pas de relever mon absence. Il fut troublé de l'interdiction qui me frappait, alors même qu'il avait besoin de ma présence. Dieu seul sait l'importance que j'ai eue à ses côtés. Il avait sans doute deviné les intentions de ceux qui ont tenté de m'éloigner de lui au dernier moment. Et c'est la raison pour laquelle il voulut m'adresser ce poème qui fait ma fierté :

Noble, loyal et sans pareil Khalil.
Sa parole est suave, mais elle accable l'ennemi.
Jamais il ne tremble dans la difficulté ni ne trahit,
Mais gronde et roule l'adversaire, telle une déferlante,
Ferme comme le roc, patient et ouvert.
Même devant le monstre le plus redoutable,
Il est semblable à la flamme attisée par le souffle de l'air,
Se répandant vers le ciel et avalant la terre.
Il escalade le ciel et le contient avec vigueur.
Jamais ses racines ne plient, ni ne rompent.
Semblable à la mer bouillonnante, aux vagues courroucées,
Il fait front et son épée ne plie devant personne, fût-il Abel.
Il est la patience, il est le courage et l'audace,
Quand l'injustice des États sévit et nous submerge,
Quand les vautours planent dans le ciel et que monte le cliquetis
[des fers.
Digne père de ton fils, Ala, nous ne te prêtons que de nobles
[intentions.
Toi, en qui nous avons vu l'homme de courage et généreux,
Jamais tu ne fuis l'adversité, tu la combats et l'encercles,
Digne et noble descendant de preux et valeureux guerriers.

Saddam Husseïn,
Président de la République irakienne,
Commandant en chef des Forces armées combattantes.

Le 28 décembre 2006

Les dernières heures

Pendant toute cette période, les lettres entre l'ambassade et les responsables militaires américains furent légion. Ces derniers, finalement, semblaient prendre conscience de l'erreur qu'ils avaient commise en envahissant l'Irak, avec son cortège de destructions et de pertes pour les deux parties. Avec toutes les ethnies et les confessions qui le composent, l'Irak ne pouvait qu'approuver l'approche de Saddam Husseïn dans sa gestion passée des affaires et du gouvernement.

L'affaire d'Al Doujaïl fut l'un des grands chapitres du complot juridique américano-iranien, même si des conseillers du gouvernement américain ont affirmé que le délit d'Al Doujaïl ne méritait qu'une condamnation de deux ans de prison..

Rappel d'Al Doujaïl

Au moment où l'Irak était engagé dans une guerre sans merci contre l'Iran, le président avait été victime d'une tentative d'assassinat menée par des partisans du parti interdit du Premier ministre Al Maliki, Al Da'wa, d'obédience iranienne. Comme c'est le cas chaque fois qu'un chef militaire est victime d'une tentative d'assassinat, ce sont les autorités spéciales qui mènent d'abord l'enquête avant de transmettre le dossier aux autorités judiciaires indépendantes. Et si la constitution a investi exclusivement le président de la République de ce pouvoir, c'est pour permettre aux accusés d'y faire appel en dernier recours.

Or dans cette affaire, le président confirma certaines condamnations à mort et en leva d'autres. Il est de notoriété publique que le parti d'Al Da'wa était interdit en Irak et que, du fait de sa connivence avec un agresseur de l'Irak, la loi condamnait à la peine capitale ceux dont on pouvait matériellement prouver l'adhésion au parti. Les membres de ce parti – dont la plupart étaient déserteurs de l'armée – avaient commis des crimes inqualifiables contre les enfants du pays.

Le président avait affirmé devant la cour :

« Quand on tire sur le président de la République, y compris sur celui des États-Unis, ne doit-on pas s'attendre à ce qu'une enquête soit menée ? N'est-il pas du ressort des services de sécurité d'enquêter sur ce genre d'affaire ? Le seul responsable est Saddam Husseïn, parce qu'il est le seul à pouvoir arrêter l'instruction de l'affaire, parce qu'il est le seul à pouvoir infirmer le jugement. Il n'est pas admissible de continuer ce petit jeu. Si vous voulez sa vie, Saddam Husseïn est à votre disposition. C'est à lui seul que les Américains peuvent demander des comptes. Je suis responsable et j'ai, comme président de l'Irak, assumé mes prérogatives constitutionnelles et légales. »

Une fois que le parti d'Al Da'wa se fut emparé du gouvernement d'occupation et de ses institutions, parmi lesquelles cette cour, il était tout à fait naturel que l'on travaille à y faire exécuter Saddam Husseïn. Mais le Comité de défense du président, avec une énergie aussi bien collective qu'individuelle, démasqua les mensonges et les manigances de la cour. Le rôle des témoins y contribua de façon déterminante, jetant le trouble dans les rangs des juges et les irritant au point que certains témoins à la détention furent condamnés –, un comportement qu'aucune cour, dans aucun pays au monde et dans aucune annale de la justice, ne connut jamais.

Tractations autour de l'exécution du président

Dans leur volonté de rejeter l'entière responsabilité de l'exécution du président légitime sur le gouvernement irakien d'occupation inféodé à l'Iran, les sources américaines mentionnent que des officiers américains de haut rang ont exercé des pressions sur l'ambassade américaine pour solliciter le report de la date de l'exécution. Ces mêmes sources vont jusqu'à affirmer que ces officiers étaient prêts à refuser de livrer le président au gouvernement d'Al Maliki, sous prétexte que Zalmay Khalil Zad, gouverneur américain de l'Irak et ambassadeur des États-Unis dans la zone verte, avait échoué à convaincre Al Maliki de reporter la date d'exécution. Les mêmes sources rapportent encore, dans une version qui nous paraît crédible, que les chefs des milices et bandes iraniennes qui tenaient le gouvernement de Maliki sous leur coupe, avaient signé un accord avec le président Bush, lors d'une visite qu'il avait effectuée dans une capitale arabe. Étaient impliqués dans cet accord Al Maliki, Abdelaziz Al Hakim et Moktada Al Sadr, par Maliki interposé.

La réponse de Bush « Livrez-leur la tête de Saddam », – fut la contrepartie de cet accord qui devait servir au mieux les intérêts de l'occupation américaine. Bush avait d'ailleurs déclaré, un an auparavant, que la mission s'achèverait à la fin 2006. De quelle autre mission pouvait-il parler, sinon de celle de l'exécution de Saddam Husseïn ? Mais, quoi que l'on puisse dire de toutes ces tractations qui ont entouré « l'assassinat » du président, l'Amérique reste le premier responsable de sa mort, de la destruction de l'Irak, de l'émiettement de son peuple et du pillage de ses ressources.

Dans son livre *Les Ouragans*, paru en 2007, Mazen Shandab écrit :

« Le scénario d'une intervention iranienne, qui aurait précipité l'exécution du président, commença avec un projet de rencontre à Amman, fin novembre, entre le président américain George Bush et le président du gouvernement irakien Nouri Al Maliki. Dès qu'il l'apprit, Moktada Al Sadr fit savoir qu'il suspendrait la participation de ses ministres au gouvernement de coalition si une telle rencontre avait lieu. Ce fut le cas et Moktada mit sa menace à exécution. Mais le 14 novembre, soit deux semaines après la condamnation de Saddam, l'un des membres du groupe « Sadriste », Nacer Al Rabii annonça que son groupe réintégrait le gouvernement et le parlement, ce qui fut fait le 21 du même mois. Ce retour dans le giron du gouvernement nous amène à poser une question que personne n'a soulevée : pourquoi Moktada Al Sadr est-il revenu sur sa position de quitter le gouvernement ? Voici un extrait de sa fameuse lettre : « Si les Américains n'autorisent pas l'exécution de Saddam le deuxième jour de l'Aïd Al Idhha, les chiites déclareront la guerre aux cent cinquante mille soldats américains en Irak. » (*op. cit.* pp. 250-262)

Le président Saddam Husseïn était retenu prisonnier au rez-de-chaussée de l'une de ses résidences, située sur le lac Ennour, sur la rive gauche du pont flottant. Il fut caché dans cette maison, habilement camouflée pour échapper aux satellites d'observation. Les Américains craignaient que la position ne soit divulguée à la résistance ou à l'Iran. Même la peinture intérieure fut recouverte de dalles de liège, afin de rendre le lieu méconnaissable, y compris aux yeux du président lui-même qui avait supervisé la construction du bâtiment et qui aurait pu en donner les coordonnées à la résistance par l'intermédiaire de ses avocats.

Les dernières volontés

Dans la nuit du vendredi qui précéda l'exécution, plusieurs officiers américains, dont le commandant du camp, se mirent au garde-à-vous pour faire leurs adieux au président. Saddam, quant à lui, exigea de voir une dernière fois ses deux frères, Barazan et Sabaaoui. Puis, comme à son habitude, il termina la prière du soir et passa la nuit sur son lit, à lire le Coran. Les heures passèrent. Les gardiens américains, persuadés qu'il pourrait se pendre, avaient renforcé leur surveillance… À quatre heures du matin, le commandant du camp se présenta dans la chambre du président et l'informa qu'il allait le livrer aux Irakiens. Il lui demanda quelle était sa dernière volonté. Le président fit ses ablutions, s'empara du Coran et en lut quelques versets pendant le peu de temps qu'il lui restait. Ensuite il demanda que ses affaires personnelles soient remises à ses avocats puis à sa fille bien-aimée Raghad. Il leur demanda également d'informer celle-ci qu'il était sur la route du paradis, à la rencontre de son Dieu, la conscience tranquille et les mains propres, qu'il donnait sa vie en soldat, sacrifiant sa famille pour l'Irak et pour son peuple.

Il mit une chemise blanche, son costume gris, son pardessus noir et enroula sur sa tête la traditionnelle écharpe irakienne. Puis il enfila le gilet pare-balles qu'il portait quand on l'emmenait au tribunal.

Il monta, avec les membres américains de sa garde, dans l'une des voitures blindées qui lui étaient réservées et qui portaient l'insigne de la Croix-Rouge internationale. Ensuite, selon les sources américaines, il voyagea dans l'un des hélicoptères Black Hawk et demanda qu'on ne lui bandât pas les yeux. Il regarda Bagdad. Peut-être Bagdad a-t-il jeté sur son fils, qui se préparait à partir, un dernier regard d'amour ? Il traversa le ciel de Bagdad comme si c'était son dernier regard d'adieu. Comme si cette cité qu'il avait bâtie, honorée, et à qui il avait sacrifié sa vie, était, elle aussi, en partance. Elle disparut dans le lointain. Quelques minutes plus tard, l'avion se posait dans un camp du renseignement militaire américain, dans le quartier à majorité chiite d'Al Kadhimya, sur la rive occidentale du Tigre. La région avait été divisée en trois secteurs : le camp américain, un secteur des forces de sécurité, et une « zone de haute sécurité » rattachée au ministère de la Défense du gouvernement irakien d'occupation.

Le président descendit de l'hélicoptère. On lui posa sur les yeux des lunettes noires opaques, que l'armée américaine utilisait pour les déplacements de prisonniers. C'est entouré par des membres de la police militaire américaine que le président pénétra dans la zone de haute sécurité. Et qu'il y fut laissé, au premier poste de contrôle. En ce jour sacré de l'aïd Al Idha, commémorant le sacrifice d'Abraham, le funeste sacrilège devait être commis. Tous les musulmans du monde en furent bouleversés, humiliés.

Entre les mains du gouvernement irakien d'occupation

Une fois débarrassé de son gilet pare-balles et de ses lunettes noires, le président fut introduit dans la première section de la zone, celle de « la lutte contre le terrorisme », spécialisée dans l'exécution des sentences de mort (on devrait dire assassinat). Y passaient les dirigeants et les héros irakiens, condamnés par des tribunaux illégitimes, en ces temps où la loi était bafouée. Il était cinq heures et demie du matin quand le président entra. Il découvrit, entassés dans des cages, des Irakiens et des Arabes résistants, tous condamnés à mort.

Le président les regarda fièrement et leur sourit. Il savait qu'ils étaient là du fait de leurs actions héroïques. Puis il reprit sa progression. Il était désormais escorté par des gardiens issus de milices ethniques qui l'accablaient de leurs insultes, lui reprochant la guerre avec l'Iran dans les années 1980. Dans une nouvelle salle, il se trouva face à l'ancien avocat Mounir Haddad, qui était devenu juge d'instruction. C'est lui qui, au cours de l'une des audiences concernant les déplacements forcés des Kurdes en 2005, avait déclaré qu'il résidait dans un pays du Golfe, qu'il était milliardaire, et que personne ne pouvait l'influencer. Il avait poursuivi, s'adressant au président : « Arrête de parler politique ! Tu nous as abreuvés de politique pendant trente-cinq ans et aujourd'hui, tu es poursuivi pour crimes de guerre !. »

Les milices chiites encerclent le bâtiment

Pendant ce temps, à l'extérieur, les brigades de la mort des milices du Mehdi encerclaient la direction des renseignements militaires. Elles étaient décidées à l'envahir et à enlever Saddam pour le remettre à l'Iran contre des sommes vertigineuses. Al Maliki était donc intervenu auprès de Moktada Al Sadr afin d'éviter un nouveau scandale politique et un affrontement avec les Américains. C'est ainsi que « l'assassinat » fut retardé, le temps de permettre à Moktada d'arriver sur place. Il est vrai que d'autres sources nient sa présence ce jour-là, pour des raisons qu'il est facile d'imaginer : il ne fallait embarrasser ni le gouvernement d'occupation ni les puissances d'occupation elles-mêmes…

Moktada est présent

Moktada pénétra dans la zone avec ses gardiens et, quand il vit le président assis en train de lire le Coran, il lui lança : « Comment vas-tu, tyran ? » Le président le regarda avec mépris, et l'un des gardiens de Moktada lui frappa la tête de la crosse de son fusil.

Le juge Mounir Haddad demanda à Saddam de s'asseoir sur le siège qui lui était réservé, puis il lut la décision inique de l'exécution. L'acte portait la signature de Nouri Al Maliki, mais n'était pas validé par le présumé Conseil de la présidence, comme l'exigeaient les propres lois de cette cour ridicule.

Face aux bourreaux

Le président commença alors à clamer : « Vive le peuple ! Vive la lutte ! Vive la nation ! Vive l'Irak ! Vive la Palestine arabe et libre ! » Puis il ajouta : « Nous sommes au paradis et nos ennemis sont en enfer. »

Il cria ensuite, à l'adresse du juge et du procureur général : « À bas les

Perses, à bas les Américains et leurs agents ! » Puis il fut introduit dans la salle maudite de l'exécution. Il se retrouva face à tous les chefs des brigades de la mort. Contrairement à ce que l'on a pu dire, il n'y avait aucun imam sunnite. Moi-même, je ne pouvais être présent. Étaient là des officiers des services de renseignements iraniens, maîtrisant parfaitement la langue arabe, afin de confirmer qu'on exécutait bien Saddam Husseïn et non son sosie, comme on avait pu le craindre. Ce sont ces mêmes officiers iraniens qui assistèrent à toutes les exécutions des anciens gouvernants. Ils prirent même part à l'audition de Barazan, avant de l'égorger de leurs mains, Ali Al Dabbagh relatant « une séparation de la tête du corps. » L'un des officiers, le visage masqué, se tenait sur l'estrade même où devait avoir lieu l'exécution. Parmi eux encore, le haut responsable des renseignements iraniens en Irak. On pouvait aussi dénombrer dans la salle plusieurs chefs de l'armée du Mehdi et des membres de l'ambassade iranienne. Et si les avocats étaient absents, si aucun sunnite n'était témoin, c'est bien à cause de la présence, sur les lieux mêmes de l'exécution, de hauts responsables des renseignements iraniens, de la garde révolutionnaire et de la brigade iranienne d'Al Qods. Parmi ces hauts responsables, il y avait le général Sulaymani. C'est lui qui, avec d'autres officiers, s'adressa au président en farsi alors que ce dernier montait vers son martyre, lui signifiant clairement que sa destinée et celle de l'Irak étaient entre les mains de l'Iran.

Mais rien de tout cela ne fut révélé, ni par les autorités d'occupation ni par leur gouvernement.

La montée au martyre et à la gloire

Le président Saddam Husseïn gravit dignement les dernières marches avec le plus grand panache. Il affrontait son destin avec une foi profonde. En face de lui, une foule ennemie l'accablait d'insultes, de slogans hostiles et d'obscénités. Certains tentèrent même de l'agresser et de le frapper alors qu'il avait les mains liées. Mais Saddam ne perdit, à aucun moment, ni sa fierté ni son courage. Il leur répondit : « Vous êtes des traîtres… des agents de l'ennemi… des ennemis du peuple… À bas l'Amérique et ses agents… »

Mouaffak Al Rabii prenait un plaisir manifeste à l'insulter et à l'humilier. Le président lui dit : « Vous êtes des terroristes… des terroristes… Vive la résistance ! Vive le peuple ! Vive l'Irak ! Vive la Palestine ! Vive la nation arabe ! » Puis il ajouta qu'il avait servi l'Irak et qu'il l'avait édifié.

Pendant ce temps, Ali Al Messadi, photographe officiel d'Al Maliki, prenait des clichés. Ensuite les criminels délièrent les mains de Saddam pour les lier de nouveau dans son dos, remplacèrent les fers qui entravaient ses pieds par un lien réservé aux exécutions. Le président demanda au procureur général Monkidh Al Feraoun de remettre le Coran qu'il avait sur lui à l'avocat Badr Al Bandar, afin qu'il soit remis à sa famille.

Le président présenta son cou à la corde avec une fierté et une foi exemplaires que le monde entier a pu constater et qui sont bien loin de ce qu'a pu prétendre Al Rabii à propos de la peur qu'aurait exprimé le visage de Saddam. Il monta à l'échafaud, le nom de Dieu à la bouche : « Ya Allah, Ya Allah. » Telle la montagne altière, tel le haut palmier irakien, il se tint droit, ferme et courageux devant la corde. Cette attitude imposante prit de court les comploteurs et dérouta ceux qui assistaient à l'exécution.

Saddam présente son cou aux bourreaux

Les quatre individus qui entouraient Saddam étaient de hauts responsables des brigades de la mort (l'armée du Mehdi). C'est Riadh Al Nouri, le gendre de Moktada Al Sadr, qui mit la corde au cou du président. Mais ils cachaient tous leur visage et portaient un masque pour ne pas être reconnus. Quels que soient leurs déguisements et leurs dénégations, nous demeurons persuadés aujourd'hui que Moktada Al Sadr en personne était présent lors de l'exécution du président Saddam Husseïn. Nous sommes sûrs que c'est lui qui ajusta la corde autour de son cou, en se tenant à sa droite, celui qui exigea de Maliki d'exécuter la sentence de ses propres mains.

Pourquoi trente-neuf pouces ?

Le président refusa le sac qu'on voulait lui mettre sur la tête mais demanda qu'on le glisse autour de son cou, sous la corde. La corde avait été remise aux Américains par un soldat sioniste. Elle avait été fabriquée selon des normes de longueur, de matière et de tressage tout à fait contraires à la loi. Avant qu'elle soit placée autour du cou de Saddam, un soldat américain d'origine juive pénétra dans la salle. Il mesura la longueur de la corde jusqu'à ce qu'il eût atteint exactement trente-neuf pouces. Puis le soldat demanda qu'on lui donne un cutter. On lui tendit un couteau de boucher, celui qui était destiné à décapiter le président afin que ses ennemis puissent brandir sa tête au bout d'une pique et la promener à travers la ville.

Mais pourquoi couper la corde à trente-neuf pouces ? Parce qu'en 1991, l'Irak avait lancé sur Tel-Aviv 39 missiles qui déclenchèrent la haine des sionistes contre Saddam Husseïn et constituèrent, probablement, l'une des causes de son exécution. Moktada s'avança et mit soigneusement la corde autour du cou du président. Il s'assura que celui qu'il allait exécuter de ses propres mains était bien Saddam Husseïn, et non son sosie. Le président s'avança avec assurance et se plaça au-dessus de la trappe carrée de 80 centimètres de côté. L'un des membres du gouvernement – et non le gardien comme on le prétend – déclama selon la tradition iranienne : « Dieu bénisse Mohammed et la famille de Mohammed, Mohammed et Ali » ; un autre cria le nom de Mohammed Baker Al Sadr, pendant que tous clamaient à l'unisson le nom de Moktada. Il y eut même des invectives aigries envers le président, qui le poussèrent à répondre : « Moktada... quelle bravoure ! ? ». Ses bourreaux ne l'épargnaient même pas au moment où il s'apprêtait à affronter le destin que Dieu lui avait réservé. L'un des membres du gouvernement de Maliki lui cria au dernier moment : « Va en enfer ! », ce à quoi le président répondit : « Au paradis, si Dieu le veut, en martyr pour l'Irak !. » C'est à ce moment-là aussi que deux personnalités ont filmé la scène avec un téléphone portable ; l'un d'eux devait, par la suite, vendre le film à l'une des chaînes satellitaire, pour la somme de 18 000 dollars.

Munkidh Al Feraoun, vice-procureur général du tribunal ethnique et illégitime, tenta de faire taire les invectives et les huées envers le président, au moins devant la caméra... Il leur répétait : « Je vous en prie... mes frères », mais ses appels furent perdus dans l'agitation et le vacarme. D'ailleurs, il pensait sans doute beaucoup plus à la caméra qu'au respect du président.

Tout cela n'a rien d'étonnant de la part de ceux dont les scandales n'arrêtaient pas d'éclater depuis qu'ils avaient commencé à comploter contre l'Irak et son régime national ! Par exemple, les Américains avaient invoqué toutes sortes de raisons pour interdire au Comité de défense de Saddam Husseïn d'accéder au tribunal. Ils avaient ensuite préparé eux-mêmes une pétition pour la défense du président martyr. Et c'est ce même tribunal médiocre et infâme qui demanda à un avocat nommé Abd Al Samad Al Husseïni, titulaire d'un diplôme de droit falsifié, de lire la prétendue pétition.

Pendu ou battu à mort ?

Le président prononça la chahada en entier, une première fois, mais ils ne lui donnèrent pas le temps de la répéter. Le corps pur tomba dans la trappe maudite. Mais la corde avait été délibérément allongée pour qu'il tombe par terre encore en vie et qu'on puisse le tuer en le frappant. Et effectivement, le président, tombé à terre, leva la tête en souriant. Ils se mirent tous à le piétiner et à le frapper, particulièrement Muwafak Al Rabii et Myriam Al Riss, jusqu'à ce que, mort s'ensuive, loin de la caméra. Puis ils accrochèrent le cadavre inerte à l'échafaud pour donner l'illusion que le président avait été pendu selon la procédure légale.

Feraoun prit alors la tête d'une manifestation à laquelle participèrent les officiers iraniens et des éléments des brigades de la mort. Il fut porté sur les épaules de manifestants qui psalmodiaient des formules iraniennes, trahissant ainsi le degré de justice et d'impartialité de la Cour de justice instaurée par un occupant qui n'avait pas hésité à y rassembler des miliciens et des agents de pays ennemis de l'Irak : l'Iran et Israël.

Le corps inerte du président fut ensuite transporté au foyer de l'un des chefs des milices, afin que l'infamant rituel mazdéen pût y être achevé. Les bandes chiites iraniennes accueillirent le cadavre pur du martyr de l'Irak par des insultes, des coups de pied, mais aussi des coups de couteau dont ils criblèrent le cadavre. Tous les chefs et représentants des partis iraniens et des milices chiites, associés au concert des bourreaux et des ennemis sanguinaires de l'islam, prirent part à ce rituel odieux en poussant des cris hystériques. Puis des officiers des services de renseignements iraniens vérifièrent l'identité du cadavre, avant de lui trancher la gorge avec un couteau pour s'assurer définitivement de sa mort !

Le ministère de l'Intérieur du gouvernement d'occupation avait prévu que l'exécution du président Saddam Husseïn se ferait au cours d'une cérémonie protocolaire officielle. Mais l'obstination des chefs des milices, qui tenaient à exécuter Saddam Husseïn de leurs propres mains, bouleversa totalement leurs plans.

Le choix du lieu d'exécution

Sans perdre de vue qu'il s'agit d'abord d'une exigence iranienne, l'exécution du président et de ses compagnons au siège des services de renseignements a plusieurs significations. La mise à mort eut lieu dans la 5e section de l'ancienne direction des renseignements militaires. Celle qui avait pour mission de renseigner les forces militaires irakiennes sur l'ennemi au cours de la guerre avec l'Iran. Le bâtiment fut donc certainement choisi pour symboliser l'esprit de revanche iranienne contre l'Irak. Ce même Irak qui avait pu, sous la direction du président martyr Saddam Husseïn, repousser la campagne de Khomeïni qui projetait l'invasion du pays et l'usurpation de ses terres, avant la conquête des autres pays arabes du Golfe et de toute la péninsule Arabique.

Le jour suivant, après avoir humilié l'islam et les musulmans, Al Maliki célébra l'événement à sa manière. Le jour de leur grande fête, l'aïd Al idha, il maria son fils Ahmed. Tous les Iraniens qui avaient pris part à l'assassinat, ainsi que leurs partisans, étaient présents à la noce. Signalons qu'ils avaient au préalable décalé d'un jour la fête de l'aïd Al Idha, à allant à l'encontre de toutes les traditions qui exigent, du fait de son incidence directe sur le rituel du pèlerinage à la Mecque (Al Hadj), une concordance absolue dans la désignation de la date de l'aïd Al Idha. Certes, ils ne faisaient en cela que respecter les coutumes iraniennes qui se distinguent des rites islamiques authentiques et de leur calendrier.

Pour ce qui est de la volonté d'Al Maliki (et avant lui d'Al Jaafari) d'exécuter Saddam sous son mandat, il est facile d'en deviner les raisons : la prétendue accusation d'Al Doujaïl concernait essentiellement le parti Al Da'awa dont se réclamaient à la fois Al Maliki et Al Jaafari. Et l'exécution constituait l'une des clauses initiales de l'accord « américano-malikien. » La preuve en est qu'après l'assassinat du président, Al Maliki déclara qu'il ne se souciait plus d'être démis de ses fonctions de président du gouvernement. Il avait atteint son objectif...

La famille du président et son principal avocat contactèrent deux nations arabes afin qu'elles interviennent auprès de l'administration américaine pour autoriser le transport et l'inhumation du corps de Saddam au Yémen. Au cours de ces négociations, le secrétaire du président de l'une de ces deux nations m'a signifié ses profonds regrets pour ce qui était arrivé.

LE CORPS TRANSPORTÉ PAR AVION

Le sous-préfet de Saladin et les cheikhs de la tribu Abou Naceur devaient donc recevoir le corps du martyr Saddam Husseïn. Mais pendant ce temps-là, les brigades de la mort et l'armée du Mehdi, projetaient de contrôler la route qui menait de Bagdad à Saladin, d'anéantir l'escorte, et d'enlever le cadavre afin de le ramener en Iran où les attendait toujours la récompense promise. Le transport du corps par les avions américains jusqu'à la base militaire de Tikrit priva ces criminels de leur objectif... Dans la base militaire, le corps du martyr fut réceptionné par des milliers d'Irakiens emmenés par les chefs de tribu et la police de la circonscription. Ils l'accueillirent en pleurant à chaudes larmes. Les Américains qui suivaient la scène n'en croyaient pas leurs yeux.

Dans le testament qu'il laissa à sa famille, Saddam Husseïn demandait à être enterré dans la ville d'Ar Ramadi, qu'il voulait honorer pour y avoir vu naître la constitution de son Comité de défense et pour avoir fait plier les Américains dans la province d'Al Anbar.

Mais les craintes des envahisseurs et du gouvernement d'occupation ne cessaient de croître depuis la mort du président. Le peuple s'était révolté dans la plupart des villes, condamnant les crimes de l'occupant et de ses alliés, et ce malgré la désinformation, le couvre-feu et de très âpres mesures sécuritaires.

C'est dans ce contexte que les Américains imposèrent de ne pas faire sortir le corps d'Irak et d'organiser la cérémonie d'inhumation la nuit de son arrivée, c'est-à-dire à trois heures du matin, à Al Ouja, lieu de naissance du chef de l'Irak.

La passation de pouvoir

Contrairement aux rumeurs, le président martyr, au lendemain de sa condamnation, n'a jamais ordonné de transférer ses responsabilités constitutionnelles à Izzet Ibrahim. Il savait pertinemment que c'était en contradiction avec la réalité du pays, la constitution de l'Irak et le règlement intérieur du parti. En cas d'empêchement quelconque du président dans l'exercice de ses prérogatives constitutionnelles (l'emprisonnement, la mort, le martyre ou toute forme d'empêchement), la constitution irakienne reconnaît de facto au vice-président du Conseil de la révolution, vice-président de l'État et commandant en chef adjoint des forces armées, les prérogatives de la présidence du Conseil de la révolution, du commandement des forces armées et de la présidence de l'État, sans qu'il soit nécessaire de publier le moindre décret. Après la passation effective de toutes ces prérogatives, de nouvelles élections sont organisées afin de confirmer le vice-président dans ses fonctions de président de l'État ou d'en élire un autre.

Par ailleurs, le règlement intérieur du parti reconnaît à son vice-président exactement les mêmes droits et organise, le cas échéant, des élections dans les mêmes conditions.

Ainsi, selon les lois constitutionnelles et le règlement intérieur du parti, Izzet Ibrahim, vice-président du conseil et commandant en chef adjoint des forces armées, avait pleinement le droit d'assumer les prérogatives de président du Conseil de la révolution et de président du parti. Il avait assumé naturellement ses responsabilités après l'arrestation du président (qui constitue un cas légal d'empêchement) et cela dès le 13 décembre 2003, date de l'arrestation de Saddam Husseïn. C'est ce que le président m'avait confirmé lors de notre première rencontre fin 2004 et qu'il confirma de nouveau en 2005, en me chargeant de transmettre ses propos : « Dis à Abou Ahmed (Izzet Ibrahim) d'assumer les responsabilités qui lui reviennent de droit pour qu'il n'y ait pas de vacance du pouvoir. »

Saddam pour la postérité

Qu'il soit mille fois l'objet de la miséricorde divine ! Il vécut sur les principes auxquels il adhérait, et mourut en martyr.

Maître Salah Al Mokhtar a dit :

« Tout individu qui a assisté à cette scène exceptionnelle [la mise à mort du président] se retrouve face à une question sans réponse : comment cet homme, qui a fait preuve d'un courage nettement supérieur à celui que l'on observe dans les épopées héroïques des livres d'Histoire, qui a refusé tous les marchandages avec fermeté, comment cet homme-là peut-il être celui que les médias occidentaux, favorables au sionisme, ou les organes de presse iraniens, xénophobes et haineux, décrivent comme un être répugnant ? »

Puis il pose une deuxième question :

« Comment un homme qui, en toute connaissance de cause, sourit quand on l'assassine, peut ne pas être un saint, guidé par la piété et la pureté, un grand homme au regard des valeurs morales et rationnelles ? »

Les autres questions se déduisent d'elles-mêmes : quels principes a-t-on inculqué dans son éducation à cette légende vivante pour faire face à la mort avec un tel sourire, comme s'il était sûr d'aller vers la béatitude éternelle ? Quels éléments de la psychologie de Saddam lui ont permis de franchir les limites du possible et du rationnel, de se hisser à un niveau exceptionnel d'héroïsme, de dignité et de nationalisme ? Qui a intérêt à diaboliser ainsi un saint de notre époque, en ces temps qui ignorent les saints ? Qu'est-ce que cet homme exceptionnel a bien pu accomplir d'exceptionnel pour que le trident du mal, l'Amérique, Israël et l'Iran, le vouent à une mort atroce et n'ait pas masqué sa joie de le voir condamné ?

Jules Mounier, Secrétaire général de l'Association d'amitié franco-irakienne a écrit : « Saddam laisse la marque d'un président qui aura tenté de reconstruire la grandeur de l'ancienne Mésopotamie et de faire de Bagdad un phare dans tout le monde arabe. Il mourut en combattant, mais nous ne doutons pas que son message restera présent. »

Le testament : un document historique

Le président martyr Saddam Husseïn a rédigé un testament et l'a adressé au peuple irakien, à la nation arabe et aux forces armées irakiennes.

Ce testament est un document historique récapitulant toutes les étapes qui ont accompagné la lutte nationale que le président Saddam a eu l'honneur de superviser. C'est une lutte fondée sur la foi et l'esprit de combat que les Irakiens continuent d'incarner, levant haut l'étendard de l'Irak face aux forces colonialistes, sionistes et racistes. Ces forces hostiles, guidées par la seule volonté de s'approprier les richesses de l'Irak, cherchent à le détruire et à le morceler, pour mieux servir leurs intérêts, leurs rancœurs et le projet sioniste.

Voici le texte de ce document historique :
« Au nom du Dieu de clémence et de miséricorde,
Nous ne connaîtrons que ce que Dieu nous a prescrit ; il est notre maître, et que, sur Lui, les Croyants bâtissent leurs entreprises

« Au grand peuple irakien
Aux combattants valeureux de nos forces armées résistantes
À nos Irakiennes auréolées de gloire
Aux enfants de notre glorieuse nation
Aux audacieux et valeureux résistants de la foi.

« Je fus, par le passé, celui que vous avez connu. Et Dieu (que son nom soit loué) a voulu que je sois de nouveau dans l'arène du combat et de la résistance, avec ce même esprit qui nous avait animés avant la Révolution. Aujourd'hui, notre infortune est encore plus dure et plus amère. Mes chers compatriotes, cette situation qui s'est abattue sur nous tous, sur la grande nation irakienne, et qui perdure, met une nouvelle fois à l'épreuve la valeur des hommes et leur grandeur. Ceux qui feront honneur à leur nom et à leur nation pourront se prévaloir du titre de « braves » devant les hommes, puis devant Dieu. La situation est aujourd'hui critique mais elle est glorieuse et fonde les succès des prochaines étapes de notre histoire. C'est la solidité de nos convictions et de notre attitude générale qui, seule, peut prouver notre sincérité et démonter les mensonges éphémères de nos ennemis. Sachez que toute action, toute entreprise, qui ne s'appuierait pas sur la conscience aiguë de notre devoir envers Dieu, est erronée et vouée à l'échec. De même qu'est infiniment méprisable toute force qui s'appuiera sur l'étranger pour opprimer les enfants de notre pays. Rien n'est juste et durable s'il n'est pas le juste reflet des aspirations de notre pays : « L'écume est toujours vouée à disparaître et il ne reste sur terre que ce qui est utile aux hommes » La parole de Dieu, le Tout-Puissant, est juste.

« À notre peuple glorieux. À tous les membres de notre nation, et à l'humanité tout entière. Nombreux parmi vous sont ceux qui connaissent l'auteur des propos qui vont suivre. Nombreux sont ceux qui sont convaincus de son intégrité et du soin qu'il a toujours pris à servir loyalement son peuple, à diriger avec sagesse le gouvernement, à veiller fermement à l'application de la justice dans les affaires du peuple et à protéger les biens des citoyens et de l'État. Saddam Husseïn a vécu, dans sa conscience, au rythme de son peuple. Il souffrait quand le peuple était dans le malheur et il ne retrouvait la paix qu'après avoir rendu justice aux pauvres et aidé les nécessiteux. Son cœur était assez vaste pour tout le peuple et toute la nation. Il était l'homme de la foi fidèle, celui qui rejetait toute discrimination entre les enfants du peuple, ou qui ne l'acceptait qu'à partir de la sincérité des actions et de la compétence au service de la nation. Aujourd'hui, sachant que l'intérêt des plus justes d'entre vous est celui de la nation, je vous le dis : vous avez connu votre frère et votre chef tel que le connaissent les membres de sa famille. Vous ne l'avez jamais vu plier la tête devant les tyrans, vous l'avez connu, sabre brandi et étendard déployé, au service des valeurs qu'il chérissait et pour le plus grand malheur de tous les injustes. N'est-ce pas là l'image que vous gardez en vous de votre frère, de votre fils, de votre chef ? C'est la même image qui doit rester de Saddam Husseïn. Et si elle avait été autre, à Dieu ne plaise, il l'aurait lui-même reniée. C'est à son image que devront être choisis les hommes qui doivent vous diriger, de véritables phares pour la nation, fidèles à ses valeurs, les meilleurs d'entre vous après Dieu tout-puissant.

« J'offre ma vie en sacrifice, et si Dieu le veut, qu'il la conduise où bon lui semble, auprès des élus, des justes et des martyrs. Mais s'il en décide autrement, il reste le maître de la miséricorde, lui qui nous créa et vers qui nous revenons. Nous garderons patience et nous nous appuierons sur lui pour faire face aux nations de l'injustice.

« Mes chers frères, ô notre très cher peuple, je vous invite à préserver toutes les valeurs qui vous rendent dignes de porter votre foi et de brandir très haut l'étendard étincelant de la civilisation. Je vous recommande de prendre soin de votre terre prophétique, qui a vu la naissance d'Abraham le bien-aimé et d'autres prophètes, de cultiver les valeurs de la grandeur que vous incarnez, et d'être toujours prêts à vous sacrifier pour la nation et pour son peuple. Saddam a voué toute sa vie, ainsi que la vie de tous les membres de sa famille, quel que soit leur âge, au service de la nation, et ce depuis les toutes premières étapes du plan qu'il édifia pour notre glorieux et généreux peuple. Il ne s'en est jamais détourné. Dieu n'a pas voulu rappeler à lui Saddam Husseïn au cours des épreuves à haut risque qu'il a traversées, avant et après la Révolution. Et si sa volonté est de le rappeler à l'occasion de cette ultime épreuve, alors qu'il l'avait prémuni jusqu'alors, il demeure libre de faire ce qu'il veut de sa création. La mort de Saddam Husseïn en martyr ne fait que le glorifier encore plus. D'autres, plus jeunes que lui, ont accepté d'emprunter la même voie et de connaître le même sort, en toute connaissance de cause et l'âme apaisée. Si Dieu veut que son âme monte auprès de lui en martyr, nous le remercierons et le glorifierons pour ce qu'il a décidé. Prenons patience ô fidèles et aidons-nous de la puissance et de la protection du Créateur, pour faire face aux nations de l'injustice. Souvenez-vous que Saddam Husseïn est le monument altier et immense que Dieu vous a fourni et dont vous devez vous inspirer dans votre vie privée pour devenir un modèle de compassion, de pardon, de tolérance et de coexistence fraternelle. Dieu, dans sa clairvoyance, n'a pas voulu vous charger des peines et des souffrances dont il a chargé l'un des vôtres afin qu'il vous serve d'exemple et que vous vous en inspiriez. C'est également Dieu qui aida les suppôts de Satan, les héritiers de Kisra et les forces d'outre Atlantique, à tenter de corrompre des Irakiens et à les dresser ainsi contre leurs frères de chair et de sang pour mieux servir leurs intérêts et les intérêts sionistes. Il l'a fait pour vous révéler la haine que les ennemis vous portent, pour démasquer les traîtres dans vos rangs, et pour faire naître la force qui demeure en vous.

« C'est sur les fondements de la foi, de l'amour et de la paix que revendique tout homme digne, que vous avez édifié, loin de toute haine, de toute discorde et de tout ressentiment, les grandes réalisations de l'Irak. C'est ce qui vous donne, lorsque vous marchez sous la bannière de la nation depuis la grande et glorieuse révolution de juillet 1986, le sentiment de fierté et de sécurité qui orne vos fronts. Vous avez triomphé de l'adversité et fait triompher les couleurs de l'Irak uni et solidaire dans les tranchées du combat, comme dans les chantiers de nos grandes réalisations. Les ennemis de votre pays, les envahisseurs perses, ont trouvé votre cohésion et votre unité préjudiciables à leurs visées. Ils ont alors soufflé sur vous le vent mauvais de la discorde, comme ils l'avaient fait par le passé. Certains, parmi vous, devenus des étrangers à la nationalité irakienne, le cœur désormais empli de la haine que les Iraniens leur avaient insufflée, ont servi leurs intérêts. Ils ont cru, honte sur eux, qu'ils pouvaient semer le vent de la discorde entre les vrais fils de ce pays, pour vous affaiblir et vous dresser les uns contre les autres, lorsque vous deviez vous unir contre vos véritables ennemis. Tous unis sous la bannière de Dieu tout-puissant et celle du grand peuple irakien et de sa nation…

« Mes chers frères, valeureux combattants, je vous invite, avec insistance, à dissiper la haine de votre cœur, parce qu'elle vous aveugle et vous éloigne du sens de la justice. Elle obscurcit la raison et fige la pensée, rendant sa proie incapable de tout discernement et de toute analyse pondérée. Celui qui est travaillé par la haine ne perçoit ni la complexité, ni l'évolution de la réalité. Il finit par prendre les pires ennemis et les hommes les plus malhonnêtes pour ce qu'ils ne sont pas, portant ainsi préjudice aux intérêts de notre peuple et de notre glorieuse nation.

« J'invite également toutes mes sœurs et tous mes frères, tous mes enfants irakiens et tous les combattants, à ne pas haïr les peuples des États qui nous ont agressés et à ne pas confondre ces peuples avec ceux qui les gouvernent. Ce qu'il faut détester avant tout, c'est l'action détestable qu'ils ont entreprise. Laissez donc la haine loin de votre cœur et loin de votre esprit, même si elle vous semble légitime. Ne détestez pas ceux qui font le mal, mais détestez le mal lui-même et luttez contre ses effets. Pardonnez à tous ceux qui, à l'intérieur ou à l'extérieur de l'Irak, se repentiront et réintégreront la voie du bien. Offrez-leur une nouvelle possibilité de se racheter, car Dieu est le maître du pardon et il aime ceux qui pardonnent quand ils ont les moyens de sévir. La fermeté reste une nécessité, mais le peuple et la nation ne l'acceptent que si elle est fondée sur la loi, la justice et l'équité. Elle ne peut se borner à des violences guidées par des haines ou des intérêts illégitimes. Sachez également, mes chers frères, qu'il existe, parmi les peuples dont les États vous agressent, des hommes qui soutiennent vos combats contre les envahisseurs. Certains d'entre eux, avocats, se sont portés volontaires pour assurer la défense des détenus, dont Saddam Husseïn. D'autres encore ont révélé et condamné publiquement les scandales et les actions honteuses des envahisseurs avant de nous quitter, en pleurant à chaudes larmes, quand leur mission fut accomplie. C'est ce à quoi je vous invite et ce que je vous recommande : soyez un peuple uni et fidèle, œuvrant pour son bien et pour celui de l'humanité, toujours sincère et conséquent dans ses actes, autant avec lui-même qu'avec les autres.

« À notre généreux et fidèle peuple, je dis adieu. Mon âme est déjà entre les mains de Dieu le miséricordieux, qui jamais ne dessert celui qui se confie à lui et jamais ne déçoit le croyant fidèle et sincère.

« Dieu est grand. Dieu est grand ! Vive notre nation irakienne ! Que l'humanité vive en paix et en sécurité, là où règnent la justice et l'équité ! Dieu est grand. Vive notre grand peuple combattant ! Vive l'Irak ! Vive l'Irak ! Vive la Palestine, vive la résistance et les résistants ! Dieu est grand. Honte aux infâmes ! »

Saddam Husseïn, président de la République
Commandant en chef des forces armées de la résistance
Le 4 novembre 2006

ANNEXES

Annexe I :	Lettres du combattant Saddam Husseïn
Annexe II :	Annonce de la mort du président
Annexe III :	Texte de la rencontre entre Saddam Husseïn et l'ambassadeur américain April Glasby
Annexe IV :	Lettre envoyée au président Saddam Husseïn
Annexe V :	La bataille de l'aéroport de Bagdad
Annexe VI :	La carte d'Irak

ANNEXE I

LETTRES DU COMBATTANT SADDAM HUSSEÏN

Il n'y a pas si longtemps, au cours de l'une des audiences de la cour, cette mascarade de justice, le président Saddam Husseïn dit, sur un ton ferme, au juge Ruzkar Muhammad Amin : « Souviens-toi que tu es un Irakien ! » Un Irakien... C'est-à-dire que tu es d'un pays qui fut un phare pour les civilisations venues après lui, un pionnier dans tous les domaines des connaissances humaines, un paradis sur terre, avec ses richesses, sa nature radieuse et surtout avec ses hommes, ceux-là mêmes qui ont édifié l'Irak et la civilisation de l'Irak, il y a des siècles et des siècles, et qui ont bâti l'Irak moderne, brique par brique, selon les termes du président Saddam Husseïn.

Saddam Husseïn incarnait la personnalité du chevalier intrépide ; son âme était imprégnée des grandes figures historiques. Il lut pour s'informer sur les civilisations diverses et fut profondément marqué par la civilisation arabo-islamique. Il était très féru d'Histoire et particulièrement des révolutions des peuples contre l'oppression et l'injustice. Il était informé des luttes de libération à travers le monde et était constamment préoccupé par la cause palestinienne, qu'il considérait comme la première cause des Arabes. Il écouta les récits des exploits du peuple irakien, alors qu'il n'était encore qu'un enfant, dans l'assemblée des adultes qui évoquaient les Ottomans, les Anglais et la résistance du peuple irakien à l'occupation. Sa sensibilité aiguisée lui permettait de percevoir toute la détresse, la faim et la maladie qui pesaient sur le peuple dont il était l'un des enfants. Toutes ces composantes marquèrent la personnalité du Saddam Husseïn que nous connaissons... C'est pour cette raison que personne ne fut étonné de le voir prendre le parti de la résistance, parce qu'il était conscient des complots ourdis contre l'Irak depuis l'époque de Nabuchodonosor jusqu'au temps de Saddam Husseïn. Quand il se cacha, pendant les premiers temps de l'occupation, les hypocrites et les serviteurs de nos ennemis l'accusèrent d'avoir fui à l'étranger... Mais, insensible à toutes les tentations qui s'offraient à lui, contre son départ de l'Irak pour une vie confortable dans les pays du monde « civilisé », il choisit de rejoindre les rangs de la résistance héroïque, pour rester proche de la terre de son pays, en son sein, et le défendre avec son fusil en insufflant son espoir et son optimisme aux combattants... Leur chef était parmi eux et non dans les palais dans lesquels certaines personnalités tendancieuses imaginaient qu'il vivait. Comment pouvait-il fuir à l'étranger, lui qui avait vécu entouré d'ennemis, à l'extérieur comme à l'intérieur du pays, attendant la première occasion pour s'abattre sur l'Irak ? Il vécut cette période de la résistance parmi les enfants de son peuple, leur répétant sans cesse que l'Irak se libérerait fatalement, aussi long que serait le temps de la résistance et malgré les trahisons, les complots, les haines et les désirs de revanche de nos ennemis. Il était convaincu que la lutte armée était le seul moyen de combattre l'impérialisme, le sionisme et le racisme perse, pour libérer la Nation arabe de leur emprise maléfique.

Au cours de ses déplacements parmi les héroïques combattants dans les diverses régions de notre chère patrie, le président adressait des lettres au peuple irakien et aux hommes de la résistance irakienne et arabe, ainsi qu'à la Nation arabe en général, pour leur insuffler à tous l'espoir dont ils avaient besoin et leur promettre une victoire prochaine. Certains médias arabes ont diffusé ces lettres, parfois rédigées, parfois sous forme d'enregistrement sonore, selon les conditions dans lesquelles il se trouvait au cours de ses déplacements. Nous proposons dans les pages qui suivent des extraits qui nous semblent les plus significatifs.

Première lettre

Mes chers amis, combattants du mal dans le monde, que la paix soit avec vous.

Vous avez tous constaté comment Bush, le lâche, se moque de vos opinions et de vos prises de position, que vous avez clamées haut pour vous opposer à la guerre et appeler à une paix juste. C'est aujourd'hui même qu'il a commis son crime odieux.

Nous nous engageons devant vous, en notre nom, au nom de la direction irakienne et du peuple combattant d'Irak, de son armée héroïque et de sa glorieuse terre, foyer des civilisations, à combattre les envahisseurs et à les pousser, par la volonté de Dieu, à perdre et leur patience et l'espoir d'atteindre les objectifs planifiés par le sionisme criminel et tous les envieux de la prospérité de l'Irak...

Brandis l'épée sans peur et sans hésitation
Brandis l'épée, les astres nous en sont témoins
Brandis l'épée face à l'ennemi envahissant
Seul le sage héros peut le repousser
Selle les chevaux et va, à bride abattue
Va, cours, ils te portent au-devant de l'espoir
N'aie cure de la foudre qui enflamme la nuit et la fait résonner
Jusqu'au triomphe de la raison et la défaite de l'injustice
Sois une lumière au cœur de la nuit la plus sombre,
le juste flambeau face aux mensonges délirants.
Arme ton fusil et attise la flamme pour faire honte à la vilenie
et écraser l'inique tyrannie.
Brandis l'épée, brandis-la en la bénissant
Seul l'homme brave et ferme peut faire triompher le droit
Lève les bannières dans chaque temple et sur chaque
[monument
Et prie Dieu pour que notre peine tarisse

Deuxième lettre

Au professeur Izzet Ad-Douri
Le deuxième jour de l'occupation de Bagdad

Au nom de Dieu clément et miséricordieux

« Dieu agit selon sa volonté »

Au camarade député, que la paix soit avec vous

J'ai voulu vous transmettre les consignes que j'ai données au ministre de la Défense pour qu'il vous les résume par écrit. J'ai rédigé une lettre à votre intention, mais le camarade, que Dieu le protège et vous protège avec lui de tout mal, m'a suggéré de patienter un peu. Peut-être voulait-il utiliser la force d'une seule division dans la zone de combat pour briser les forces américaines envahissantes à Bagdad. Et après m'être informé sur l'état de nos forces dans Bagdad, je pense qu'il n'y a pas lieu d'attendre de vous charger de conduire personnellement les opérations, surtout avec vos adjoints, et notamment le camarade Samir Najm… Bien évidemment si ces régions n'ont pas connu le même sort que les autres.

Je vous embrasse et vous serre la main, dans l'espoir de vous voir, selon ce que Dieu décidera, ou bien dans le paradis qu'il a promis pour les combattants pieux et patients, ou comme l'un des artisans de la bataille à conduire pour brandir notre bannière, comme nous l'avons fait à nos débuts, au moment de la révolution du 17-30 de tamouz… Nous reprendrons contact ultérieurement si Dieu le veut, mais la situation exige de nous beaucoup de clairvoyance et de patience. Nous triompherons si Dieu le veut. Dieu est grand… Honte aux criminels… Et vive notre glorieuse nation.

TROISIÈME LETTRE

Le criminel Bush est entré dans Bagdad, comme le fit avant lui Holaku, tel le poison dans le corps, et quel poison !

Ils ne vous ont pas vaincus, vous qui refusez l'occupation et l'humiliation, vous dont le cœur et l'esprit sont les foyers de l'arabité et de l'islam. Ils ne vous ont vaincus que par la trahison. Mais, par Dieu, ce ne sera pas leur victoire tant que vos âmes abriteront le désir de résistance. Désormais, ce que nous avons toujours dit éclate au grand jour, nous ne vivrons jamais en paix tant que le cancer de l'entité sioniste sera entré sur nos terres arabes. Et c'est pour cette raison que toutes les causes arabes sont une.

Ô enfants de notre grand peuple,

Levez-vous contre l'occupant et n'ayez aucune confiance en ceux qui vous parleront de la sunna ou de la shii'a. L'unique problème que connaît votre patrie, votre Irak, est aujourd'hui l'occupation et il n'y a nulle priorité que celle-là : chassez l'occupant infidèle, criminel, assassin et lâche, vers qui ne se tendent que les mains des traîtres et des agents de l'occupation.

Le 28 avril 2003

Quatrième lettre

Dans la bataille de l'aéroport, les volontaires arabes ont mené un combat féroce aux côtés de leurs frères, les enfants de l'Irak, soldats de l'armée et du peuple, et ont infligé aux criminels américains des pertes de plus de 2 000 morts et un nombre de blessés encore plus élevé. Ils ont aussi détruit un matériel militaire d'une telle importance que si les photographes avaient été autorisés à le filmer, il aurait suffi, à lui seul, à démoraliser l'ennemi. Mais, encore une fois certaines personnes ont trahi leur religion, leur nation et leur réputation à un vil prix, quel qu'en fût le montant, en comparaison du mal qu'ils ont fait à l'Irak et à la nation. Nous avons combattu d'une manière héroïque et dans l'honneur et nous ne serons pas vaincus tant que notre foi en Dieu demeurera inébranlable et que le combat et la résistance seront nos seules options... Imaginez-vous que ceux qui se sont intronisés « opposition irakienne » sont venus apporter leur soutien à l'occupant, pour qu'il les vole, accapare leur pays, les dresse contre leur nation et les amène à reconnaître l'ennemi sioniste. Ils sont tous les mêmes. Ils arborent les insignes et les couleurs des Américains et se confondent avec eux, puisqu'ils infligent à leur peuple la peine et l'occupation... Je vous invite, ô enfants de l'Irak, à transformer toutes les mosquées en foyers de résistance, à faire triompher la bannière de votre religion et de votre patrie et à faire comprendre à votre ennemi que vous le rejetez, par vos paroles et vos actions.

Le 7 mai 2003

Cinquième lettre

À notre grand peuple arabe

J'ai juré devant Dieu de mourir en martyr et de ne pas me rendre à l'ennemi américain ou britannique, lâche et assassin. Et si la première étape de cette guerre a été surtout riche en trahisons de gens qui ont vendu leur religion, leur nation, leur patrie et leur nom, sa fin verra les hommes à la foi inébranlable en Dieu chasser les envahisseurs, les criminels et les voleurs. Je me suis souvenu, en faisant mes adieux à nos jeunes combattantes et combattants qui résistent héroïquement, des instants radieux de l'histoire de notre foi et de notre Nation arabe. Ce sont ces jeunes qui sont les artisans de cette histoire de hauts faits, comme le sont les enfants du valeureux peuple palestinien... Mes frères arabes, que vous soyez intellectuels, hommes de lettres, journalistes ou peintres, votre devoir à tous est de révéler au grand jour l'ignominie et les crimes de notre lâche occupant. Ne laissez pas ceux qui soutiennent l'envahisseur, ou qui lui trouvent des excuses, se glisser parmi vous. Je demande également à tous nos sportifs de boycotter les manifestations organisées par l'occupant. Que le boycott couvre tous les domaines d'activité. Que vos voix s'élèvent, unanimes, pour condamner l'occupation.

Le 9 mai 2003

Sixième lettre

À nos valeureux combattants dans toutes les régions du monde arabe,

Aux membres du parti Baas, arabe et socialiste

Que la paix, la miséricorde et la bénédiction de Dieu soient sur vous.

Nous vous invitons, au moment où nous combattons le lâche ennemi américain et britannique, à boycotter tous les responsables intronisés par les forces criminelles de l'occupation pour gérer quelque domaine d'activité que ce soit, dans le gouvernement de l'Irak et les affaires de son peuple.

Nous invitons également nos frères dans le combat à chasser tout traître qui soutient l'occupation, parmi ceux qui usurpent l'identité irakienne.

Isolez-les et laissez-nous la charge de les combattre et de les détruire, eux et leurs soutiens.

Mes chers frères de combat, laissez tout Américain et tout Anglais vivant sur une terre arabe vivre dans la peur et dans l'inquiétude, tant qu'ils ne se retireront pas de l'Irak et qu'ils n'auront pas changé leurs positions vis-à-vis de l'occupation sioniste criminelle.

Le 25 mai 2003

Septième lettre

Nous avons juré devant Dieu de ne laisser aux forces américaines et britanniques aucun répit tant qu'ils voleront les richesses du grand Irak. C'est pour cette raison que les enfants de notre peuple – les soldats de notre armée valeureuse, de la garde républicaine, des brigades Al Farouk, du Mouvement de libération, du parti Baas et des brigades Al Husseïn – mènent une véritable guerre pour chasser les forces d'occupation de l'Irak.

Ô fils de notre honorable Nation arabe et islamique ! Où que vous soyez, prenez acte de l'horreur des crimes commis par l'Amérique en Irak et de ceux qui sont commis par Sharon, au même moment. Dans les deux cas, ce sont l'islam, les nations et l'homme arabe qui sont visés.

Bush regrettera amèrement, lui, le voleur indigne, et avec lui son petit Blair, d'être venu en Irak, de même pour tous ceux qui ont envoyé des forces pour les soutenir... Comment expliquez-vous que l'occupant tue plus de 200 prisonniers, et plus de 250 civils en 72 heures ?! Quel sens cela peut-il avoir, hommes libres de l'Irak et du monde arabe, musulmans du monde !?

Le 12 juin 2003

Huitième lettre

Je vous annonce, mes frères, mes enfants et valeureux Irakiens, que les cellules de la résistance et du combat se sont formées sur la plus grande échelle, et que les combattants et les combattantes qui les constituent mènent dignement leurs actions contre l'ennemi et contre l'invasion. Vous en avez, sans aucun doute, entendu parler, même si ce qui vous en parvient sur les pertes qu'elles infligent aux envahisseurs ne représente qu'une petite partie de ce qui se passe sur le terrain. Il ne se passe pas un jour, au cours des dernières semaines, sans que leur sang ne coule par la main de nos résistants. Par la volonté de Dieu, ils connaîtront prochainement les journées les plus difficiles de leur vie.

Pour ces raisons, je vous invite à aider les résistants à se cacher et à se déplacer, et à ne livrer aux envahisseurs et à leurs adjoints aucune information sur eux, sur leurs activités, ni au cours des actions menées, ni après, et d'éviter de mentionner leurs noms et les indications qui pourraient aider à les repérer. Nos combattants accomplissent leur devoir, selon la volonté divine et l'intérêt du peuple, de la nation et de la patrie…

Le 14 juin 2003,
lettre enregistrée sur une bande sonore

Neuvième lettre

Mes chers frères, mes enfants… Je vous annonce la mort d'un autre groupe de martyrs qui ont rejoint le créateur en accomplissant leur devoir, tels des oiseaux du paradis, revenant dans ces lieux d'élection, baignés par la présence divine et entourés de nos saints et de nos martyrs. N'est-ce pas là le rêve de tout homme de foi, de tout combattant pour la gloire de Dieu et de la patrie ?

En sacrifiant leurs vies, comme l'ont fait tous nos valeureux martyrs, ils n'ont fait qu'honorer le serment que nous avons prêté devant Dieu et devant vous, de mettre notre vie, la vie de nos enfants et nos biens au service de Dieu, de la patrie, du peuple et de la nation. Mes chers frères, vos frères Koussaï et Oudaï ont eu le même courage et la même fermeté en combattant et en mourant à Al Mawsel, après une résistance acharnée qui a duré plus de six heures, six heures entières au cours desquelles les armées ennemies qui les assiégeaient avec toutes sortes d'armements terrestres ne sont pas parvenues à les atteindre. Il aura fallu utiliser les avions contre le bâtiment où ils s'étaient barricadés pour avoir raison d'eux. Leur résistance et leur mort sont un honneur de plus pour cette famille husseïnite, un sacrifice pour que le présent continue pour nous de briller.

Le 25 juillet 2003

Dixième lettre

Dans les guerres et les catastrophes, les responsables, fidèles à leur peuple et à leur nation, tentent de sauver ce qui est essentiel et de le préserver parfois en acceptant, en contrepartie, de lourdes pertes. Tel est le destin des responsables du peuple.

Certaines personnes ont été profondément affectées par cette situation de guerre et par le désordre que semblent connaître les lignes de notre armée. Je vous dis que seule la foi demeure capable de ramener la confiance et l'équilibre dont les combattants ont besoin pour continuer à résister à l'envahisseur et à honorer Dieu et la nation. Il faut savoir garder les biens de l'Irak pour les Irakiens et ne pas laisser l'ennemi accaparer nos richesses et les partager avec les traîtres qui l'ont aidé à parvenir à ses fins.

Le 27 juillet 2003
(Déclaration au grand et fidèle peuple irakien)

Onzième lettre

(Saddam s'adressant au président américain)

Je dis tout haut, au nom du grand peuple d'Irak, que tu t'es menti à toi-même, que tu as menti à ton peuple et à tout le monde, impliquant avec toi tous ceux que tu as piégés de la sorte. Tu as menti ou on t'a dissimulé la vérité. Te voilà piégé par le sionisme dans ton agression contre l'Irak, comme tu l'as déjà été par l'instigation des mêmes sionistes, dans tes menées contre l'islam et le monde arabe…

Te voilà piégé, toi et ton armée qui subit les plus lourdes pertes, et dont l'impuissance est patente, face à notre peuple à la civilisation millénaire, qui a le droit, l'honneur et la légitimité de son côté. Tu n'auras d'autre alternative que de reconnaître officiellement et publiquement ta défaite et de te retirer de notre pays…

Le 17 septembre 2003

Douzième lettre (la dernière avant l'arrestation)

Ils reconnaissent à haute voix dans le monde ce que nous leur disions avant l'agression : que l'Irak n'a pas les armes qu'ils l'accusent de posséder. Mais l'Irak les contredira également, par la volonté de Dieu, en les empêchant d'atteindre leurs visées diaboliques d'occupation de nos terres et d'installation de leurs armées sur notre territoire… Les deux menteurs, américain et britannique, se succèdent dans leur tournée mondiale pour mendier les soutiens et les financements à leurs armées et à leurs attitudes injustes… Les agents qu'ils ont amenés dans leurs valises n'ont aucun poids et n'auront aucune influence sur le grand et fidèle peuple d'Irak ; ils ne pourraient même pas se promener dans les rues de Bagdad ou de tout autre ville irakienne. Désemparés et voulant rattraper leur échec, ils parcourent les pays arabes, sollicitant ce qu'ils appellent un « conseil » sur la situation en Irak. Et nous leur disons, à eux et à tout le monde : même si l'Irak est une partie intégrante de la Nation arabe, jouant en son sein, quand il le peut, le rôle de l'avant-garde vive, il demeure, par la constitution chimique de sa population, si l'on peut s'exprimer ainsi, un pays unique et spécifique, que seuls peuvent comprendre les Irakiens fidèles et soucieux de l'intérêt de leur pays…

À la mi-ramadan, novembre 2003

ANNEXE II

Annonce de la mort de Saddam Husseïn

Izzet Ibrahim Ad-Douri annonce la mort de son compagnon de route Saddam Husseïn

Au nom de Dieu, clément et miséricordieux

« Il est des fidèles qui honorent leurs engagements envers Dieu, parmi lesquels certains ont été rappelés auprès de lui et d'autres attendent leur destin, sans jamais varier dans leur foi. La parole de Dieu est vérité. »

Ô enfants du grand peuple irakien, ô fils de notre glorieuse nation, hommes libres du monde, adhérents et combattants du Baas !

En ce mois saint, le premier jour de l'Aïd Al Idhha béni et pendant la période du grand pèlerinage, je vous annonce, avec la plus grande affliction et la consternation la plus totale, la mort de mon frère, mon camarade, notre chef à tous et le promoteur de la grandeur et de la gloire de notre nation.

Des mains criminelles, mues par l'administration américaine, ses alliés anglais, les sionistes et les Perses des Safwa, ont assassiné l'un des chefs historiques de la nation et de ses figures les plus illustres : un homme au courage infaillible à qui ses hautes valeurs morales interdisaient de plier devant l'assemblée des polythéistes, des infidèles, et des tyrans. Il fit face à la vague houleuse du mal qui déferla sur notre pays avec un courage, un héroïsme, une résistance, un sens du sacrifice et une générosité dignes des plus illustres exemples de l'histoire de l'humanité.

Ce chef sans exemple a été assassiné mais il demeurera en compagnie de Sa'ad, de Khaled, d'Al-Muthanna, d'Al Ka'aka', de Saladin, et de Nasser, comme l'un des exemples de la résistance, du don de soi et du combat éternel, jusqu'à ce que la terre et ses créatures reviennent à Dieu en héritage, selon sa loi, ou qu'il rende possible une victoire insigne en son nom.

Que l'ennemi qui occupe nos terres et ses agents sachent que l'assassinat du Chef ne fera qu'augmenter la détermination du Baas, de son grand peuple et de sa grande nation à combattre avec encore plus d'intensité jusqu'à la libération de notre chère patrie et l'établissement d'un État fondé sur la foi, la démocratie et la civilisation.

Mes chers camarades du grand Baas, à la direction du parti comme dans ses bases, où que vous soyez sur la grande terre de notre Irak, berceau de la civilisation et de la grandeur :

En assassinant le Chef aujourd'hui même, les occupants, leurs agents et leurs espions croyaient assassiner le Baas et les saints principes qui inspirent son message au service de la nation, assassiner l'arabité dans l'Irak et de l'Islam, assassiner la gloire de l'Irak, le cœur de la nation et son bras puissant. Que la honte les noie et les submerge la colère de Dieu ! Le Baas demeure avec la même foi, les mêmes principes et la même mission ; notre nation demeurera le phare des civilisations, et le peuple continuera d'incarner les hautes valeurs historiques et morales, dans le respect de nos nobles traditions…

Nous jurons devant le Dieu Tout Puissant et sur son livre saint et sur les valeurs de la foi, de l'Islam et de l'arabité de continuer le combat sacré, d'intensifier la lutte et de la poursuivre jusqu'à la libération totale, sans concession et en profondeur de notre chère patrie. Que les criminels envahisseurs, leurs petits agents et leurs espions indignes reviennent à l'histoire glorieuse de cette Umma, riche en sacrifices immenses, en créations radieuses et en hautes valeurs de bravoure et de fidélité aux principes et aux objectifs inaliénables qu'elle s'est définis. Qu'ils relisent l'histoire récente de cette Umma pour voir avec quelle ferveur elle a consenti aux sacrifices les plus lourds et les plus nombreux même parmi ses chefs pour sauvegarder ses valeurs, ses principes et sa liberté. Qu'ils se rappellent l'exemple insigne de l'un des plus grands chefs que l'humanité ait connus et que l'un de ses braves et valeureux compagnons évoqua en citant le saint Coran : Mohammed n'est qu'un prophète que d'autres prophètes ont devancé avant de mourir avant lui. S'il devait mourir ou être tué, devez-vous pour autant renier votre foi ? Ceux qui se renient ne nuiront en rien à Dieu. « Que ceux qui adoraient Mohammed sachent que Mohammed est mort, et que ceux qui adorent Dieu apprennent que Dieu est vivant et éternel. »

Nous le clamons, face à la terre entière : « Que ceux qui combattent pour Saddam Husseïn sachent qu'il a accompli son rôle de martyr glorieux et bienheureux, comme tous les grands de notre nation ; et que ceux qui combattent pour la nation, son unité, sa liberté et son avenir sachent que la nation demeure, éternelle, jusqu'à ce que Dieu hérite de la terre et de ceux qu'elle porte, selon sa volonté et sa loi…

Camarades, je vous invite à transformer le jour du martyr de notre chef en une journée de déclenchement d'un mouvement de révolte de tous les combattants courageux, patriotes, nationalistes et musulmans unis. Visez l'occupant usurpateur en premier lieu, ses agents et ses espions connus ensuite et préservez la sécurité du peuple, ses biens et ses intérêts. Ne laissez pas le terrorisme s'immiscer dans vos rangs, et que cette journée soit celle de l'unité, de la concorde et de la réconciliation de tous sur le champ de bataille et dans tous les autres domaines… »

« J'invite tous les chers frères, chefs valeureux et résistants de nos courageuses troupes combattantes dans tous les secteurs de la lutte, à œuvrer sérieusement et en toute loyauté à unifier nos lignes de combat, pour donner naissance à la résistance à laquelle notre peuple et notre nation aspirent intensément et impatiemment et à en coordonner les actions sur les plans militaire, politique et médiatique. C'est là la seule manière de tirer le meilleur parti de notre potentiel, de parvenir à détruire l'ennemi et à libérer notre chère patrie…

Aux nobles enfants de notre nation dans les partis, les organisations, les mouvements et les courants politiques : unissez vos rangs et intensifiez l'action de votre résistance héroïque et victorieuse, afin que nous puissions mettre à exécution la sentence de mort contre nos occupants, leurs agents et leurs espions sur chaque parcelle de la terre sacrée de l'Irak. Et que la révolte de la Umma s'enracine dans la révolte de l'Irak victorieux, afin de concrétiser son unité, sa liberté et d'édifier son avenir et son État sur les valeurs de la foi et de la civilisation. L'Irak continuera ainsi à assurer sa mission de guide, de défenseur de la justice, de la paix et de la liberté pour toutes les autres nations. Luttons pour une civilisation qui préserve l'humanité de l'homme, qui l'aide à promouvoir son potentiel et sa créativité, et qui répande les valeurs de la vertu et de la morale.

Que la paix soit avec toi, ô notre chef, le jour où tu te dressas, de toute ta fierté, face aux tempêtes du mal et de l'obscurantisme. Que la paix soit avec toi le jour où tu accomplis ton devoir et y mis ta famille, tes biens et ta vie comme prix…

Nous jurons devant Dieu le Tout Puissant et te jurons, à toi et à tous les martyrs de la nation, ainsi qu'à ses grandes figures historiques, de rester les fidèles gardiens du message éternel du ciel, jusqu'à ce que Dieu, que sa puissance soit glorifiée, rende possible, par son soutien, la victoire pour laquelle tu t'es sacrifié.

Que la paix soit avec les martyrs du Baas, que la paix soit avec les martyrs de la Palestine chère à nos cœurs, que la paix soit avec les martyrs des deux nations arabes et islamiques, la paix éternelle, avec les valeureux combattants héroïques, patriotes, nationalistes et musulmans.

Que nos fidèles combattants sachent que Dieu aime ceux qui luttent pour son nom, unis comme la muraille imprenable. »

Al Mo'taz Billah
Izzet Ibrahim Ad Douri
Serviteur du combat et des combattants

Annonce de la mort du président par le docteur Mahatir Mohammed

Ancien Premier ministre de la Malaisie
Membre du Comité international de défense du président Saddam Husseïn

Le 30, Kanoun 1er, 2006

Le jour béni de l'Aïd, le monde terrorisé apprit la mise à mort sauvage du président irakien Saddam Husseïn, sous le prétexte fallacieux de crime contre l'humanité, alors que cette sentence consacre publiquement le président Bush et le Premier ministre Blair comme criminels de guerre. Cette action sadique, jetée à la face du monde dans sa totalité, est le couronnement d'une mascarade de justice, dont l'unique but était de promouvoir la puissance impérialiste des États-Unis et de lancer un avertissement aux peuples épris de paix, pour leur signifier qu'ils ont le choix entre se plier aux dictats de Bush ou affronter la sanction de la peine capitale publique.

Cet assassinat fut également une humiliation pour tous les musulmans, parce qu'il fut accompli le jour béni de l'Aïd, que les musulmans consacrent à la prière et au pardon. Il apparaît clairement aussi que le criminel de guerre Bush n'a aucun respect pour le pèlerinage des musulmans à La Mecque. Cette action barbare est une profanation des valeurs sacrées musulmanes.

Le procès dans sa totalité ne fut qu'une mascarade de justice, avec une cour de justice purement formelle. Les conseillers de la défense furent tués avec la plus grande sauvagerie. Des témoins subirent des pressions et des menaces. Des juges furent démis parce qu'ils étaient honnêtes, et remplacés après cela par des juges marionnettes. Et malgré tout cela, on prétend que l'Irak a été envahi pour répandre la démocratie, la liberté et la justice.

Un pays pacifique est maintenant transformé en une zone de guerre. Plus de 500 000 enfants ont été tués, par la faute des sanctions économiques criminelles. Les dernières estimations publiées dans la revue médicale *The Lancet* révèlent que plus de 650 000 Irakiens sont morts depuis l'occupation illégale de 2003.

Le criminel de guerre Georges Bush a tué plus d'Irakiens que le président Saddam Husseïn durant toute sa vie – si tant est que les accusations contre lui s'avèrent fondées. Si le président Saddam Husseïn est coupable de crimes de guerre, il faut alors que le monde considère Bush, Blair et Howard comme aussi criminels que lui. Il est du devoir de la Cour internationale de justice de juger ces criminels de guerre. Les tergiversations et les atermoiements de la Cour internationale de justice, quand il s'agit de juger Bush, Blair et Howard, trahissent une justice de deux poids deux mesures ; puisqu'elle n'hésite pas, par ailleurs, à condamner des crimes de guerre commis au Darfour, au Rwanda et au Kosovo.

Si nous soutenons les droits de l'homme et la justice, il est de notre devoir de condamner cet assassinat sauvage du président Saddam Husseïn. Il ne peut y avoir d'excuse à cette injustice, quelles que soient les conditions invoquées. Le criminel de guerre Bush et le régime de marionnettes en Irak se sont moqués de la justice et de la loi.

Le Comité de défense des avocats commis d'office pour représenter le président Saddam Husseïn, ses compagnons et la totalité des prisonniers et des détenus en Irak.

Communiqué du Comité de défense du président Saddam Hussein

Au nom de Dieu clément et miséricordieux,

« Ne prenez pas ceux qui sont morts pour défendre le nom de Dieu comme disparus ; ils sont vivants auprès de leur Dieu. »

Al Omrane

Le président est parti en martyr, par la volonté de Dieu, il fut le juge de ses juges, avant d'être condamné, mobilisant la force de la loi et du droit pour faire face à la violence, à l'injustice et à la spoliation des droits sacrés, et surtout au plus élémentaire de ses droits : celui de défendre sa vie.

La mise en scène de ce spectacle que fut le procès n'a cessé de connaître un rythme croissant de violation de toutes les lois internationales, du droit humanitaire et des droits de l'homme, selon une succession réglée pas à pas par l'administration américaine et ceux qui l'accompagnaient. C'est là la seule logique qui a régi cette présumée cour de justice. Et c'est ce qui explique aussi le rejet de toutes les demandes légitimes formulées par les instances de toutes les organisations internationales concernées, et tout particulièrement, par toutes les agences des Nations unies, sans exception.

Le martyr demeura ferme, vrai dans ses déclarations, clair dans son argumentation, confirmant ainsi tout ce que savent les personnes bien informées. À savoir que la sentence avait été déjà édictée depuis la fin du siècle précédent, après la nationalisation du pétrole, l'édification de l'État et de ses institutions, la maîtrise de la science, l'éradication de l'analphabétisme, et la construction d'un Irak moderne, fort et capable de déjouer les complots tramés contre les intérêts de la patrie et de la nation. Depuis cette date, et peut-être bien avant encore. L'histoire révélera encore plus de détails sur les chapitres de cet assassinat ; et tout le monde reconnaîtra que Saddam Husseïn aura vécu et sera mort fidèle à sa vérité, intègre, résolu, et fort de ses principes. Il n'était pas contre les vérités de la réalité et du droit quand il affirmait la nullité de la

Cour de justice. Celle-ci n'était qu'une décision américaine, et son verdict était connu et prévisible.

Le martyr a choisi la voie du don de soi et du sacrifice, en pleine connaissance de cause et même avec une conviction inébranlable, affirmant sans cesse que le combat du droit contre la force ne prendra pas fin avec cette épreuve de la confrontation inégale de la justice partisane et du droit, ni avec aucune autre d'ailleurs. Le Comité de défense ne classera pas le dossier et continuera son combat juridique avec tous les moyens légaux à sa disposition, à l'échelle locale et internationale, jusqu'à ce que l'opinion publique soit informée de toute la vérité et que toutes les dimensions de cet assassinat politique soient révélées, une fois qu'on aura prouvé que l'objectif de toute l'entreprise engagée était de se débarrasser de Saddam Husseïn et non de révéler quelque vérité que ce soit.

Le Comité de défense attend de toutes les organisations et de toutes les personnalités internationales dans les domaines du droit et de la jurisprudence qu'elles intensifient leurs efforts pour faire toute la vérité et la révéler au grand jour et rappelle qu'il est possible d'oublier le mal que nos ennemis ont dit de nous, mais impossible d'occulter le silence des amis.

Le martyre de Saddam Husseïn restera à jamais, aux yeux de tous les combattants de la planète, le symbole de la résistance du droit d'une nation à disposer d'elle-même face à la loi de la domination et de l'hégémonie américaine. Il mourut en martyr tel un fier palmier de l'Irak, et sa dernière demeure sera le paradis céleste, si Dieu le veut.

Le Comité de défense du président
Saddam Husseïn
Le 30 décembre 2006

ANNEXE III

Texte de la rencontre de Saddam Husseïn avec l'Ambassadeur américain April Glasby

Le 25 juillet 1990, le président Saddam Husseïn invita l'ambassadeur des États-Unis d'Amérique, Madame April Glasby. Il lui fit part de ce qui suit :

« Nous avons entretenu des relations durant la guerre irako-iranienne, au niveau du ministère des Affaires étrangères, et nous espérions aboutir à une meilleure entente commune et à de plus grandes opportunités de coopération, dans l'intérêt de nos peuples et de tous les peuples arabes. Mais ces relations ont connu plusieurs moments critiques, surtout en 1986, au cours de ce qui est connu comme l'Irangate, deux années après l'établissement de relations entre nous.

« La crise de l'Irangate est intervenue au cours de l'année pendant laquelle l'Iran a occupé la presqu'île irakienne du Fao. Nous pensions, tout naturellement, pouvoir dire à ce moment que nos anciennes relations, et l'enchevêtrement de nos intérêts réciproques pouvaient absorber et neutraliser de nombreuses erreurs. Mais quand les intérêts sont limités dans leur portée, et les relations toutes récentes, il ne peut y avoir d'accord profond et les erreurs peuvent avoir des retombées négatives. Parfois, les conséquences de l'erreur peuvent être plus sévères que l'erreur elle-même.

« Malgré cela, nous avons accepté les excuses que nous a transmises l'émissaire du président américain, en ce qui concerne l'Irangate, avons refermé la page du passé et nous nous sommes dit qu'il ne fallait pas remuer ce passé, sauf si des événements nouveaux nous font prendre conscience que les erreurs passées n'étaient pas un simple hasard. Il y a, aux États-Unis, des groupes qui ont travaillé à dresser les pays du Golfe contre l'Irak, pour qu'ils en aient peur et qu'ils refusent de lui apporter le soutien dont il a besoin. Nous avons en notre possession les preuves de ces incitations.

« Certes, l'Irak est sorti de la guerre accablé de nombreuses dettes. Et comme je l'ai indiqué, une partie de cette dette était constituée par le soutien financier que nous ont apporté certains pays arabes. Et vous savez parfaitement, comme eux, que s'il n'y avait pas l'Irak, ces pays n'auraient pas pu disposer de toutes ces sommes et que l'avenir de toute la région aurait été complètement différent.

« Puis, nous avons commencé à faire face à la politique de baisse du prix du pétrole, et avons constaté que les États-Unis, qui ne cessent de parler de démocratie, ne laissent aucune possibilité à la partie adverse d'exposer son point de vue. La campagne contre Saddam Husseïn a ensuite été engagée par les médias officiels américains. Les États-Unis pensent sans doute que la situation en Irak est semblable à celle de la Pologne et de la Tchécoslovaquie. Et même si cette campagne nous a embarrassés, nous ne nous sommes pas inquiétés outre mesure, parce que nous voulions laisser une opportunité aux décideurs des États-Unis de prendre conscience des vérités et de juger en connaissance de cause, si cette campagne médiatique avait une quelconque influence sur l'état d'esprit des Irakiens. Nous espérions voir les autorités américaines prendre la bonne décision en ce qui concerne ces relations avec l'Irak, parce que ceux qui sont liés par de bonnes relations supportent parfois les divergences. Mais quand la politique planifiée et préméditée de baisse des prix du pétrole, sans aucune justification commerciale pertinente, a été engagée, cela signifiait le déclenchement d'une autre guerre contre l'Irak. Si la guerre par les armes tue les gens en faisant couler leur sang, la guerre économique détruit leur humanité en les privant de la chance de jouir d'un niveau de vie satisfaisant. Et comme vous le savez, des fleuves de sang ont été répandus pendant une guerre qui a duré huit ans, sans que jamais nous ne perdions notre humanité. Les Irakiens ont le droit de prétendre à une vie digne, et nous ne permettrons à personne d'attenter à la dignité irakienne et au droit des Irakiens de jouir d'un niveau de vie honorable.

« Le Koweït et les Émirats arabes unis ont constitué le front de cette politique qui vise à rabaisser la position de l'Irak et à priver son peuple d'un niveau de vie et de moyens économiques supérieurs. Vous savez que le Koweït étend son territoire aux dépens de notre terre et qu'il ne s'agit pas là d'une simple rumeur. Par ailleurs, j'attire votre attention sur le document qui fixe le parcours des rondes militaires sur la frontière, entériné par la Ligue Arabe en 1961, et qui interdit aux patrouilles militaires de franchir cette ligne. Maintenant, vous pouvez constater par vous-même que les rondes koweïtiennes, ainsi que les installations pétrolières de ce pays à proximité de la ligne de frontière, ne sont là que pour affirmer leur prétention sur cette terre irakienne.

« Nous croyons que les États-Unis doivent prendre conscience que les hommes qui vivent dans l'aisance économique peuvent parvenir à un accord avec eux sur leurs intérêts légitimes communs, contrairement à ceux qui vivent dans le dénuement économique et dans la faim. Nous n'admettons pas les menaces, d'où qu'elles viennent, et souhaitons que les États-Unis ne se fassent pas trop d'illusions. Nous travaillerons à augmenter le nombre de nos amis et non de nos ennemis... J'ai en effet lu des déclarations américaines parlant d'amitiés dans la région, et chacun demeure, bien évidemment, libre de choisir ses amis, mais vous savez très bien que ce n'est pas vous qui avez assuré la protection de vos amis au cours de la guerre contre l'Iran. Et je peux vous assurer que si les forces iraniennes avaient envahi la région, vous n'auriez pu les arrêter qu'en utilisant les armes nucléaires. Je ne veux pas par là diminuer l'importance de votre rôle, je tiens uniquement compte de la composition et de la nature de la société américaine qui ne tolère pas la mort de dizaines de milliers de soldats dans une seule bataille.

« Vous savez que l'Iran a accepté le cessez-le-feu, non parce que les États-Unis ont bombardé l'une de ses plateformes pétrolières, mais uniquement après que nous eûmes libéré la région irakienne du Fao. Est-ce là la récompense que l'Irak mérite pour avoir préservé la stabilité de la région et lui avoir évité un déluge sans précédent ? Et puis, que peut signifier la déclaration selon laquelle l'Amérique protégerait ses amis contre les prétentions irakiennes ? Cette attitude et bien d'autres déclarations et manœuvres ont encouragé le Koweït et les Émirats arabes unis à ignorer les droits irakiens.

« Je le dis de la manière la plus claire, les droits de l'Irak, tels que mentionnés dans le mémorandum, seront tous respectés et honorés, peut-être pas aujourd'hui, dans un mois ou dans un an, mais devront tous être respectés... Nous ne sommes pas de ceux qui renoncent à leurs droits et aucune autorité historique ou légale ne peut servir de prétexte au Koweït et aux Émirats arabes unis pour ne pas honorer leurs engagements et nos droits. S'ils sont dans le besoin, nous connaissons également la même situation.

« Les États-Unis doivent avoir une meilleure compréhension de la situation et dire quels sont leurs amis et leurs ennemis. Ils n'ont pas à considérer comme leurs propres ennemis ceux qui adoptent une position différente de la leur à propos du conflit entre les Arabes et Israël. Nous déduisons de vos déclarations que vous souhaitez que l'approvisionnement en pétrole se poursuive dans le cadre de la concertation avec les pays de la région et dans le respect des intérêts de toutes les parties. Mais nous ne comprenons pas les tentatives qui incitent certaines parties à nuire aux intérêts de l'Irak. Vous voulez assurer l'approvisionnement en pétrole, et nous le comprenons très bien, mais vous n'avez pas à utiliser pour cela le déploiement des forces ni les pressions. Si vous recourez aux pressions, nous userons et des pressions et de la force. Vous pouvez nous nuire, même si nous ne vous menaçons guère ; mais nous pouvons également vous nuire, selon nos moyens et notre puissance. Nous ne pouvons pas parcourir toute la distance qui nous sépare des États-Unis, mais des individus arabes peuvent le faire.

« Vous pouvez débarquer en Irak avec vos avions et vos missiles, mais ne nous poussez pas au point de non retour. Car si vous voulez nous humilier et annihiler la possibilité pour les Irakiens de prétendre à une vie digne, nous répondrons à vos centaines de missiles par les quelques dizaines en notre possession. La vie sans dignité est sans valeur aucune. Il est inadmissible pour nous de demander aux enfants de notre peuple, qui ont consenti en sacrifices des torrents de sang durant huit ans, d'accepter l'agression du Koweït, des Émirats arabes unis, des États-Unis ou d'Israël. Précisons que nous ne mettons pas tous ces pays dans le même bateau, mais nous souffrons du différend qui nous oppose au Koweït et aux Émirats arabes unis, qui devrait connaître une solution dans un cadre arabe de négociations bilatérales directes. Et nous ne comptons pas l'Amérique parmi nos ennemis, mais à la place qui revient à nos amis. Toutefois, les déclarations américaines de l'an passé révèlent que les Américains ne nous prennent pas pour des amis, et ils sont libres dans ce qu'ils font. Si nous recherchons l'amitié, c'est dans le cadre du respect de la liberté d'initiative et de la dignité. Nous demandons à être traités selon notre rang, comme nous traitons nos partenaires en tenant compte de leurs intérêts au même titre que des nôtres, et nous attendons d'eux qu'ils agissent de même. Comment peut-on comprendre l'invitation du ministre de la Guerre sioniste au États-Unis en ce moment ? Que signifient ces déclarations enflammées et insidieuses diffusées à partir de Tel-Aviv, ces derniers jours, sur l'imminence d'une guerre plus qu'à aucun autre moment par le passé ?

« Nous ne voulons pas la guerre parce que nous savons ce qu'elle signifie ; mais ne nous poussez pas à la considérer comme le derniers recours en vue d'assurer à notre peuple une vie dans la dignité. Nous sommes décidés à vivre, ou à mourir, dans la dignité. Nous ne vous demandons pas de résoudre notre problème qui peut être solutionné dans un cadre arabe. Mais ne poussez personne à s'engager dans une entreprise hasardeuse qui excède ses moyens. Personne ne souffrira par la faute de l'amitié qui le lie à l'Irak. Le président américain, selon mon analyse des faits, n'a pas encore commis de faute à l'égard des Arabes, même si nous considérons comme erronée sa décision de geler le dialogue avec l'OLP Est. Il l'a apparemment prise pour faire plaisir au lobby sioniste, ou comme une composante dans une stratégie visant à apaiser la colère des sionistes avant de revenir à une deuxième tentative de dialogue avec les Palestiniens. Nous espérons que c'est le deuxième terme de l'alternative qui sera le bon.

« Vous donnez satisfaction à l'usurpateur sur les plans économique, politique et militaire et mettez vos médias à son service. Quand vous adressez un compliment aux Arabes, c'est contre trois déclarations de bienveillance, destinées à plaire à l'usurpateur sioniste. Quand verrons-nous une initiative américaine, en faveur d'une solution équitable aux yeux de 200 millions d'hommes, engagée avec la même conviction que les initiatives que vous prenez en faveur de 3 millions de Juifs ? Oui, nous recherchons l'amitié, mais nous ne harcelons personne pour l'obtenir, de même que nous refusons toutes les agressions militaires, mais nous répondrons si nous sommes agressés. C'est là notre droit, que l'agression vienne de l'Amérique, d'Israël, du Koweït ou des Émirats arabes unis, sachant que je ne mets pas tous ces pays sur le même plan. Mais quand ces deux pays arabes essayent d'affaiblir l'Irak, ils contribuent par leur action à aider l'ennemi. Il sera alors du droit de l'Irak de se défendre.

« J'espère que le président Bush lira lui-même ces propos et qu'il ne laissera pas l'affaire entre les mains de la bande du ministère des Affaires étrangères, dont j'excepte Kelly que je connais et avec qui j'ai évoqué nos positions respectives auparavant. »

La réponse de l'ambassadrice américaine

« Je vous remercie, Monsieur le président, et je suis heureuse, en ma qualité de diplomate, de vous rencontrer et de parler directement avec vous. Je comprends parfaitement votre message parce que j'ai étudié l'Histoire à l'école qui nous a habitués à répéter "La liberté ou la mort". Je vis en Irak depuis des années et j'admire les efforts exceptionnels que vous déployez pour reconstruire votre pays. Je connais votre besoin de financements et nous devons recréer l'opportunité favorable à la reconstruction de votre pays. Mais nous n'avons pas d'opinion sur les conflits arabo-arabes, comme celui qui vous oppose sur la délimitation des frontières au Koweït que nous considérons comme une affaire interne. »

Ensuite, l'ambassadrice a exprimé l'inquiétude de son pays face au renforcement du dispositif militaire dans le sud du pays et ce qu'elle a entendu sur l'interprétation de l'attitude des Émirats arabes unis et du Koweït par l'Irak comme une agression militaire contre l'Irak.

Le président répondit en disant :

« Nous ne demandons pas aux gens de ne pas être inquiets quand la paix est en jeu. C'est là un sentiment humain que nous partageons tous, et il est tout à fait naturel que vous réagissiez de la sorte en votre qualité de grande puissance. Mais ne manifestez pas votre inquiétude de manière à donner à l'agresseur l'impression que vous lui apportez votre soutien dans son entreprise d'agression... Nous recherchons une solution équitable qui nous rende justice et préserve les droits des autres. Mais nous tenons également à faire savoir aux autres que notre patience a des limites face à ce comportement qui prive les veuves de nos martyrs de la guerre contre l'Iran de leurs pensions et les orphelins du lait dont ils ont besoin. Nous avons le droit, comme pays, de nous développer et de nous épanouir, nous qui avons sacrifié tant d'opportunités de le faire à cause de la guerre. Les autres doivent tenir compte du rôle de l'Irak dans la préservation de leur sécurité. »

PREMIÈRE LETTRE ENVOYÉE AU PRÉSIDENT SADDAM HUSSEÏN EN SON LIEU DE DÉTENTION PAR MAÎTRE MOHAMMED NÉJIB RACHDAN, PREMIER PRÉSIDENT DU COMITÉ DE DÉFENSE ARABE

Amman, le 19 octobre 2004

Au nom d'Allah, le bienfaiteur miséricordieux.
Dieu le Très Haut dit :
S'il vous secourt, nul vainqueur sur vous !
S'il vous abandonne, qui donc pourrait vous secourir **en dehors de Lui ?**
Que sur Allah s'appuient les croyants.

(*La famille de Imran*, verset 160.
Traduction de Régis Blachère)

À son Excellence, Monsieur le président de la République irakienne,
Le président combattant Saddam Husseïn,
Dieu le garde et le protège,

« Convaincus que nous sommes que l'agression anglo-américaine perpétrée contre l'Irak ne repose sur aucun fondement légal, qu'elle est contraire au droit international, au droit coutumier et à toutes les chartes internationales, que le combat est devenu un devoir auquel nous ne pouvons nous soustraire, une élite d'hommes de droit s'est réunie en vue de défendre la Nation arabe et musulmane et votre Excellence, symbole de cette nation, constituant pour ce faire le “Comité de défense du président Saddam Husseïn”.

Le Comité de défense arabe a rencontré dans un premier temps le Comité de défense d'Al-Ambar qui représente désormais tout le territoire irakien.

Votre Excellence, Monsieur le président Saddam Husseïn, Dieu vous garde,

Nous portons à votre connaissance l'article 105 de la Convention de Genève qui insiste sur le droit à rencontrer ses avocats sans observateur. Et ce serait un honneur pour moi de vous rencontrer et d'écouter vos directives afin de les exécuter et de suivre la meilleure voie pour ce faire.

Ce que contient cette lettre n'affaiblit aucun de vos droits.

Dieu vous garde comme soutien pour notre nation arabo-musulmane.

Le président du Comité
de défense irakien
Maître Khalil Abboud Al-Doulaïmi

Le coordonnateur général
Maître Mohammed Néjib
Rachdan

P.J. Troisième Convention de Genève

LA BATAILLE DE L'AÉROPORT DE BAGDAD

Relatée par le Général de division Seifeddine Al Rawi, Chef des forces de la garde républicaine :

1- L'importance de l'emplacement de l'aéroport international

L'aéroport international Saddam, édifié par feu le président Saddam Husseïn, paix à son âme, est important du point de vue stratégique, pour ce qui suit :

L'aéroport Saddam est considéré comme l'une des clés les plus importantes pour l'accés à Bagdad, par sa superficie et parce qu'il offre la possibilité d'un large déploiement des forces terrestres. Il se situe à 20 km au nord ouest de la capitale.

Il permet d'injecter en grand nombre les forces aéroportées de l'ennemi dans l'aéroport, et assure particulièrement l'atterrissage, avions gros porteurs à voilures fixes. Il représente ainsi une base sécurisée pour marcher sur Bagdad ou pour l'assiéger.

L'aéroport se situe à proximité de la plus importante résidence présidentielle, celle de la Radhouania, avec ses nombreux bâtiments et jardins. Ce site peut servir de siège pour l'État-major des forces ennemies.

Le contrôle de l'aéroport international Saddam a un grand impact psychologique sur la population.

L'aéroport est lié à des artères stratégiques : l'une menant directement au palais présidentiel et au siège de la direction nationale et régionale du parti Baas, l'autre, longeant l'aéroport et s'étendant de l'ouest jusqu'au sud de l'Irak. Cette autoroute se trouve en dehors des agglomérations qui entraveraient l'avancée des forces terrestres et des blindés. Elle peut, par ailleurs, servir sur son ensemble, de piste d'atterrissage à des centaines d'hélicoptères, comme elle permet, ou plutôt a permis, à l'ennemi de vastes opérations de parachutage sur des parties sélectionnées, assurant ainsi le passage des forces blindées.

Grâce aux inspecteurs de l'Onu, l'ennemi possédait une importante base d'informations, relative à tout ce qui existe dans l'aéroport international Saddam, comme moyens de défense et sites stratégiques.

La prise de l'aéroport international Saddam permet à l'ennemi de mettre en difficulté la défense irakienne autour de Bagdad et la marche sur les autres accès et leur contrôle, ce qui lui assure l'encerclement de la ville.

2- Plan général de défense de l'aéroport international Saddam

Le plan de défense a été débattu avec le héros Koussaï, des années avant la guerre. Nous avions des informations selon lesquelles l'ennemi sioniste envisageait de s'infiltrer par voie aérienne ou de parachuter des forces spéciales visant le président Saddam Husseïn. On a organisé la défense de l'aéroport Saddam en faisant de la piste un « espace de la mort », couverte avec minutie, par le feu des armes, directement et indirectement. On a également réparti les moyens de défense aérienne autour de l'aéroport, de telle sorte qu'il était difficile à n'importe quelle force de procéder à un parachutage, sans détruire cette défense composée de contingents de la garde républicaine spéciale, forces d'élite, de troupes d'infanterie parfaitement équipées, d'unités blindées, de forces spéciales et de gardes du site présidentiel de la Radhouania. Les forces irakiennes concernées par la défense ont procédé à plusieurs manœuvres et simulations relatives à leur mission, dont l'opposition au parachutage ennemi, en particulier. Le plan a été revu par le martyr Koussaï Saddam Husseïn pendant la guerre. Nous avons mis au point et ajusté les stratégies après la confirmation d'informations quant au parachutage à l'aéroport qu'on a couvert par l'artillerie et les missiles.

3- Le plan de l'ennemi pour le contrôle de l'aéroport

Un pilonnage préliminaire ininterrompu de 300 heures, nuit et jour, a pris pour cible les alentours de l'aéroport Saddam, ses défenses et le complexe présidentiel de Radhouania, préparant le contrôle de l'aéroport par les forces terrestres, après avoir détruit les défenses. Des avions B52 ont participé aux bombardements massacrant la majorité des individus, brûlés ou soufflés. Ce pilonnage systématique était inhabituel, tant sur le plan de la durée, du volume de bombes larguées, que la nature de ces dernières (utilisation d'armes prohibées telles que les bombes à neutrons, incendiaires ou paralysantes). Ensuite, l'ennemi procéda au parachutage sur l'autoroute stratégique, près de l'aéroport.

4- Extension de la bataille terrestre

Elle a duré du 3 au 8 avril 2003 et s'est déroulée aux alentours et à l'intérieur même de l'aéroport, ainsi qu'au complexe de la Radhouania. Des affrontements violents et féroces opposèrent la garde républicaine, les unités des forces spéciales, les fedayins de Saddam, l'infanterie et les missiles de la garde républicaine d'un côté, et les forces de l'envahisseur de l'autre. Des vagues de soldats des troupes terrestres ou aéroportées ont été totalement anéanties. L'ennemi a battu en retraite après l'affrontement pour permettre à ses avions de renouveler l'opération de destruction. De notre côté, nous en profitions pour retourner aux abris, afin de limiter l'impact des bombardements ennemis. La tactique utilisée par les deux parties lors de ces affrontements, fut celle de l'attaque-retrait, mais la puissance de feu de l'ennemi était plus forte et sa latitude à recourir à de nouvelles forces plus large.

La bataille a été directement dirigée par le président et son fils Koussaï. Le président donnait personnellement ses directives aux forces spéciales de la garde républicaine quant à la stratégie de combat et à la direction des opérations. La bataille décisive eut lieu dans le vaste complexe présidentiel de Radhouania. De violents affrontements entre les forces spéciales de la garde républicaine, l'infanterie et les fedayins d'un côté, et l'ennemi de l'autre, ont eu lieu ; ce dernier y a subi des pertes considérables, ce qui le poussa à utiliser les bombes à neutrons. La majorité de nos forces de la défense de l'aéroport ont été anéanties. Personne n'a survécu.

ANNEXE VI

La Carte d'Irak

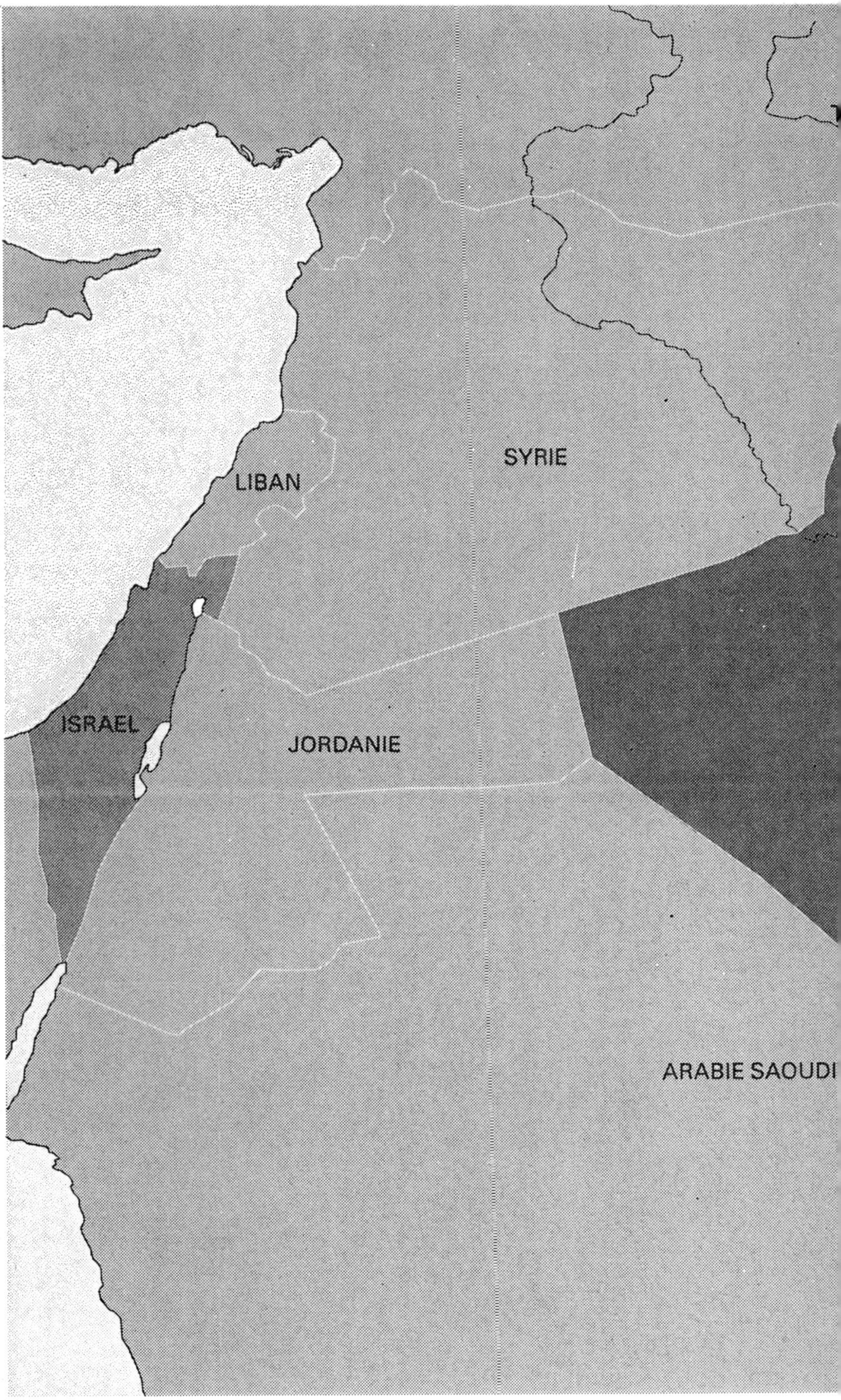
SYRIE
LIBAN
ISRAEL
JORDANIE
ARABIE SAOUDI

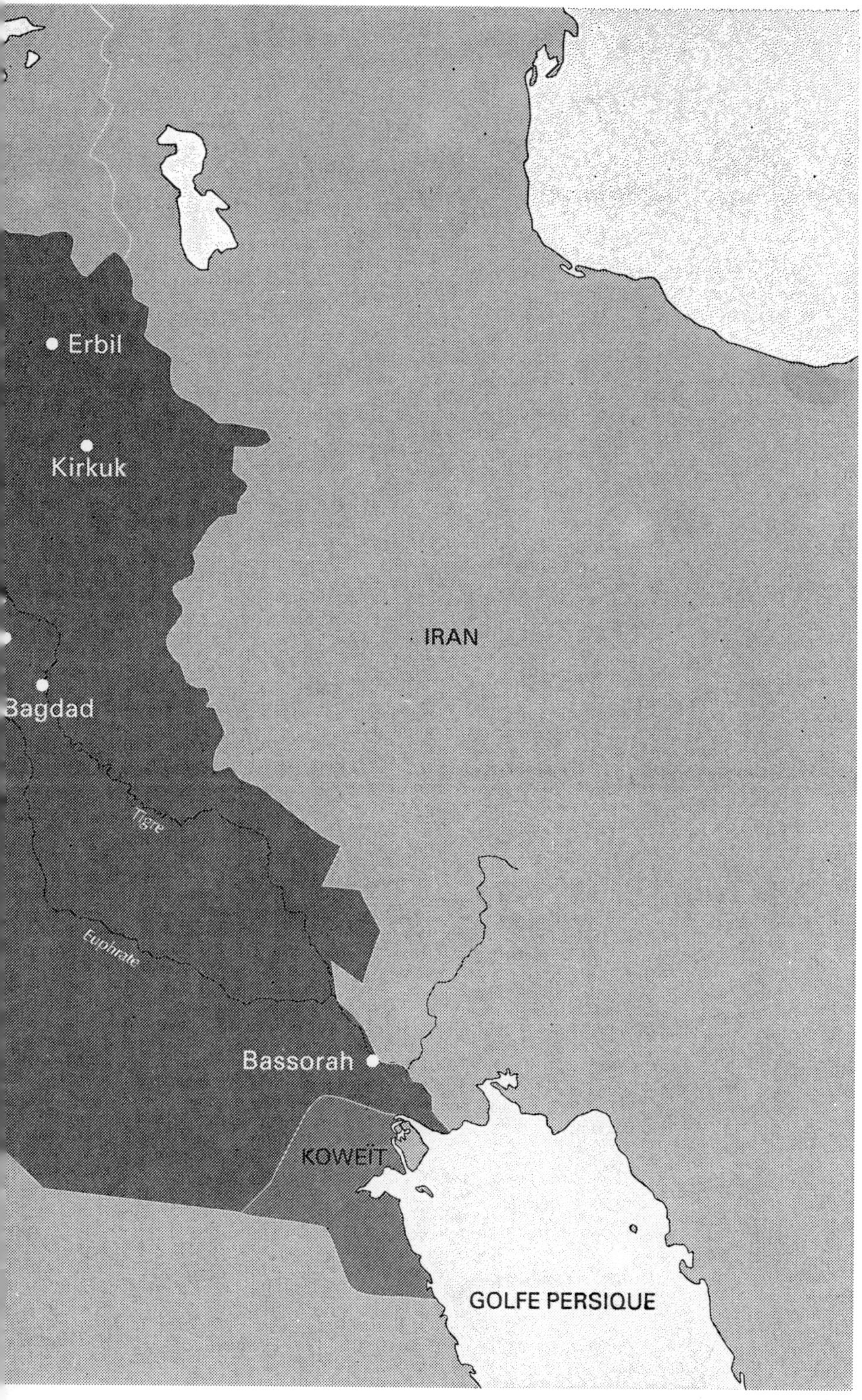
Erbil
Kirkuk
IRAN
Bagdad
Tigre
Euphrate
Bassorah
KOWEÏT
GOLFE PERSIQUE

Achevé d'imprimer en février 2010
par Mondadori Printing, Italie